Die Weite zwischen Himmel und Erde

James van Praagh

Die Weite zwischen Himmel und Erde

Entdecken Sie Ihre übersinnlichen Fähigkeiten

Aus dem Amerikanischen von
Elisabeth Liebl

Ansata

Die Originalausgabe erschien 2001 unter dem Titel »Heaven and Earth«
im Verlag Free Press, a Division of Simon & Schuster, Inc., USA.

Ansata Verlag
Ansata ist ein Verlag des Verlagshauses
Ullstein Heyne List GmbH & Co. KG

ISBN 3-7787-7231-7

Redaktion: Martina Klose
Einbandgestaltung: Anne Strasser, Hamburg, unter Verwendung
einer Abbildung der Bildagentur photonica / Art Zone
Gesetzt aus der Bembo
Satz: KompetenzCenter, Düsseldorf
Druck und Bindung: Clausen & Bosse, Leck

Für Ethel,
die mir den Himmel zeigte, während wir
auf Erden wandelten

Dank

Dieses Buch ist all jenen gewidmet, die sich in die Wahrheit ihres Herzens und die Klarheit ihres Lichts gewagt haben.

Vor allem:

Linda Deine Hingabe und Liebe, deine Aufrichtigkeit und Ehrlichkeit, deine Professionalität und dein unglaubliches Lachen haben mir mehr geholfen, als du je wissen kannst. Daher möchte ich dir aus tiefster Seele danken.

BF Ich danke dir, weil du mein Leben mit dem Wunder des Neuen erfüllst, mit Aufregung, Staunen und ständig neuen Gelegenheiten, die verschiedenen Aspekte zeitloser und bedingungsloser Liebe zu erfahren.

Dorothea Du hast mich tief berührt mit deiner grenzenlosen Hingabe an dein heiliges Wirken als Heilerin, mit dem du Augen und Herzen vieler Menschen geöffnet hast.

Michael Deine weisen Worte und deine sanften Lehren regen mein Herz zu ständigem Wachstum an. Möge jeder deiner Schritte von Erfüllung begleitet sein.

Carol Diese Reise hätte niemals stattgefunden, wenn du mir nicht das Tor geöffnet hättest. Du warst mir Führerin und liebevolle Freundin, die in alles, was sie tat, tiefe Liebe legte.

Mrs. Red Cloud Ihnen gebührt mein Dank, weil Sie mir zeigten, dass Liebe und Vergebung auf unterschiedlichste Weise dazu beitragen, unser ganzes Sein ins Leben zu integrieren.

Joe und Jacquie Danke, dass ihr so treu über mich wacht. Ich werde immer dankbar sein für so aufrichtige Freunde wie euch.

Sabena Deine heilenden Hände haben mich für immer gesegnet. Deine Hingabe an die Menschheit und dein tiefes Mitgefühl haben mich tief bewegt.

All meinen Freunden, die mich im Hintergrund unterstützen: Danke für eure zeitlose und vertrauensvolle Liebe. Ich hoffe, ich kann euch irgendwie all die Freude wiedergeben, die ihr mir bereitet habt.

Inhalt

Vorwort

Seitdem 1997 mein erstes Buch *Jenseitsbotschaften** erschien, hatte ich das Glück, durch die ganze Welt reisen zu können und meine Botschaften aus dem Jenseitsreich Tausenden von Menschen mitzuteilen. Ich bin immer noch erstaunt, wie viele Menschen es gibt, die mehr über die Welt des Übersinnlichen wissen wollen. Manche kennen zwar Begriffe wie »Telepathie, Hellsehen, Aura oder Entitäten«, wissen aber nicht, was es damit auf sich hat. Die wenigsten Menschen kennen diese Phänomene aus persönlicher Erfahrung. Und wer übersinnliche Erfahrungen gemacht hat, hat sie oft nicht als solche erkannt. Dabei treten Medien heutzutage sogar in Shows auf und Filme wie *The Sixth Sense* steigern unsere Neugierde noch. Groß ist auch die Zahl derer, die Kontakt mit ihren verstorbenen Lieben aufnehmen möchten oder nach Bestätigung für ihre eigenen Erfahrungen mit der Geistwelt suchen. Sie wollen wissen, ob diese Erfahrungen *real* sind oder nur ein Produkt ihrer Einbildungskraft.

Dieses Buch soll Ihnen ausführlich Bericht über die Geistwelt geben, so dass Sie sich selbst ein Urteil bilden können, was wahr ist und was falsch. Meine persönlichen Erfahrungen sollen eine Hilfestellung sein, die Sie in Ihren natürlichen übersinnlichen Fähigkeiten bestärkt und Ihren sechsten Sinn

---

* Nähere Angaben zu den in diesem Buch genannten Titeln finden Sie im »Literaturverzeichnis« am Ende des Werkes.

schärft. Zu diesem Zweck gebe ich auch Erfahrungsberichte anderer Menschen weiter, die Begegnungen mit Engeln oder geistigen Führern hatten.

Wichtiger als die persönlichen Erfahrungsberichte sind aber in jedem Fall die Übungen, die Ihre Empfänglichkeit für Übersinnliches steigern sollen. Bleiben Sie dabei offen; einige der Erlebnisse, die Ihnen auf diesem Weg begegnen mögen, sind wirklich sehr ungewöhnlich. Doch wenn Sie auf Ihrem Weg voranschreiten, werden Sie lernen, damit umzugehen. Jeder Mensch entwickelt sich in seinem ihm eigenen Rhythmus und macht die entsprechenden Erfahrungen. Lassen Sie sich nicht entmutigen, wenn nicht sofort die tollsten Dinge geschehen. Denken Sie daran: Ich musste jahrelang üben und mich immer wieder mit Fehlschlägen auseinandersetzen, bevor ich dort anlangte, wo ich heute bin. Wenn Sie allmählich Ihre übersinnlichen Fähigkeiten entdecken, werden Sie ganz von selbst lernen, sie auch zu nutzen.

Seit Jahren lehre ich, dass der Tod nicht das Ende der Existenz ist und dass wir ihn daher nicht fürchten müssen. Es gibt Leben jenseits unserer körperlichen Welt. Die Erde ist nur eine Ebene dieses gewaltigen mehrdimensionalen Universums. In unserem Alltag sind wir ständig von Geistwesen umgeben. Diese Wesen dienen den Menschen auf vielfältige Weise – als Lehrer, Gefährten und Beschützer, die unseren Geist beflügeln. Es erfordert Mut, sich einzugestehen, dass es außerhalb unserer dreidimensionalen Welt noch etwas gibt; noch mehr Mut ist allerdings nötig, um sich auf eine Entdeckungsreise in diese Welten einzulassen. Je tiefer Sie in die Geistwelt eindringen, desto stärker werden Ihre Gewohnheiten sich ändern. Ihr Leben erhält eine andere Ausrichtung.

So will *Die Weite zwischen Himmel und Erde* Ihnen ein praktischer Führer bei der Entwicklung Ihrer natürlichen übersinnlichen Fähigkeiten sein. Es zeigt Ihnen, wie Sie den Kontakt selbst herstellen und ihn für ein besseres Leben nutzen können. Mein Wunsch ist es, dass jedermann diese tiefe Bindung zwischen Himmel und Erde erfahren kann. Möge dieses Buch Ihnen dabei behilflich sein!

1

Das Erwachen

Unsere Sinne für das Übersinnliche schärfen

In den späten 70er Jahren des vergangenen Jahrhunderts in
New York zu wohnen war eine der aufregendsten und lehr-
reichsten Erfahrungen meines Lebens. Damals war Disco an-
gesagt, Plateauschuhe und toupierte Köpfe waren in. Ich hatte
gerade den Mietvertrag für mein Apartment unterschrieben
und fühlte mich frei, niemandem verantwortlich außer mir
selbst. Dass das Apartment beim Needle Park lag, wo sämtliche
Drogenabhängigen der Stadt herumlungerten, tat nichts zur
Sache. Auch das nächtliche Getrappel der Ratten auf meinem
Küchentisch ließ mich kalt. Und dass mein Fenster auf einen
alten Aufzugschacht hinausging, interessierte mich schon gar
nicht. Ganz egal, wie schäbig das Zimmer auch sein mochte, es
war meins!

Ich war zwanzig und bereit, meine Zähne in den »großen
Apfel« *(Big Apple)* zu schlagen, wie die New Yorker ihre Stadt
nennen. Und wenn ich heute auf diese Zeit zurückblicke, dann
bin ich davon überzeugt, dass diese Umgebung mir half, meine
intuitive Offenheit für äußere und innere Signale zu entwickeln. Ein junger Mensch, der in einer so gefährlichen Gegend lebt, muss einfach auf der Hut sein. Und dazu braucht er
eine Art sechsten Sinn.

Damals waren mir übersinnliche Phänomene noch fremd,
eine Kommunikation mit der Geistwelt schien mir völlig ab-
wegig. Von meinen merkwürdigen »Gefühlen« einmal abgese-

hen, war mir das Reich des Übersinnlichen gleichgültig. Seit meiner Kindheit hatte ich keine derartigen Erfahrungen mehr gemacht. Doch meine Haltung dem sechsten Sinn gegenüber sollte sich bald und für immer ändern.

Zu jener Zeit studierte ich am *Hunter College* und jobbte nachts als Bühnenarbeiter am Broadway, um mein Einkommen etwas aufzubessern. Vier Tage in der Woche nahm ich die U-Bahn zur Grand Central Station und stieg dort in eine andere Linie um, die mich zum *Hunter College* in der 68. Straße brachte. Wenn mein Timing gut war, blieb mir noch genau eine Minute, um mir am Kiosk vor den Geleisen ein Donut zu besorgen, bevor mein Zug einfuhr. Eine Sekunde vor Abfahrt kam ich dann am letzten Waggon an, wo ich ausreichend Sitzplätze zu meiner Verfügung hatte. Die Fahrt war kurz und so starrte ich gewöhnlich aus dem Fenster – wie die meisten meiner Mitfahrer – und ließ mich vom Rütteln des Zuges einlullen.

Manchmal beobachtete ich auch die Fahrgäste, versuchte mir auszumalen, wo sie hinfuhren und wie sie lebten. Es gab nur ein oder zwei Passagiere, die regelmäßig denselben Wagen benutzten wie ich. Nach einigen Monaten machte ich eine Bekanntschaft: Mildred Johnson, 71 Jahre alt und Afroamerikanerin. Sie war circa 1,50 Meter groß und sagte immer: »Früher bin ich größer geworden.« Nach einiger Zeit warteten Millie und ich aufeinander, wenn wir morgens U-Bahn fuhren.

Nach einigen Monaten wussten wir bereits eine Menge voneinander. Millie lebte allein. Ihr Mann Horace war schon vor Jahren »in den Himmel hinaufgegangen«. Sie hatte eine (zweieiige) Zwillingsschwester namens Margie, die in Atlanta lebte, aber seit ihr Vater vor mehr als zwanzig Jahren gestorben war, hatten sie nicht mehr miteinander gesprochen. Margie hatte Millie damals vorgeworfen, sich die ganze Erbschaft unter den Nagel gerissen zu haben. Ich war sicher, dass dies ein Missverständnis war, das über all die Jahre hinweg niemals aufgeklärt worden war. Und ich fand, dass die beiden sich versöhnen könnten und sollten.

Millie kümmerte sich um einen älteren Herrn aus ihrer Gemeinde. Sie ging um fünf Uhr morgens aus dem Haus, um in die Stadt zu fahren. Nachdem sie ihm Frühstück gemacht und ein wenig aufgeräumt hatte, fuhr sie mit der U-Bahn wieder nach Hause. Sie erzählte zu gern Geschichten von ihrem geliebten Horace: »Ich weiß, dass er immer noch auf mich aufpasst«, meinte sie. Sie wünschte sich eine Aussprache mit ihrer Schwester und bedauerte es sehr, keine Kinder zu haben. »Ich weiß, das sind die Karten, die mir zugeteilt wurden. Mit ihnen kann ich spielen«, sagte sie häufig.

An einem Montag aber war plötzlich alles anders. Ich stieg in die U-Bahn und sah mich nach Millie um, konnte sie aber nirgends entdecken. Ich setzte mich und fragte mich, wo sie wohl sein könnte. Es sah ihr gar nicht ähnlich, einen Tag auszulassen. Schließlich beruhigte ich mich und sagte mir, dass sie wohl nicht ganz auf dem Posten sei. Also studierte ich die Werbung an der Waggonwand. Ein Aushang stach mir ganz besonders ins Auge: »Gesucht« stand dort in Großbuchstaben. Darunter das Bild zweier Männer. Ich erfuhr, dass diese beiden Männer wegen eines Angriffs auf einen weiblichen Fahrgast gesucht wurden. Ich sah mir ihre Gesichter an und hörte plötzlich eine Stimme in meinem Kopf, die sagte: »Bring sie nach Hause.« Ich wusste nicht, was das bedeuten sollte, also achtete ich nicht weiter darauf und gab mich für den Rest der Fahrt meinen Gedanken hin.

Der Rest der Woche verging, ohne dass Millie auftauchte. Langsam kam mir das merkwürdig vor. Leider hatte ich keine Telefonnummer von ihr und wusste nicht, wo sie wohnte. Am nächsten Sonntag war ich spät abends noch wach, weil ich bis zum nächsten Morgen eine Seminararbeit fertigstellen musste. Ich ging etwa um drei Uhr morgens zu Bett und hatte vor, die Arbeit während der vormittäglichen Pause am College zu beenden. Um sechs Uhr sprang ich also aus dem Bett, ich wollte heute sehr früh zum College. Ich wusste, dass die Bibliothek offen sein würde, und hoffte, dort etwas kopieren zu können. Ich weiß nicht, wie ich mein Gefühl beschreiben soll: Es war einfach ganz klar, dass ich heute sehr früh ins College musste.

Ich nahm die U-Bahn um sieben Uhr dreißig in die Stadt und war bass erstaunt, Millie dort zu sehen. Auch sie war ein wenig erschrocken. »Was ist denn los mit Ihnen?«, fragte ich. Sie erzählte mir, dass sie einen Brief von ihrer Schwester bekommen hatte. »Sie war in New York, um mich zu besuchen«, erklärte sie. Millie und Margie hatten die ganze Woche damit zugebracht, alte Wunden zu versiegeln und einander näher zu kommen. Ich fand es sehr merkwürdig, dass wir uns gerade in diesem Augenblick begegneten und machte einen Witz über das Schicksal.

Der Zug hielt an, Millie musste aussteigen und winkte mir zu. Während ich sie noch winken sah, spürte ich plötzlich den intensiven Drang, aufzustehen, und hörte wieder diese Worte in meinem Kopf: »Bring sie nach Hause.« Ich war mir nicht sicher, was das sollte, stand aber trotzdem auf und begleitete Millie über die Treppen nach oben. Sie wollte nicht, dass ich den Anschlusszug verpasste. Mitten im Winter war es draußen natürlich stockdunkel, also begleitete ich sie noch ein Stück. Außer uns war kein Mensch auf der Straße. Und plötzlich wurde mir klar, *weshalb* ich dort war, wo ich war. Als wir um die Ecke bogen, sah ich zwei finstere Gestalten, die sich im Eingang eines Hauses versteckten. Als ich sie ansah, ging mir blitzschnell der Gedanke an Raub durch den Kopf. Irgendwie kamen mir die beiden bekannt vor, ich wusste aber nicht, woher. Also schüttelte ich nur den Kopf und brachte Millie so schnell wie möglich weg. Als wir die Straße hinunter waren, fiel mir ein, wo ich diese Gesichter schon einmal gesehen hatte: Es waren die beiden Männer von dem Plakat in der U-Bahn.

Wenn ich damals meiner Intuition nicht gehorcht und keine so klare Wahrnehmung von meiner Umwelt gehabt hätte, wäre ich vielleicht gar nicht mehr hier, um diese Geschichte zu erzählen. Und Millie sicher auch nicht.

Viele Menschen haben Ahnungen, wie ich sie damals im Zug hatte, und stellen später fest, dass diese intuitiven Eindrücke richtig waren. Vielleicht läutet das Telefon und Sie wissen, wer anruft, noch bevor Sie zum Hörer gegriffen haben. Oder Sie hatten ein Déjà-vu-Erlebnis, das heißt das deutliche Gefühl, eine bestimmte Situation schon einmal erlebt zu haben. Viele Menschen kennen solche Erlebnisse. Sie gehören zu den einfachsten Beispielen übersinnlicher Phänomene. Stellen Sie sich vor, wie viel schöner Ihr Leben wäre, wenn Sie sich ganz auf diese innere Stimme verlassen könnten, in dem Moment, wo Sie Entscheidungen treffen und sich Ziele setzen müssen.

Ich glaube, dass jeder Mensch diese Fähigkeit besitzt, doch nur sehr wenige haben die Geduld, das Verständnis und vielleicht auch den Wunsch, sie zu entwickeln. Obwohl ich als Kind eine spürbare Verbindung zum Reich des Übersinnlichen hatte, begann ich erst als Erwachsener, mit dieser Gabe zu arbeiten. Damals halfen mir Bücher und Menschen, die ähnliche Erfahrungen gemacht hatten, bewusst in diese Welt einzutreten. Viel Geduld und lange Jahre der Übung waren nötig, damit ich endlich die Arbeit tun konnte, die ich heute tue.

Leider gehen die meisten von uns durchs Leben, ohne gelernt zu haben, sich auf diese wunderbare, angeborene Gottesgabe zu verlassen. Kein Wunder, dass unser Leben oft so schwierig oder öde erscheint. Wir sind uns der Gedanken nicht bewusst, die uns durch den Kopf gehen, und die Konsequenzen unseres Handelns liegen für uns meist im Dunkeln. Wir sind voller Spannungen und wundern uns dann über die Resultate. Statt Frieden und Freude erleben wir Stress und Kampf. So verpassen wir gute Gelegenheiten, die Probleme mehren sich und unsere Beziehungen brechen auseinander. Aber schließlich gewöhnen wir uns daran und richten uns – ob wir das mögen oder nicht – in der Routine ein. Unsere angeborenen Gaben – was wir wahrhaft sind, unser innerstes Wesen – liegen brach. Wir gehen durchs Leben, ohne es in seiner Fülle zu erfahren.

In Wirklichkeit ruht alles, was Sie wissen müssen, bereits in Ihnen. Sie haben es nur vergessen. Ich möchte Sie zu der Erkenntnis führen, dass Sie ein geistiges Wesen sind, das zu einer großen kosmischen Familie gehört und daher keinen Grund hat, sich verloren, verlassen oder verwirrt zu fühlen. Wenn Sie Ihre übersinnlichen Gaben erwecken, nehmen Sie Verbindung zu Ihrer Geistfamilie auf. Diese vermittelt Ihnen häufig unglaubliche Einsichten in Bezug auf Ihr tägliches Leben. Es gibt viele Geistwesen, die nur darauf warten, Sie bei der Suche nach Ihrem wahren Selbst zu unterstützen.

Heute ist es gang und gäbe, die eigenen spirituellen Traditionen hinter sich zu lassen, um sich an anderer Stelle die Antworten zu holen, die man zu brauchen glaubt. Das gilt vor allem für Kontakte zur Geistwelt. Es gibt viele medial begabte Menschen, die eine hohe Entwicklungsstufe aufweisen und sehr bewusst mit ihren Fähigkeiten umgehen. Andere aber sind noch äußerst ego-verhaftet und daher menschlichen Schwächen unterworfen. Übersinnliche Fähigkeiten zu haben ist nicht gleichbedeutend mit einer hohen moralischen Entwicklungsstufe.

Aus diesem Grund möchte ich hier ein Thema anschneiden, das für den Umgang mit medialen Fähigkeiten von entscheidender Wichtigkeit ist. Mit meinen Schülern spreche ich regelmäßig über Themen wie »Gewissen« und »innere Verpflichtung«. Wenn Sie Ihre übersinnlichen Fähigkeiten entwickeln wollen, müssen Sie nämlich gleichzeitig Ihr Verantwortungsgefühl stärken. Sie tragen die Verantwortung für sich selbst und für diejenigen, mit denen Sie in übersinnlichem

Kontakt stehen. Mit Verantwortung meine ich in diesem Fall, dass Sie Ihren sechsten Sinn nur so einsetzen sollten, dass Sie Ihr eigenes Leben und das anderer Menschen zum Besseren hin verändern. Versuchen Sie, andere damit zu beeinflussen oder gar ihnen zu schaden, indem Sie zum Beispiel Katastrophen vorhersagen und so Ängste auslösen, dann zieht das karmische Konsequenzen nach sich. Das Gleiche gilt, wenn Sie Ihre geistigen Verbindungen einsetzen, um nach Reichtum, Ruhm, Ansehen zu streben oder andere egoistische Ziele zu verfolgen. Denken Sie daran, dass jeder Mensch Energie erzeugt. Wenn Sie nur deshalb mediale Fähigkeiten erlangen wollen, um persönlichen Gewinn daraus zu ziehen oder anderen zu schaden, strahlen Sie diese Energie aus – allerdings kommt sie dann unweigerlich zu Ihnen zurück. Vor Ihrer eigenen negativen Energie aber können Sie sich nicht schützen, da Sie Ihre persönliche Schöpfung ist.

Bevor Sie die Reise in die Welt des Übersinnlichen antreten, gilt es, dreierlei zu tun: Zuerst müssen Sie sich ein persönliches Ziel setzen; danach sollten Sie den Entschluss fassen, dass Sie dieses Ziel auch erreichen wollen. Das heißt, Sie brauchen ausreichend Zeit, um zu meditieren, zu üben und sich mit den Feinheiten einer neuen Sprache auseinanderzusetzen. Drittens müssen Sie Ihren Fähigkeiten vertrauen. Denken Sie daran, dass der Geist immer da ist und immer bereit, Ihnen zu helfen – benutzen Sie ihn also wohl überlegt.

Die fünf Sinne

Nun wollen wir uns aber auf den Weg machen. Möchten Sie die Signale der anderen Welt richtig deuten, dann ist es nötig, Ihre Antennen so weit auszubilden, dass Sie mit Ihrem inneren Auge sehen und mit Ihrem inneren Ohr hören lernen. Die Welt steckt jedoch voller Ablenkung. Daher braucht es viel

Geduld, Entschlossenheit und noch mehr Übung, sich ruhig hinzusetzen, um der eigenen inneren Stimme zu lauschen. Hierzu bedarf es erweiterter Sinnesfähigkeiten.

Gewöhnlich lernen wir bereits kurz nach der Geburt, unsere fünf Sinne zu gebrauchen. Als Babys wissen wir noch nicht, wie die Dinge, die wir sehen, genannt werden. Man sagt zu uns: »Das ist ein Ball« oder »Das ist ein Zug«. Dasselbe gilt für das, was wir hören. Wir lernen, die von uns wahrgenommenen Klänge zu interpretieren, weil sie wieder und wieder an unser Ohr dringen. Ihre Mutter sagt Ihren Namen und sieht Ihnen dabei in die Augen. Daher begreifen Sie schnell, dass Sie gemeint sind, wenn sie »Jimmy« oder »Alice« sagt. Sie lernen, welche Laute der Hund von sich gibt, wenn er bellt, oder wie es sich anhört, wenn eine Tür zuschlägt. Langsam bauen Sie sich aus diesen Informationen Ihr »sensorisches Wörterbuch« auf.

Unsere körperlichen Sinnesorgane haben ein geistiges oder astrales Gegenstück. Wir sind zuallererst geistige Wesen. Wenn wir uns auf der Erde inkarnieren, durchlaufen wir einen Prozess, in dem die Seele sich ein mentales und astrales Kraftfeld schafft. Daher bestehen wir aus einer Verbindung übersinnlicher (mentaler und emotionaler), physischer und geistiger Energien. Unsere Sinne arbeiten zusammen, um diese verschiedenen Energien zu verbinden.

Sehen

Unsere Augen nutzen wir weit mehr als alle anderen Sinne. Wenn wir an jemanden denken, können wir ihn normalerweise vor uns sehen. Unser Gedächtnis ist voller Bilder und visueller Symbole aus der Vergangenheit. Da unser Sehzentrum am aktivsten ist, ist es nur natürlich, dass sein geistiges Gegenstück ebenfalls eifrig arbeitet. Wir müssen unseren Geist nur ein klein wenig mehr einsetzen als üblich, um unsere hellseherischen Fähigkeiten zu erwecken.

Ich bin Hellseher. Das bedeutet, dass ich vor meinem inneren Auge Bilder sehe. Mein geistiges Auge ist das energetische Zentrum des so genannten »dritten Auges«, das Chakra, das zwischen den Brauen sitzt. Wenn ich Geistwesen wahrnehme, dann sehe ich sie mit der Kraft des dritten Auges, so als liefe in meinem Kopf ein Film ab. Die meisten medial begabten Menschen nutzen diese Fähigkeit für ihre Arbeit. Es ist jedoch auch möglich, eine Vision in der Außenwelt zu haben, als würde man einen »Geist« sehen. Ich habe solche Erscheinungen schon wahrgenommen, wenn auch eher selten. Meist sehe ich mit Hilfe meines geistigen Auges so, als würde ich ein in impressionistischer Art gemaltes Bild oder eine Art Film ansehen.

Diese Fähigkeit des visionären Sehens kann man auch im Traum üben. Wenn wir träumen, versuchen Szenen, Bilder, Farben und Objekte uns bestimmte Botschaften zu vermitteln. Häufig geht es bei diesen Botschaften um Alltagsprobleme, die wir lösen müssen. Manchmal aber warnen sie uns auch vor kommenden Ereignissen. Mitunter treffen wir im Traum auch unsere geistigen Führer oder Verstorbenen, die uns sehr am Herzen lagen. Wenn wir uns unsere Träume bewusst machen, indem wir sie niederschreiben und zu interpretieren versuchen, ist das sehr hilfreich zur Öffnung des dritten Auges. Traumvisionen schenken uns manchmal auch Antworten auf wesentliche Lebensfragen wie: »Wie sieht es im Himmel aus?« oder »Was geschieht mit uns, wenn wir sterben?«

Auch bei der Telepathie ist unser »mentales Sehzentrum« aktiv. Telepathie heißt, dass wir Personen, Objekte oder Ereignisse sehen, die wir eigentlich nicht sehen können, weil sie sich an einem anderen Ort bzw. in einer anderen Zeit »aufhalten«. Telepathisch begabte Menschen können in die Vergangenheit und in die Zukunft sehen. Sie sehen weit entfernte Ereignisse, die außerhalb der normalen Wahrnehmung liegen. Auf diese Weise erhalten sie Informationen, die den meisten Menschen nicht zugänglich sind. Edgar Cayce zum Beispiel war ein telepathischer Heiler. Während er in Trance war, konnte er Krankheiten diagnostizieren, obwohl er nie Medizin oder Ähnliches studiert hatte. Er beschrieb Heilweisen, von denen er auf normalem Weg nie hätte Kenntnis erlangen können. Cayce war außergewöhnlich begabt. Sein Erbe erinnert uns immer wieder daran, dass wir diese angeborenen Fähigkeiten nicht vernachlässigen sollten.

Hören

Auch das Hören ist einer der Sinne, die wir ständig einsetzen. »Hellhören« gleicht dem Hellsehen, nur dass wir in diesem Fall mit unserem inneren Ohr Dinge hören, die außerhalb des gewöhnlich hörbaren Bereichs liegen. Hier müssen wir ebenfalls nur unsere »Hör-Intuition« trainieren. Ausschlaggebend dabei ist unsere Konzentrationsfähigkeit. Wenn Sie mit Ihrem »geistigen Ohr« hören, stimmt Ihr mentales Hörzentrum sich auf die höheren Schwingungen der Geistwelt ein, so dass Sie mehr hören können als üblich – vergleichbar etwa dem feinen Gehör eines Hundes, der Töne wahrnehmen kann, die für das menschliche Ohr nicht vernehmbar sind. Dabei heißt »Stimmen hören« nicht unbedingt, dass Sie nun »hellhörend« geworden sind, denn bestimmte psychische Krankheiten sind ebenfalls durch das Hören von Stimmen gekennzeichnet. Wenn Sie also in Ihrem Kopf deutlich eine Stimme hören, die Sie auffordert, destruktive Dinge zu tun, dann bitte ich Sie hiermit von Herzen, zu einem Psychotherapeuten zu gehen. Ob Sie wirklich »klar-hören«, muss immer und immer wieder überprüft werden. Menschen mit einem »medialen Gehör« nehmen auf diese Weise Stimmen, Namen und manchmal sogar Musik wahr. So nimmt man an, dass viele unserer größten Musiker diese Gabe besaßen.

Riechen

Unser Geruchssinn ist der erste, der sich im Mutterleib entwickelt. Die Wissenschaft hat herausgefunden, dass er im Limbischen System verankert ist, in dem Bereich des Gehirns, in dem Gefühle und Erinnerungen gespeichert werden. Es ist daher nicht verwunderlich, wenn ein bestimmter Geruch uns in die Kindheit oder in die Tage unserer ersten großen Liebe zurückversetzt. Ich erinnere mich noch gut an einen Sommertag, den ich draußen im Garten verbrachte. Plötzlich roch ich etwas, das mich an meine Kindheit erinnerte: Mit einem Mal spielte ich wieder mit meinem Bruder im Hof – die Szene stand mir ganz klar vor Augen.

Wir alle haben solche oder ähnliche Erfahrungen gemacht. So erinnern viele Menschen sich noch an das Parfüm, das ihre Mutter trug, als sie noch sehr klein waren. Wenn wir diesen Duft dann wieder riechen, steht uns ihr Bild klar vor Augen. Oder wir erinnern uns an einen Duft, der eng mit unserer Mutter verbunden war. Ich zum Beispiel denke immer an meine Mutter, wenn ich Vanille rieche. Sie benutzte dieses Gewürz gern zum Plätzchenbacken. Die Parfümindustrie lebt mehr oder weniger von der Tatsache, dass Düfte Emotionen und Erinnerungen auslösen. Sie verwendet viel Zeit und Geld darauf, um ein Parfüm so zu vervollkommnen, dass es zum Verkaufsschlager wird. Dabei setzt man immer auf bestimmte Schlüsselerlebnisse im Zusammenhang mit Düften. In den letzten Jahren gewann die Aromatherapie mit ihren duftenden Ölen, Kerzen und Räucherstäbchen immer mehr Bedeutung. Dass Düfte das Wohlbefinden steigern, lässt sich schon an der Menge der Menschen erkennen, die aromatherapeutische Mixturen nutzen, um sich zu entspannen, aufzutanken oder ihre Konzentration zu schärfen. Unser Geruchssinn ist also ein wahrhaft machtvolles Instrument.

Einige Düfte verbessern die mediale Empfänglichkeit und den Kontakt mit der Geistwelt. Dazu gehören Flieder, Lavendel, Kamille, Weihrauch, Rose und Zitrone. Sie werden seit alters zur Erlangung höherer Bewusstseinszustände eingesetzt und erfüllen ihre Umgebung mit höheren Schwingungen. Studieren und nutzen Sie die Düfte der Blüten und Kräuter, das verstärkt Ihre mentale Offenheit.

Achten Sie auf die Gerüche in Ihrer Umgebung. Wenn ein Verstorbener mit Ihnen Kontakt aufnehmen will, macht sich das häufig so bemerkbar, dass Sie etwas riechen, was Sie an eben diese Person erinnert: ein Parfüm vielleicht oder den Geruch einer bestimmten Zigarettenmarke. Unser logischer Verstand tut es dann meist als »Ausdünstungen« des Hauses ab. Tatsächlich aber versuchen viele Verstorbene, ihre Angehörigen mit Hilfe von Düften zu trösten. Ich denke: Wenn Sie den Duft eines lieben Verstorbenen in der Nase haben, können Sie sicher sein, dass er oder sie in Ihrer Nähe ist.

Tasten

Auch die Haut, unser größtes Wahrnehmungsorgan, kann uns viele unterschiedliche geistige Botschaften übermitteln. Denken Sie einmal darüber nach: Wenn ein Fremder Ihnen die Hand schüttelt, haben Sie da nicht einen unmittelbaren Eindruck von diesem Menschen? Falls nicht, können Sie genau an diesem Punkt ansetzen. Der Händedruck verrät uns viel über einen Menschen.

Geistheiler nutzen ihre Hände, um die Krankheit im Körper eines Menschen zu erspüren. Wir nennen das »Handauflegen«. Sie spüren dabei heiße oder kalte Flecken, die für mangelndes Gleichgewicht sprechen. Wenn wir den Körper eines anderen berühren, tauschen wir Energie mit dieser Person aus. Massieren wir bestimmte Körperbereiche, lindern wir Schmerz und setzen häufig sogar im Gewebe gespeicherte Erinnerungen frei. Viele moderne Therapiemethoden arbeiten mit Berührung: Rolfing, Shiatsu und Reflexzonentherapie leiten materielle Giftstoffe ebenso aus wie seelische Traumen.

Auch bei der Psychometrie kommt unsere Fähigkeit des »Erspürens« zum Einsatz. So nutzen medial begabte Menschen ihre Anlagen häufig, um Kriminalfälle aufzuklären. Sie erhalten Informationen, indem sie Objekte in die Hand nehmen. Jeder Mensch, jeder Ort und jeder Gegenstand hat eine bestimmte gottgegebene Energie. Ein entsprechend begabter Mensch kann diese Energie erfühlen wie einen Fingerabdruck und daher Verbindungen zwischen einem Gegenstand und einem bestimmten Menschen herstellen.

Schmecken

Welche Macht in unserem Tast-, Geruchs- und Geschmackssinn liegt, ist uns häufig nicht bewusst, weil wir diese Sinne weniger einsetzen als Gesichtssinn und Gehör. Dabei sind sie nicht weniger wirkungsvoll. Manchmal erspüre ich bei einem so genannten »Reading« (einer Sitzung, bei der ich Kontakt mit der Geistwelt aufnehme) die Gegenwart eines Geistes mit den Geschmacksknospen. Wenn ein Geistwesen mir zu übermitteln versucht, dass es sich umgebracht hat, indem es einen Gewehrlauf in seinen Mund steckte und abdrückte, spüre ich zum Beispiel einen metallischen Geschmack im Mund. Dasselbe gilt für Alkohol, Drogen oder bestimmte Medikamente. Geistwesen spielen manchmal auf diese Dinge an, um den Angehörigen ihre Existenz zu belegen. Wir wissen nie, über welches der fünf Sinnestore ein solches Wesen seine Botschaft übermittelt. Wenn wir aber unsere Sinne schulen, lernen wir, genau zu unterscheiden, welche Information von uns kommt und welche wir von den geistigen Wesen empfangen.

Wie aber können wir uns so entwickeln, dass wir Zugang zu den höheren Ebenen der Erfahrung finden? Wir fangen an, indem wir unserer Umwelt mehr Aufmerksamkeit widmen. Wenn wir uns der Umgebung, unserer Gedanken und unseres Tuns bewusst werden, erweitern wir unsere geistige Aufnahmefähigkeit.

Ist Ihnen schon einmal aufgefallen, dass manche Menschen immer zur falschen Zeit am falschen Ort sind, während für andere genau das Gegenteil zutrifft? Oder dass bestimmte Menschen sich regelmäßig eine Erkältung einfangen, während andere nie krank sind? Oder dass ein bestimmter Menschentyp viele heilsame Beziehungen aufbaut, während ein anderer nicht eine einzige hat? Im Universum ist nichts dem Zufall überlassen. Die Gotteskraft, die uns erhält und jedes Atom des Universums durchdringt, pickt sich nicht ein paar Menschen heraus, die dann alle Freuden der Existenz genießen dürfen, während der Rest ums Überleben kämpft. Wir alle haben das Recht, mit dem Universum in Einklang zu leben und uns der Güte zu erfreuen, die das Leben uns schenkt. Jeder Mensch hat das Potenzial, sein Bewusstsein so zu erweitern, dass es nicht nur die materielle Welt umfasst, sondern auch die Dimension des Übersinnlichen.

Wenn Sie sich auf die Welt des Übersinnlichen einstimmen wollen, müssen Sie das Leben innen und außen mit wachen Sinnen wahrnehmen. Sie sind auf die Erde gekommen, ausgestattet mit einem geistigen Lebensplan, sie sollen Ihr Schicksal erfüllen. Mit der Hilfe von Engeln, geistigen Führern und Ihren verstorbenen Lieben können Sie die kreative Inspiration erhalten, die Sie hierfür benötigen. Ihre Bemühungen um das Reich des Unsichtbaren werden nicht ohne Belohnung bleiben. Das verspreche ich Ihnen.

Die ruhelosen Toten

Ich weiß nie vorher, wie ein Geistwesen sich meiner bedienen wird, das heißt, welchen Sinn es wählen wird, um sich mitzuteilen. Wenn ich anfange, Informationen aus der Geistwelt zu empfangen, habe ich meist das Gefühl, etwas einfach zu *wissen*. Sobald ich beginne, mich auf eine bestimmte Energie in meiner Umgebung oder auf die Person, für die ich das Reading durchführen soll, einzustimmen, sehe ich Szenen ablaufen wie in einem inneren Film. Dabei wird mir vielleicht ein bestimmter Ort gezeigt oder Menschen, die auf eine bestimmte Weise gekleidet sind, oder ein Wesen, das mir Einzelheiten über sich selbst offenbart. Während des gesamten Vorgangs werde ich dann mit Informationen bombardiert. Ich sehe, höre oder spüre sie. Dann setze ich die Puzzlesteine zusammen, um zu verstehen, was das Geistwesen mir sagen will. Die folgende Geschichte zeigt, wie ich mit Hilfe meiner erweiterten Sinne Licht in eine schaurige Angelegenheit bringen konnte.

Ich war als frisch gebackenes Medium gerade nach Kalifornien umgezogen, als ich den Anruf einer verängstigten Frau erhielt. Ihr Atem ging stoßweise, als sei sie gerade einen Marathon gelaufen. Ihr Name war Katherine.

»Ich habe Ihre Nummer von einer Freundin. Sie war letztes Jahr zu einem Reading bei Ihnen«, sagte sie. »Ich habe noch nie ein Medium angerufen und weiß auch nicht, ob Sie mir helfen können. Ich hoffe es. Meine Freundin ist sich dessen sicher. Aber das Ganze ist wirklich so sonderbar.« Ohne Pause fuhr Katherine fort. »Ich bin mit meinem Latein am Ende. Sie sind meine einzige Hoffnung.«

Erst jetzt fand ich Gelegenheit, auch etwas zu sagen. Ich beschrieb ihr, was ich tat und was sie zu erwarten hatte. Doch sie nahm sich nicht einmal die Zeit, mich bis zum Ende anzuhören.

»Ich kann Ihnen einen Termin in zwei Wochen anbieten«, meinte ich.

»O nein, ich muss Sie früher sehen. Es geht um Leben und Tod.«

Es war das erste Mal, dass jemand sich mit solcher Dringlichkeit an mich wandte.

»Bitte, Mr. van Praagh. Ich bin wirklich am Ende. Und ich weiß nicht, wen ich sonst fragen könnte.« Sie hörte sich an, als würde sie gleich in Tränen ausbrechen.

Also sah ich meinen Terminkalender nochmals durch.

»Wenn es so dringend ist, kommen Sie Samstagmorgen um elf Uhr hierher. Ich wohne in …« Aber als ich ihr meine Adresse geben wollte, unterbrach sie mich.

»Nein, nein. Sie müssen zu mir nach Hause kommen. Sie müssen das selbst sehen«, entgegnete sie.

Ich stimmte zu, schrieb die Adresse auf und gab ihr ein paar einfache Meditationsübungen, die sie ein wenig beruhigen würden. Denn wenn sie so aufgeregt war, würde es schwierig sein, überhaupt Informationen zu erhalten.

Am Samstagmorgen schließlich fuhr ich durch die wunderschönen Alleen von Beverly Hills. Die schönen, teuren Häuser fielen mir ins Auge und ich fragte mich, wer wohl dort lebte. Schließlich kam ich in Katherines Straße an und machte mich auf die Suche nach ihrem Haus. Auch jetzt war ich beeindruckt von der Schönheit der Umgebung. Als ich mich aber ihrem Haus näherte, fiel die ganze Heiterkeit mit einem Mal völlig von mir ab. War ich vorher von der Eleganz des Ortes bezaubert gewesen, so überkam mich nun ein Gefühl drohenden Unheils. Die seltsame Feindseligkeit, die ich empfand, war stärker als die Lieblichkeit der Umgebung.

Ich hielt den Wagen an, stieg aus und sah mich um. Auf der gegenüberliegenden Straßenseite lag das Haus, in dem Katherine wohnte. Es erinnerte mich an die Bilder ausgebombter Städte, wie sie die Wochenschau im Kino einst zeigte. Statt eines Rasens und eines Kaleidoskops bunter Blumen empfing mich ein Schotterhaufen vor dem Haus. Ich vergewisserte mich, dass ich an der richtigen Adresse war, doch im Grunde meines Herzens wusste ich, dass die Adresse stimmte. Hier war ich richtig.

Ein düsteres Gefühl bemächtigte sich meiner. Ein Blick auf das Dach zeigte mir, dass alle Giebel eingefallen waren. Die beiden Kamine erinnerten an den schiefen Turm von Pisa. Hier ging ganz entschieden etwas höchst Merkwürdiges vor. Katherines brüchige Stimme riss mich aus meinen Betrachtungen. Sie stand in der Einfahrt und rief: »Dem Himmel sei Dank, dass Sie Zeit gefunden haben. Ich wusste nicht genau, ob Sie kommen würden oder nicht. Ist es nicht schrecklich?«, fragte sie und sah zu den Fenstern hinauf. Sie neigten sich bedrohlich zu uns herab wie eine hässliche Fratze.

»Ja. Aber ich verstehe nicht. Was ist denn hier los?«, fragte ich.

»Sie lassen mich nicht fertig bauen. Egal, was ich anfange, sie machen es wieder kaputt«, sagte sie mit ihrer gehetzten Stimme.

»Wer sind *sie*?«

»Das möchte ich eben von Ihnen wissen.« Katherine führte mich durch einzelne Zementbrocken, die die Zufahrt zum Haus säumten, zur Rückseite des Hauses. Auf den ersten Blick erinnerte es mich an einen der charakteristischen Bungalows auf der Halbinsel Cape Cod in Massachusetts, wie sie in den frühen 30er Jahren dort entstanden sind, doch schien das Haus seitdem mehrere Inkarnationen erlebt zu haben. Wir standen in der Garage, die einigermaßen normal aussah; an einer Wand war allerhand Baumaterial gelagert.

Dort erklärte mir Katherine, was sie bedrückte: »Mein Mann und ich haben dieses Haus vor drei Jahren gekauft. Und uns kurz darauf scheiden lassen. Mein Mann wollte dieses Haus unbedingt wieder loswerden, also bekam ich es als Teil meiner Abfindung. Vor der Scheidung hatten wir einen Architekten mit den Plänen für die Renovierung beauftragt. Der Bauunternehmer legte auch sofort mit der Arbeit los, doch nach etwa einem Monat kam es andauernd zu Verzögerungen. Einmal funktionierte dies nicht, dann wieder jenes. Nichts wurde je fertig.«

»Nun, das passiert leider öfter«, meinte ich.

»Nein, Sie verstehen mich nicht. Der Bauunternehmer ließ die Arbeiten ja ausführen, doch alles, was fertig war, wurde wieder zerstört«, gab sie verzweifelt zurück.

»Was meinen Sie damit?«, hakte ich nach.

»Nun, wenn etwas fertig war, ging es unweigerlich kaputt. Die Fenster zum Beispiel. Wir bauten sie ein und am nächsten Tag war die Hälfte der Scheiben gesprungen und musste ersetzt werden. Eine Woche, nachdem wir den Boden gefliest hatten, wölbte der sich auf einmal, so dass die Fliesen alle locker wurden. Wir konnten bis heute noch keinen Boden verlegen.«

»Aha, langsam begreife ich«, sagte ich ziemlich verblüfft.

Katherine fuhr fort: »Ich habe mittlerweile eine ganze Menge Bauunternehmer verschlissen. Keiner schafft es, hier drin etwas fertigzustellen. Ich bin wirklich ratlos.« Ihr Gesicht wurde bleich: »Und das Dach! Ich war so erleichtert, weil es fast fertig war, doch am letzten Tag verlor einer der Dachdecker das Gleichgewicht und stürzte *durch* das Dach. Und das, obwohl er dreißig Jahre Erfahrung hatte!«, rief sie aus. »Wir mussten den Notarzt holen. Gott sei Dank ist er in Ordnung.«

Ich sagte kein Wort.

Katherine sprach weiter. Sie wollte, dass ich etwas unternahm. »Mr. van Praagh, das ist doch nicht normal. Jemand will mich daran hindern, dieses Haus fertigzustellen.«

Mein Verstand versuchte, logische Lösungen für all das zu finden, doch plötzlich spürte ich einen starken Drang, mich zu dem Haus umzudrehen. In diesem Augenblick wusste ich, dass dies keine normale Sitzung werden würde. Ich atmete tief ein und schloss die Augen. Ich visualisierte einen Mantel aus weißem Licht, der mich umgab, und sprach ein Gebet, mit dem ich die Hilfe meiner geistigen Führer erbat. Je mehr ich meine Schwingungen erhöhte, umso deutlicher spürte ich die negative Energie, die Katherine und ihr Haus umgab. Und diese bedrohliche Energie wurde immer stärker. Ich wusste, dass ich jetzt beginnen musste.

Ich wandte mich an Katherine: »Gehen wir ins Haus.«

Wir traten durch die hintere Tür ein und standen in der Speisekammer, die neben der Küche lag. Dort empfand ich plötzlich eine ungeheure Kälte, die durch meine Wirbelsäule kroch. Irgendetwas Unsichtbares empfing uns in der Küche. Katherines Gesicht wurde noch ein wenig bleicher. Wir wussten jetzt beide, dass wir nicht allein waren. Katherine sah mich an, als suche sie nach einer Erklärung. Ich war zwar genauso verblüfft wie sie, versuchte aber trotzdem, ihr all das zu erläutern.

»Wenn eine Seele ohne Körper in der Nähe ist, spüren wir häufig eine gewisse Kälte im Raum. Das liegt daran, dass der Geistkörper eine andere Schwingung hat. Keine Sorge!«, erklärte ich ihr, während ich mich gleichzeitig fragte, worauf ich mich da eingelassen hatte. »Ich brauche nur noch etwas Zeit, um mehr Information zu bekommen.«

Ganz langsam gingen wir den Flur hinunter, der zur Vorderseite des Hauses führte. Ein leichtes Unwohlsein befiel mich. Mit jedem Schritt wurde die unsichtbare Energie stärker und unangenehmer. Ich fühlte mich bedrängt, so als stünde ich zur Hauptverkehrszeit auf dem Bahnsteig der U-Bahn. Es schien einfach kein Platz zu sein, also blieb ich stehen, wo die Energie am dichtesten war. Ich spürte, dass es eine männliche Energie war und dass sie uns bedrohte. In diesem Augenblick sah ich vor meinem inneren Auge die Verkörperung der Furcht, die Katherine und ich empfanden. Vier grobschlächtige Männer standen vor uns in der Eingangshalle. Ihre funkelnden Augen starrten grimmig durch mich hindurch. Zwei von ihnen trugen Bärte, einer war grauhaarig, ein anderer kahl. Ihre hasserfüllten Gesichter waren deutlich sichtbar und die intensive negative Energie hatte sich weiter verdichtet. Diese Männer waren furchterregend, grausam und erbarmungslos. Dann erhielt ich die Information, dass genau dort, wo ich stand, ein Mann ermordet worden war. In meiner Vision sah ich, dass einer der vier ein Gewehr hob, und dann roch ich Rauch, als hätte jemand gerade ein Streichholz angezündet.

Katherine holte mich in die Wahrnehmung des Raumes zurück, indem sie sagte: »Mr. van Praagh, geht es Ihnen gut?«

Ich schüttelte die Trance ab und fühlte mich kalt und klamm. Der Schweiß tropfte von meinem Gesicht.

»Kann ich Ihnen ein wenig Wasser bringen? Sie sehen aus, als hätten Sie einen Geist gesehen«, rief Katherine besorgt.

Ich drehte mich zu ihr um und sagte: »Jemand wurde hier erschossen, genau hier in der Eingangshalle.«

Ich drehte mich um und betrachtete eingehend die Wand. Und siehe da, da war es – ein kleines, ausgefranstes Loch von einer Kugel. Entsetzt hob Katherine die Hand zum Mund.

Ich aber versetzte mich wieder in Trance, um noch mehr zu erfahren. »Der Tote wurde in den Keller gebracht. Haben Sie einen Keller hier?«

Erschrocken zuckte Katherine zusammen. Sie starrte mich an und bejahte. (Nur so nebenbei: In Südkalifornien haben nur wenige Häuser einen Keller.) Katherine ging voran. Wir durchschritten eine Tür, die zu einer anderen Tür unter den Treppen führte. Diese zweite Tür führte in den Keller, der gerade groß genug für eine Hand voll Leute war.

»Ich fühle, dass hier ein Mann getötet wurde. Man brachte ihn in diesen Keller und verscharrte ihn hier«, sagte ich.

Katherine sah sich in dem winzigen ausbetonierten Raum nervös um.

Ich ging in die Eingangshalle zurück und blinzelte ein wenig mit den Augen, um wieder in meine Mitte zu gelangen. Als ich nun die Eingangshalle betrachtete, waren die vier Männer, die ich vorher noch gesehen hatte, plötzlich weg.

Ich ging zur Eingangstür und spürte plötzlich den Drang, nach oben zu blicken. Dort auf der Treppe saß noch ein Geist. Er trug einen weißen Mantel wie ein Arzt. Ich wusste, dass ich ihm folgen sollte.

»Bleiben Sie hinter mir«, warnte ich Katherine.

Mit jedem Schritt, den wir die Treppen hinauf machten, kehrte die vorher empfundene Kälte wieder zurück. Diesmal aber war sie frostiger als Eis und noch unheilverkündender. Meine Ohren nahmen ein hohes Summen wahr.

»Was ist das?«, schrie Katherine verängstigt auf.

»Keine Sorge. Ich höre es auch!«, gab ich zurück.

Der Laut kam aus einem Zimmer am Ende des oberen Flurs. Es hörte sich an wie kleine Katzen, die vor Hunger schreien. Ich folgte dem weiß gekleideten Arzt zu dem Raum. Er ging durch die Wand und verschwand. Ich näherte mich vorsichtig der Tür. Katherine hielt sich mittlerweile an meinem Jackett fest. Als ich nach dem Türknauf griff, zog sie meine Hand zurück. »Mit diesem Raum hatten wir den meisten Ärger. Hier brach das Dach durch. Und ich habe dort Fäkalien gefunden.«

Ich wusste, dass es das Zentrum der seltsamen und zerstörerischen Energie war. Ich spürte eine Menge Emotionen, die aus diesem Raum ausstrahlten: Wut, Hass und Schmerz. Gewöhnlich erscheint mir gute Energie als goldfarben oder weiß. Energie, die von negativen Gefühlen getrübt ist, ist meist dunkelgrau, rot oder schwarz. Und genau das sah ich, als ich den Raum betrat. Mittlerweile war es so kalt geworden, dass wir unseren eigenen Atem sehen konnten. In Katherines Augen stand die nackte Angst. Sie zitterte und sah Schutz suchend immer wieder zu mir hin.

Ich tat mein Bestes, um sie zu beruhigen. »Es ist alles in Ordnung. Versuchen Sie nur, Ihre Emotionen unter Kontrolle zu halten. Ihre Angst verstärkt die negative Energie in diesem Raum.«

»Ich will nicht mehr weitergehen«, sagte sie.

»Gut. Bleiben Sie hier, aber ich muss wissen, was hier los ist.«

Ich schritt schnurstracks in die Mitte dieses vollkommen leeren Zimmers, wo ich mich umsah und den Raum prüfte. Die unverputzte Wand mit ihren blank liegenden Kabeln wurde nur von dem Loch im Dach erhellt. Ich atmete ein paar Mal tief durch, um meine Mitte zu finden, dann stimmte ich mich auf die Schwingungen in diesem Zimmer ein, um Informationen zu erhalten. Nach meinem dritten Atemzug roch ich etwas äußerst Unangenehmes. Es war der beißende Gestank von brennendem Haar, der mir Übelkeit verursachte. Ein zunächst noch dumpf klingender Chor von Stimmen wandelte sich zu Entsetzensschreien. Ich schüttelte den Kopf, weil ich nicht so tief in deren Erleben hineingesogen werden wollte. Dann sah ich erneut den Arzt im weißen Kittel, während der Chor im Hintergrund weiter klagte. Als ich das ganze Bild zu sehen bekam, stand ich wie erstarrt.

Mitten im Zimmer war ein Mann an einem Tisch festgeschnallt. Seine Augen traten hervor, und sein Blick flehte mich um Hilfe an. Er murmelte den Namen »Victor«, was wohl sein Name war. Über ihn gebeugt stand der Arzt. Das Ganze sah aus wie eine Szene aus dem Film *Frankenstein*. Der Mann in Weiß brachte Victor mit gezielten Stromstößen an den Rand des Wahnsinns. Mir wurde klar, dass ich hier einer äußerst grausamen und unmenschlichen Folter beiwohnte. Ich musste mir die Augen reiben, um aus dieser Szene wieder zurück in die Wirklichkeit zu finden. Dann verließ ich schnell den Raum.

Mir kam es vor, als seien höchstens Minuten vergangen, tatsächlich aber war ich schon mehr als zwei Stunden in Katherines Haus. Ich trat vor das Haus, wo sie auf mich wartete, und erklärte ihr, was ich in dem Raum erlebt hatte.

»Hier hat vielleicht ein Arzt gelebt, der irgendwie in illegale oder kriminelle Machenschaften verwickelt war. Er folterte Menschen, um Informationen von ihnen zu bekommen oder um sie zu zwingen, etwas geheim zu halten.«

Diese Mitteilung schien Katherine keinen Schrecken einzujagen: »Mr. van Praagh, das ergibt wirklich Sinn.«

»Was meinen Sie damit?«

»Nun, als ich hierher zog, erzählte mir eine Nachbarin ein bisschen über das Haus. Und sie erzählte, dass es vor 15 oder 20 Jahren einem Arzt von zweifelhaftem Charakter gehört haben soll.«

Ich war zutiefst erstaunt.

»Er blieb auffällig für sich, doch die Nachbarin erzählte, dass immer viele verschiedene Autos vor dem Haus parkten. Einige Male war sogar die Polizei da. Offenkundig hatten sich die Nachbarn über die seltsamen Geräusche aus dem Haus beschwert.«

Für diesen Tag hatte ich genug gehört und gesehen. Alles, was ich jetzt noch wollte, war, nach Hause gehen und mich ausruhen. »Ich komme morgen zurück, um das Haus zu reinigen. Wir müssen diese Energie loswerden, sonst werden Sie das Haus nie zu Ende renovieren können.«

Wie versprochen kam ich am nächsten Morgen zurück. Als ich das Haus betrat, war die Energie schon etwas weniger düster als am Vortag. Dann ging ich in jeden Raum, um ihn zu säubern. Ich wandelte die negativen Schwingungen mit der Reinheit und Liebe des *Gottesfunkens* um. Als ich im obersten Stock zu arbeiten begann, vernahm ich plötzlich gedämpft grauenerregende Laute hinter einer der Türen. Also ging ich hin und öffnete sie. Dahinter drängten sich mehrere Wesenheiten ängstlich in der Ecke. Sie zitterten vor Furcht.

»Wir sind hier eingesperrt!«, riefen sie.

Also nahm ich geistig mit ihnen Kontakt auf und teilte ihnen mit, dass sie nun frei seien und sich ihren eigenen Raum erobern könnten. Wenn Geister auf diese Weise an die Erde gebunden sind, dringen sie häufig in die Dimension der Menschen ein, weil sie glauben, dass sie nirgendwo Raum haben. Ich musste ihnen daher helfen zu begreifen, dass es für sie eine eigene Energie gibt. Ich visualisierte einen Lichtball um sie herum, der ihren Raum zu ihrem Besten mit Energie füllte.

Dann sagte ich laut, aber sanft: »Ihr seid nicht wirklich eingesperrt, auch wenn ihr das Gefühl habt. Die Grenzen der materiellen Welt liegen hinter euch und ihr seid nun Teil der Geistwelt. Ihr seid frei, ins Licht zu gehen.«

Innerhalb weniger Minuten wurde der Raum heller und

die darin herrschende Kälte verschwand. Wärme und Licht des Sonnenscheins ersetzten den Schatten, den Furcht und Schrecken geworfen hatten. Das Haus war nun *rein*. Katherine würde endlich ihre Renovierungsarbeiten beenden können. (In Kapitel 9 erfahren Sie mehr darüber, wie Sie einen Ort von unwillkommenen Energien befreien können.)

In meiner Funktion als geistiges Medium nutze ich meine mentalen Kräfte zusammen mit meinen Sinnen, um die Geistwelt wahrzunehmen. In diesem Haus sah ich Wesenheiten, die mitten im Raum standen. Vor meinem geistigen Auge erscheinen diese Gestalten vollkommen real, obwohl ich weiß, dass sie keine materiellen Wesen sind. Diese Vision entsteht durch mein *geistiges* Sehzentrum im dritten Auge. Genau dasselbe geschieht, wenn ich Geister über die anderen Sinnesorgane wahrnehme. All diese Eindrücke werden durch meinen Geist gefiltert und besitzen daher den Charakter des Materiellen.

Wenn wir die Geister in unserem Leben am Werk sehen wollen, ist es von entscheidender Bedeutung, wie wir unsere Sinnesorgane einsetzen. Dabei genügt es schon, auf die Kleinigkeiten im Alltag zu achten, um die Tore zu unseren übersinnlichen Kräften zu öffnen. Je mehr Aufmerksamkeit wir unserer Umgebung entgegenbringen; je intensiver wir sehen, hören, spüren, ertasten und schmecken; je klarer wir unsere Gedanken und Handlungen wahrnehmen, desto mehr Bewusstheit bauen wir auf. Wenn wir diese Bewusstheit nicht haben, tappen wir blind und träge durchs Leben, auch wenn wir uns für sehr wach und aktiv halten. Erst wenn wir diese Form der Bewusstheit entwickeln, leben wir wahrhaft und begreifen das Leben auf seinen verschiedenen Ebenen.

Aber zu einem klaren Verständnis der Geistwelt und einer ungestörten Kommunikation mit ihr kommt es erst, wenn Sie Ihren mentalen und emotionalen Ballast abgeworfen haben, da dieser Ihren materiellen und geistigen Raum beengt. In den nächsten Kapiteln gehen wir näher darauf ein. Bald werden Sie mit Erstaunen feststellen, wie Ihre eigene übersinnliche Energie durch Zeit und Raum wandert, um denen zu helfen, die sie brauchen. Sie haben das unglaubliche Privileg, ein Kanal für den *Gottesfunken* zu sein. Lassen Sie sich von Ihrer Sensitivität leiten.

2
Der sechste Sinn

Botschaften aus der Geistwelt intuitiv empfangen

Zuerst möchte ich betonen, dass wir alle mit sechs Sinnen zur Welt gekommen sind, nicht nur mit fünf. Der sechste Sinn, den die meisten von uns im Alltag nicht einzusetzen wissen, ist unsere Intuition, unsere »innere Stimme«, eine Art übersinnliches Bewusstsein. Wir alle besitzen diese Kraft, doch der größte Teil der Menschen nutzt sie nicht. Unser sechster Sinn beruht auf dem Denken, den Wahrnehmungen der fünf Sinnesorgane und den Emotionen. Aus der Summe der Informationen, die ihm auf diesem Weg zukommen, gewinnt der Verstand die Fähigkeit zur hellseherischen, telepathischen oder anderweitig außersinnlichen Wahrnehmung. Doch auch die Inspiration des Künstlers, die religiöse Erfahrung des Mystikers und die kreative Lösung von Problemen sind das Werk unseres sechsten Sinnes.

Intuition ist das Gefühl, etwas zu *wissen*, und zwar von innen heraus. Dieses Wissen entsteht spontan, ohne Beteiligung des analytischen Denkens. Ganz im Gegenteil: Wenn Sie sich zu sehr anstrengen, Ihre Intuition zu entwickeln, behindern Sie diesen Vorgang nur. Anders gesagt: Intuition lässt sich nicht willentlich erzwingen. Sie geschieht einfach. Allerdings können Sie lernen, sich für dieses Geschehen zu öffnen. Zur intuitiven Erfahrung kommt es, wenn unser Geist entspannt und nicht auf eine bestimmte Aufgabe konzentriert ist.

Normalerweise fällt uns die Lösung eines Problems gerade dann ein, wenn wir nicht daran denken. Ich zum Beispiel verlege ständig meine Schlüssel. Das geschieht des Öfteren, aber sobald ich nicht mehr danach suche, springen sie mir förmlich ins Auge. Mit der Intuition ist das ganz ähnlich.

Jeder Mensch hat schon einmal intuitive Erfahrungen gemacht. So kann es zum Beispiel passieren, dass Sie einen bestimmten Pullover als Geschenk für einen Freund kaufen möchten. Dann gehen Sie durch eine Straße, durch die Sie normalerweise nie kommen, und da ist er schon: um 50 Prozent heruntergesetzt. Irgendetwas brachte Sie dazu, ausgerechnet an diesem Tag genau hier entlang zu gehen. Dieses Etwas ist Ihre Intuition. Sie führt Sie zur richtigen Zeit an den richtigen Ort. Und Sie wird Sie auch in die Geistwelt führen.

Viele Menschen glauben, dass ich Wunder vollbringe; aber mit den Toten zu sprechen ist etwas ganz Natürliches. Der einzige Unterschied zwischen mir und Ihnen ist, dass ich gelernt habe, meine übersinnlichen Fähigkeiten gezielt einzusetzen. Wie andere Menschen, die als übersinnlich begabt gelten, habe ich mich darin geübt, meine innere Stimme und die Stimme der Geistwesen von dem lauten Chor der Ansichten und Meinungen zu unterscheiden, der meinen Geist überschwemmt. Jeder Sensitive wird Ihnen sagen, dass die Entwicklung einer starken Intuition auf Beobachtung, Überlegung, Versuch und Irrtum beruht.

Denken Sie einmal an Ihre Anfänge als Autofahrer zurück. Sie mussten die Verkehrsregeln mühselig erlernen, üben und Ihrem Fahrlehrer zuhören. Als Sie das erste Mal hinter dem Steuer saßen, mussten Sie lernen, wo die Kupplung, das Gaspedal und die Bremse sind. Und Sie mussten sich vertraut machen mit den Reaktionen des Wagens, wenn Sie das eine oder andere Pedal betätigten. Sie lernten, wie man bremst, anhält, wendet. Die Intuition ist eine Fähigkeit wie jede andere. Sie will geübt werden. Je öfter wir sie benutzen, desto besser funktioniert sie, desto vertrauter werden Sie mit ihr und desto glatter verläuft Ihre Reise. Sie werden bald feststellen, dass es Ihr Leben deutlich vereinfacht, wenn Sie Ihre Intuition benutzen.

Ja, natürlich! Es gibt Menschen, die sich von Natur aus ihrer übersinnlichen Fähigkeiten stärker bewusst sind. Einige davon haben diese sogar bis zur wahren Meisterschaft entwickelt. Doch abgesehen davon ist Intuition etwas, das jeder Mensch besitzt. Und wie in allen Bereichen des Lebens hängt es einzig und allein von Ihnen ab, bis zu welchem Grad Sie diese Fähigkeit reifen lassen wollen.

Häufig fragt man mich: »Woher wissen Sie denn, dass diese Information aus der Geistwelt kommt und nicht einfach Ihrer Fantasie entspringt?« Am Anfang meiner Arbeit als Medium war genau das der schwierigste Punkt. Wie jeder Mensch überließ auch ich meinem Geist erst einmal das Ruder. Daher war es zunächst enorm schwierig, die Information, die ich erhielt, bis zu ihrem Ursprung zurückzuverfolgen. Doch nur so konnte ich unterscheiden zwischen dem Geschwätz meines eigenen Verstandes und dem, was die Geistwelt mir mitteilen wollte. Das einzige Mittel hier ist Achtsamkeit in Bezug auf die eigene Person. Daher gebe ich meinen Schülern immer den Rat Shakespeares mit auf den Weg: »Dir selbst sei treu!« Um den Schatz dieses Wissens zu heben, müssen Sie einen engen Kontakt zu sich selbst aufbauen. Je besser Sie Ihre Motive, Gedanken und Glaubenssysteme kennen, desto leichter wird es Ihnen fallen, zwischen Ihren eigenen Ideen und den Botschaften der Geistwelt zu unterscheiden.

Intuitive Erfahrungen erkennen

Es gibt mindestens so viele Ebenen der Intuition wie es Ebenen der Persönlichkeit gibt. Und das ist bei jedem Menschen anders. Am besten fangen Sie damit an, Ihre Gedanken und Gefühle zu erkennen. Dazu müssen Sie vor allem ehrlich zu sich selbst sein. Niemand kann so gut wie Sie wissen, was in Ihnen vorgeht.

Auf körperlicher Ebene mögen wir Empfindungen haben, die uns vor Bedrohungen und Gefahren warnen. Penny, eine meiner Freundinnen, erzählte mir zum Beispiel einmal, dass sie einst nach Paris fliegen wollte, um dort ihre Tochter zu besuchen. Von da aus hatten die beiden vor, mit dem Mietauto nach Südfrankreich zu fahren. Penny hatte schon ihren Platz im Flugzeug gebucht, hatte den Mietwagen von den USA aus bestellt und einige Karten von Südfrankreich gekauft. Doch zwei Wochen vor ihrem Abflug bekam sie auf einmal schreckliche Magenkrämpfe. Sie kamen mehr oder weniger aus dem Nichts, da sie mit dem Magen vorher keinerlei Probleme gehabt hatte.

Sie sagte sich: »So etwas habe ich doch schon mal erlebt. Es fühlt sich an wie Furcht. Als würde mein Körper mich warnen wollen.« Die Krämpfe gingen weiter, doch sie beschloss, trotzdem zu fahren. »Ich hatte keine Angst vor einem Flugzeugabsturz, aber ich wusste, dass die Krämpfe etwas mit der Reise zu tun hatten.«

Als sie in Paris ankam, regnete es.

»Es regnete fast durchgehend, als wir in Frankreich waren, und ich fragte mich, ob das vielleicht etwas mit den Krämpfen zu tun haben konnte. Aber sicher war ich mir nicht. Schließlich erhielt ich die Antwort auf meine Fragen. Als wir in Cannes ankamen, regnete es immer noch. Ich stand bei Rot vor einer Ampel am Fuß eines Hügels. Als ich in den Rückspiegel sah, erkannte ich, dass da ein Wagen auf uns zukam, der sicher nicht mehr rechtzeitig würde bremsen können. Ich richtete den Blick nach vorn und betete, als der Wagen in uns hineinkrachte. Glücklicherweise hatte ich immer darauf geachtet, dass meine Tochter sich anschnallte. Wäre das nicht der Fall gewesen, wäre sie durch die Windschutzscheibe geschleudert worden. Als der Wagen auffuhr, wusste ich, dass sich die Furcht, die mich die ganze Zeit gequält hatte, genau hierauf bezogen hatte. Einesteils war ich froh, dass es vorbei war. Meine Tochter musste zwar ins Krankenhaus, doch es war nichts Schlimmes. Sie hatte nur ein Schleudertrauma.«

»Wahnsinn!«, sagte ich, als sie fertig erzählt hatte.

»James, in dem Moment, als ich in den Rückspiegel sah, wusste ich, dass nun das geschehen würde, wovor meine Krämpfe mich hatten warnen wollen. Ich wusste aber auch, dass es geschehen musste und dass ich nichts dagegen tun konnte. Der Unfall war eine karmische Lehre und ich weiß heute, worum es dabei ging.«

Körperliche Reaktionen sind eindeutig eine Quelle intuitiver Information. Sie sollten lernen, auf Ihren Körper zu hören, die Signale wahrzunehmen. Meine Freundin ist eine Frau, die in dieser Hinsicht sehr aufmerksam ist. Sie steht in engem Kontakt mit ihrem Selbst und ihren Gefühlen. Mir passiert es mitunter, dass ich etwas zu einem Freund sagen möchte, und wenn ich den Mund öffne, kommt kein Laut heraus. In diesem Moment weiß ich, dass meine Intuition möchte, dass ich schweige. Vielleicht ist der richtige Zeitpunkt für meine Information noch nicht gekommen. Wenn Sie sich die Impulse Ihres Körpers bewusst machen, sind Sie auf Ihrem Weg zur Selbstbewusstheit und zum Erwachen der Intuition einen bedeutenden Schritt weiter.

Doch nicht nur der Körper informiert uns. Auch unsere Gefühle verlangen Aufmerksamkeit. Immer wieder erzählen mir Menschen, dass sie, als sie ihren späteren Ehepartner trafen, sofort gewusst hätten, dass es die bzw. der »Richtige« sei. Normalerweise geschieht das auch dann, wenn die Betreffenden recht festgefahrene Vorstellungen von ihrem Traumpartner haben. Mein Freund Andrew schildert es wie folgt: »Als ich meine spätere Frau traf, war sie überhaupt nicht so wie die

Mädchen, mit denen ich gewöhnlich ausging. Ich mag Blondinen, sie war brünett. Ich mag kleine Frauen, sie war groß. Trotzdem sagte mir irgendetwas, dass sie die richtige Frau für mich wäre. Ihr Humor faszinierte mich. Aber ich bemerkte erst später, dass ich deshalb über Dinge hinwegsah, die mich sonst nicht anziehen. Wir gingen nur einmal miteinander aus und trotzdem sagte eine innere Stimme mir, dass ich sie wieder sehen wollte. Schon am ersten Abend wurde mir klar, dass sie die Frau war, die ich heiraten wollte.«

Wir alle kennen den Begriff der »weiblichen Intuition«. Das heißt natürlich nicht, dass nur Frauen mit Intuition begabt sind. Frauen haben einfach einen besseren Zugang zu ihren Gefühlen als Männer. Sie unterdrücken sie nicht so sehr, wie Männer es gelernt haben. Unsere Gefühle ändern sich jede Sekunde. Doch das Auf und Ab der Emotionen hat mit der inneren Stimme, die sich manchmal im Fühlen äußert, nichts zu tun. Um zwischen diesen beiden unterscheiden zu können, müssen wir unsere Gefühle kennen lernen.

Auf der Verstandesebene kleidet die Intuition sich meist in ein geistiges Bild. Hier ist die kreative Problemlösung zu Hause. So berichten Erfinder des Öfteren, dass der entscheidende Einfall ihnen in einem Traum kam, einem Tagtraum vielleicht, der eben dann vor ihren Augen ablief, als sie aufhörten, über das Problem nachzudenken. Auch im Topmanagement gibt es immer wieder Menschen, die sagen, sie träfen bestimmte Entscheidungen »aus dem Bauch heraus«. Die Fähigkeit, intuitiv zu wissen, welches Produkt Erfolg haben wird, trägt entscheidend zur beruflichen Karriere bei. Wir alle kennen diese Aha-Erlebnisse, wenn etwas, das tief in uns verborgen lag, plötzlich an die Oberfläche steigt. Wir sitzen beim Friseur, blättern in einer Zeitschrift und plötzlich steht *die* Antwort kristallklar im Raum. Das ist Intuition – sie geschieht spontan, ohne Anstrengung.

Und dann gibt es da noch die spirituelle Intuition – die mystische Erfahrung des Wissens. Sie gibt uns Einblick in die wahre Natur der Existenz. Augenblicke spiritueller Erkenntnis bleiben für immer unvergesslich. Eine Freundin erzählte mir einmal von einer Erfahrung, die sie bei einem Rückzug von der Welt, einem so genannten »Retreat« gemacht hatte, bei dem absolutes Schweigen geboten war. Damals war sie Mitglied einer spirituellen Vereinigung, die ein Anwesen in Lake Arrowhead in Kalifornien besaß. »Dort zogen wir uns normalerweise für zwei Wochen ganz von der Welt zurück. Es gab keine Schlafgelegenheiten im Haus. Wir mussten Zelte oder Schlafsäcke mitbringen, denn wir wollten die Nächte in der freien Natur verbringen.«

Die Teilnehmer wechselten sich ab beim Kochen, beteten zusammen und verbrachten den Rest des Tages schweigend. »Nachdem ich ein paar Tage in der Stille der Natur verbracht hatte, machte ich eine unglaubliche Erfahrung. Ich sah mich, wie ich mit Tausenden von anderen Menschen in einen Zug stieg. Es war der ›Zug der Liebe‹, so merkwürdig sich das auch anhören mag. In diesem Moment wurde mir klar, dass wir alle aus Liebe gezeugt wurden und dass Liebe die Energie ist, welche die ganze Welt durchdringt. Vollkommener Frieden legte sich über mich: Ich musste kein ›guter‹ Mensch mehr werden. Ich konnte ohnehin nicht besser werden. Schließlich *war* ich bereits Liebe.«

Das ist wahre geistige Einsicht.

Mystische Erfahrungen wie diese haben nur einen Zweck: Sie verändern die Sicht des Menschen von der Wirklichkeit. Um solche Einsichten zu erlangen, ist Meditation eine unabdingbare Vorübung. Doch auch für die Kommunikation mit der Geistwelt ist sie unverzichtbar. Genauso wie die Eindrücke, die wir über die fünf Sinnesorgane sammeln, vom Verstand interpretiert werden müssen, sollten wir die Empfindungen deuten, welche die Intuition uns vermittelt. So wird auch ein Arzt das Wissen, das er in langem Medizinstudium erworben hat, wohl kaum plötzlich beiseite legen, um sich künftig einzig und allein auf seine Intuition zu verlassen. Nutzt er jedoch beide Quellen, so kann er Krankheiten aufspüren, die er mit konventionellen Diagnosemethoden wohl kaum entdeckt hätte.

Wenn Sie anfangen, auf sich selbst zu hören, werden Sie – vielleicht zum ersten Mal im Leben – entdecken, dass das Bewusstsein aus verschiedenen Schichten besteht. Nachdem Sie die oberflächlicheren Eindrücke hinter sich gelassen haben, erreichen Sie die tieferen Ebenen des Seins. Die Verwirrung fällt weg, das Vertrauen wächst. Das Schöne an der Intuition ist, dass niemand von außen uns drängt, etwas zu tun. Wir wissen einfach, wie wir handeln müssen, und können klare Entscheidungen treffen.

Sobald wir entspannt und achtsam sind, sobald das geistige Geschwätz in den Hintergrund tritt, müssen wir lernen, unsere Gefühle zu erspüren. Wenn Sie Ihren Gefühlen bewusst mehr Aufmerksamkeit schenken, sprechen sie erstaunlich rasch und deutlich zu Ihnen. Verdrängte Emotionen erschweren die natürliche Entfaltung der Intuition, weil sie gewaltige Spannungen im Körper erzeugen. Darüber hinaus sind diese Emotionen gewöhnlich mit früheren oder erst noch in der Zukunft liegenden Ereignissen verbunden. Halten Sie sich geistig aber in der Vergangenheit oder in der Zukunft auf, so sind Sie nicht offen für den gegenwärtigen Augenblick. Und Intuition geschieht nur in der Gegenwart.

Jeder Mensch geht mit seinen Intuitionen anders um. Häufig werde ich gefragt: »Wie war es, als Sie zum ersten Mal Kontakt mit der Geistwelt hatten?« und »Konnten Sie es körperlich fühlen?« Offen gestanden: Wenn ich mit einem Geistwesen kommuniziere, fühle ich das in meinem ganzen Sein. Ich fühle es zwar im Körper, aber normalerweise werden ganz bestimmte Sinne angesprochen. In meinem Fall sehe und spüre ich die Gegenwart eines Geistwesens, weil ich ein geistiges Medium bin, das mit Hellsehen und »Hellfühlen« arbeitet. Doch wie die meisten Medien spüre ich ein Geistwesen in jedem Teil meiner selbst. Auch das ist eine Frage des Gewahrseins. Man muss sich des Unterschiedes zwischen eigenen Wünschen bzw. Ängsten und wahren intuitiven Wahrnehmungen bewusst werden.

Als ich einmal in Italien über die Landstraßen fuhr, stellte ich plötzlich fest, dass ich mich verfahren hatte. Ich versuchte, die Straßenschilder zu entziffern, war dazu aber nicht in der Lage. Als ich an der Ampel warten musste, fuhr plötzlich auf der anderen Straßenseite ein Laster an mir vorbei, der in großen Lettern den Namen »REGINA« auf der Seite trug. Ich machte kehrt, folgte ihm und tatsächlich führte er mich genau an den Ort, wo ich hinwollte. Ich hatte es als Zeichen aus der Geistwelt aufgefasst, weil meine Mutter Regina hieß. Sie schickte mir Hilfe, und zwar so, dass ich sie auch nutzen konnte.

Die spontane Intuition von Kindern

Als Kind haben Sie vielleicht übersinnliche Erfahrungen für ganz normale Empfindungen gehalten wie Trauer oder Glück. Damals waren diese Empfindungen für Sie real, auch wenn kein Erwachsener Ihnen sagte, worum es dabei ging. Was sie bedeuteten, stellten Sie erst fest, wenn dieselbe Situation sich mehrmals wiederholte und sich dabei immer wieder dasselbe Gefühl einstellte. Später aber brachte man Ihnen bei, sich weniger auf Ihre *Empfindungen* als viel mehr auf Ihre rationalen Anteile zu verlassen. Empfindungen gehören dem subjektiven Geist an, dem unbewussten Teil unseres Selbst, der weder logisch noch sichtbar ist. Ein altes Sprichwort sagt: »Sehen heißt glauben.« Wir lernen, uns auf das zu verlassen, was wir anfassen können. Schließen wir aber die Augen und lassen wir den Verstand hinter uns, beruhigen sich unsere Sinnesorgane und wir finden Kontakt zu der inneren Stimme der Wahrheit.

Als ich noch klein war, waren intuitive Erfahrungen für mich etwas ganz Natürliches. Wie die meisten sensitiven Kinder nahm ich an, dass alle dasselbe wahrnähmen. Für mich war das einfach normal. Erst als ich erfuhr, dass andere diese Erfahrungen nicht hatten, merkte ich, dass ich anders war. Ich hatte eine sehr lebhafte Fantasie. Wie andere Kinder auch, dachte ich mir aufregende Szenen aus, die ich in der Stille meines Zimmers nachstellte. Doch zwischen diesen Fantasieprodukten und den Informationen aus der anderen Welt war ein feiner Unterschied. Ich wusste nicht, wie ich mit diesen Informationen umgehen oder was ich von ihnen halten sollte, denn ich war ja noch ein Kind. Für mich fühlte sich das manchmal höchst verwirrend, ja beängstigend an.

Der maskierte Räuber

Als ich acht Jahre alt war, führten mein Freund Frankie und ich jeden Samstagmorgen dasselbe Ritual durch. Wir standen früh auf, aßen eine Schüssel Cornflakes, während wir im Fernsehen Zeichentrickfilme sahen, und trafen uns dann im Garten zum Spielen. Später kamen noch Robbie, ein weiterer Freund, und Frankies Schwester Jeanne dazu. Wir vier tobten durch den Tag und dachten uns immer wildere Spiele aus. Zum Beispiel kletterten wir auf Bäume, die wir zu Raumschiffen erklärten, und eroberten von dort aus als Roboter die Erde. Es machte uns Spaß, durch den Kosmos zu reisen, der sich wunderbarerweise in unserem achthundert Quadratmeter großen Hinterhof ausbreitete.

Eines Abends schlugen Frankie und ich ein Zelt auf, so wie wir es in der Fernsehsendung *Reich der Wildnis* gesehen hatten. Wir rollten uns in unsere Schlafsäcke und begannen, uns Geistergeschichten zu erzählen. Natürlich versuchte dabei einer den anderen zu übertrumpfen, um klar zu machen, wer hier der größte Angsthase war. Ich war an der Reihe und ich begann mit folgenden Worten: »Das ist eine wahre Geschichte. Hier in der Nachbarschaft gibt es einen Mann, der tagsüber herumschleicht, um auszukundschaften, in welchen Häusern ein Fenster offen steht. Wenn er eines findet, kommt er nachts zurück und steigt ein, um die Menschen dort zu berauben.«

»Was redest du denn? Kein Mensch tut so etwas«, sagte Frankie.

»Aber sicher tut er das. Willst du wetten?«, gab ich zurück. »Er trägt ein rotes Tuch um Mund und Nase. Du kannst nur seine Knopfaugen sehen, die so schwarz funkeln wie bei einem Vogel.«

Nun fing Frankie an zu zappeln. Vögel beunruhigten ihn, seit er diesen Horrorfilm gesehen hatte.

Ich flüsterte: »Wenn er dich sieht, nimmt er dich mit und kein Mensch wird je wieder von dir hören.«

Das war jetzt genug. Frankie zog den Schlafsack über seinen Kopf und murmelte: »Lass uns schlafen.«

Am nächsten Tag riss uns die schrille Stimme von Frankies Mutter aus dem Land der Träume. »Frankie, Jamie, kommt sofort ins Haus! Los, kommt herein!«, schrie sie.

Wir krochen aus unseren Schlafsäcken und gingen langsam ins Haus. Was wohl die ganze Aufregung sollte? Kaum waren wir durch die Tür, fiel Frankies Mutter schon vor uns auf die Knie und drückte uns fest an sich. »Alles in Ordnung mit euch, Jungs?«

»Ja, Mama. Was ist denn los?«

Dann vernahmen wir eine Polizeisirene und Stimmen, die sich näherten.

»Letzte Nacht ist ein Einbrecher durch das Schlafzimmerfenster in Mrs. Clarkes Haus eingestiegen und hat sich bei ihrer Tochter unter dem Bett versteckt. Als sie sich umdrehte, sah sie den Mann, wie er herauskroch, ihre Geldbörse nahm und aus dem Fenster sprang.«

Beide standen wir wie zu Stein erstarrt.

Frankie sah mich an. Ich zuckte überrascht mit den Schultern. »Hat sie gesehen, wie er aussah?«, fragte er.

»Mrs. Clarke sagte, er habe ein rotes Tuch um Nase und Mund gehabt.«

Nun atmeten wir beide exakt zur selben Zeit tief ein.

»Sie erzählte, ihre Tochter habe sich besonders gefürchtet, weil der Einbrecher kurz innegehalten und sich zu ihr umgedreht habe. Sie konnte nur seine Augen sehen.«

Nun stand uns beiden vor Ungläubigkeit der Mund offen.

Ich rannte zur Hintertür hinaus und rief: »Ich gehe wohl jetzt besser heim.«

Als ich an jenem Tag nach Hause kam, erzählte ich meiner Mutter, was ich mir am Abend zuvor ausgedacht hatte.

Sie sah mich an und lächelte: »Aber das ist doch nur purer Zufall, Jamie.«

Ich habe nie wirklich verstanden, woher ich diese intuitiven Informationen hatte. Als Kind war ich einfach nur offen dafür. Und ich versuchte nicht, sie zu beurteilen bzw. mit dem Verstand zu analysieren, wie die Erwachsenen das tun.

Ein Geisterbild

Eine weitere intuitive Erfahrung machte ich, als ich in der zweiten Klasse war. Wir waren gerade mit dem Mittagessen fertig und hatten Pause. Für mich bedeutete das eine Stunde Zeit zum Malen. Ich hatte stets Buntstifte und einen Zeichenblock dabei, mit dem ich mich in ein ungestörtes Eckchen setzte. Warum, weiß ich nicht, aber ich hatte immer eine Vorliebe für Farben wie Blau und Purpur. Farbstifte waren für mich Zauberstäbe, die mir das Tor in eine magische Welt öffneten, sobald ich sie zu benutzen begann. Ich ließ mich beim Malen immer völlig gehen. Erst am Ende sah ich mir an, was daraus geworden war. Normalerweise malte ich irgendwelche Szenen und ich wusste nie, wie sie zustande kamen.

An diesem Tag brachte ich meine Zeichnung nach Hause und zeigte sie meiner Mutter. Es war ein Bild von einem umgestürzten Fahrrad. Daneben saß ein kleines Mädchen.

»Warum hast du das eine Bein blau, das andere rot gemalt?«, fragte sie mich.

Ich zuckte mit den Schultern. Ich wusste es einfach nicht. Auf dem Bild war eine Straßenlaterne neben dem Fahrrad. Im Hintergrund hatte ich eine Frau gezeichnet, die auf das Mädchen blickte. Vor der Frau waren Unmengen von Blumen zu sehen.

Meine Mutter sah das Bild und meinte: »Sehr schön.«

Sie hängte es an den Küchenschrank, wo alle meine Kunstwerke ihren Platz fanden.

Eine Woche später saß ich im Wohnzimmer auf dem Teppich und sah fern, als meine Mutter mich in die Küche rief. Ich stand auf und lief zu ihr hin. Sie hielt meine Zeichnung in der Hand. Ihr Gesicht zeigte einen verwirrten Ausdruck.

»Wie konntest du das wissen?«, sagte sie und wedelte mit dem Blatt.

»Was wissen, Mama?«

Sie hielt mir das Bild unter die Nase. »Das Bild, das du gemalt hast. Das ist deine Schwester.«

»Was meinst du damit?«

»Gestern fuhr deine Schwester mit dem Fahrrad um die Ecke und gegen eine Straßenlaterne. Sie schlug sich das Knie blau und eine Dame brachte sie nach Hause. Genau wie hier auf dem Bild.«

Ich hatte gar nichts gewusst.

»Ich habe einfach nur gemalt, was ich in meinem Kopf sah«, antwortete ich und ging zurück zum Fernseher.

Solche Dinge erlebte ich als Kind häufig. Ich versuchte nie bewusst, an Informationen zu kommen, und ich dachte nicht darüber nach, woher sie kamen. Auch jetzt, wo ich ständig mit übersinnlichen Informationen umgehe, versuche ich nicht, sie zu interpretieren, weil ich sie nicht durch meine eigenen Zweifel färben möchte.

Der mediale Arbeitskreis

Als Erwachsener hatte ich die vielen übersinnlichen Erlebnisse meiner Kindheit vergessen. Stattdessen sah ich meine Ziele in der »wirklichen« Welt. Bis das Medium Brian Hurst mit mir zum ersten Mal ein Reading machte. Er sagte, dass ich eines Tages tun würde, was er tat. Bald darauf begann ich, viele Bücher über das Übersinnliche zu lesen, war aber immer noch nicht sicher, was ich mit meiner besonderen Sensivität anfangen sollte. Also suchte ich Brian noch einmal auf.

»Was soll ich als Nächstes tun?«, fragte ich ihn. »Ich möchte nicht, dass diese Fähigkeit mein ganzes Leben bestimmt.«

Brian schlug mir vor, an seinem medialen Arbeitskreis teilzunehmen, um mehr über mediale Begabung zu erfahren. »Sie werden lernen, wie Sie das Tor zur Geistwelt offen halten können und wie Sie es schließen, wenn Sie keine Botschaften erhalten wollen.«

In diesem Zirkel lernte ich nicht nur, wie ich die Verbindung mit den geistigen Dimensionen aufbauen konnte, sondern auch, welche Wege die Geistwesen nutzen, um ihre Botschaften zur Erde zu bringen. Am wichtigsten aber war, dass ich die Bedeutung meiner Begabung und ihrer Möglichkeiten begriff. Ich kann mich noch gut erinnern, was Brian sagte, als ich das erste Mal an diesem Kreis teilnahm. Seine Worte sind mir seitdem unvergesslich geblieben.

»James«, sagte er, »das Wichtigste bei einem Medium ist die Motivation, die hinter seinem Tun steht. Möchtest du wirklich den Menschen dienen? Willst du dazu beitragen, dass wir verstehen, wie viel mehr wir sind als nur unser Körper? Und dass unser Bewusstsein den Tod überlebt? Möchtest du die Herzen der Menschen für Liebe, Verständnis und Vergebung öffnen? Wenn du auf diese Fragen mit Ja antworten kannst, bist du bereit, in einer solchen Runde zu sitzen und in die geistigen Reiche einzutreten.«

Viele Menschen glauben, dass ein solcher Kreis sich darauf beschränkt, im Dunkeln zu sitzen und Händchen zu halten. Das ist nicht der Fall. An diesem Missverständnis ist wohl Hollywood schuld. In Wirklichkeit geht es um weit mehr. Wir trafen uns einmal die Woche und begannen die Sitzung stets mit einem Gebet. Das hilft, die Energie des Raumes zu heiligen. Es ist wie das Eingangslied, welches zu Beginn der Messe gesungen wird. Wenn Sie in einem solchen Kreis sitzen, rufen Sie die höchsten Anteile Ihres Wesens an. Das Gebet sollte dem Universum mitteilen, dass wir uns vereint hatten, um Kontakt mit der Geistwelt aufzunehmen.

Nach dem Gebet übten wir uns in der Meditation. Sie ist der Weg zur Entwicklung des sechsten Sinnes. Dabei beruhigen wir zuerst einmal das dauernde Geschnatter in unserem Kopf und entspannen uns in unseren Körper hinein. Langsam lassen wir die äußere Welt los und richten unsere Aufmerksamkeit auf die inneren Reiche. Dort ist unser höheres Selbst beheimatet. Die Verbindung zum höheren Selbst und der inneren Welt wird von unserem Atem geschaffen. Der Atem ist die Energie des Lebens. Also musste ich als Erstes eine Beziehung zu meinem Atemrhythmus herstellen.

Ich lernte, in den Rhythmus meines Atems einzutauchen und konnte mich mit jeder Sitzung ein wenig länger darin vertiefen. Langsam, aber sicher lösten die Probleme des Alltags sich auf, bis ich nur noch Atem war. Sobald die äußeren Einflüsse ausgeblendet waren, nahm ich den ununterbrochenen Strom der Gedanken war. Jedes Mal, wenn ich einen Gedanken bemerkte, ließ ich ihn los und kehrte zum Atmen zurück.

Wochen und Monate vergingen, in denen ich mir der Energie bewusst wurde, die in meiner Wirbelsäule auf und ab floss. Und ich spürte, dass diese Energie alle Menschen im Raum umfasste. Und mir wurde klar, dass ich nun die Aura zu fühlen vermochte.

Nach ein paar weiteren Monaten nahm ich plötzlich andere Gedanken wahr, die eilig durch meinen Kopf schossen. Ich fühlte mich selbst viel deutlicher und zur selben Zeit entwickelte ich auch ein Gespür für den Menschen, der im Kreis saß. Als Nächstes nahm ich vor meinem inneren Auge geistige Formen wahr, die um die Gruppe herum standen. Als ich meine Aufmerksamkeit auf diese Formen lenkte, enthüllten sich mir Gesichter in kurz aufblitzenden Bildern. Später konnte ich den anderen Gruppenteilnehmern beschreiben, was ich sah. Manchmal hatte ein anderer dieselbe Wahrnehmung gehabt. Mein Gewahrsein dieser Dinge stieg, weil ich es Woche für Woche schulte. Wenn wir uns nicht auf Geistwesen konzentrierten, stimmten wir uns auf die Energie des Nachbarn oder irgendeine andere Energie im Raum ein.

So saßen wir regelmäßig voller Vertrauen zusammen und machten allmählich Fortschritte in der Entwicklung unserer übersinnlichen Wahrnehmung. Und gleichzeitig boten wir der Geistwelt einen Rahmen, in dem sie nach Belieben erscheinen konnte. Da wir uns in unseren Bemühungen nicht beirren ließen, kamen immer mehr Geister, um bei unserem wöchentlichen Ritual Botschaften weiterzugeben. Ich konnte feststellen, dass auch die Geistwesen lernen mussten, wie sie sich bemerkbar machen konnten. Ein Geist zeigt sich gewöhnlich einem Menschen, zu dem er eine gewisse Nähe verspürt. Nach dem Grundsatz »Gleiches will zu Gleichem« suchen sich Geistwesen sich Menschen aus, die sie verstehen und von denen sie aller Wahrscheinlichkeit nach verstanden werden.

Wie ich schon sagte: In einem solchen medialen Arbeitskreis rufen wir unsere höchsten Ideale an und versuchen, nicht dem

Reiz des Paranormalen zu erliegen. Stattdessen wollen wir zum Besten aller Wesen unsere höchsten geistigen Qualitäten üben.

Eine solche Runde ist der einzige Ort, an dem wir lernen können, unser Bewusstsein zu erweitern und unsere Energien mit denen der Geistwelt verschmelzen zu lassen. Je mehr ich mich voller Geduld und Offenheit in dieser Form der Kommunikation übte, desto klarere Botschaften erhielt ich. Allmählich wurden meine Kontakte zur Geistwelt immer stärker.

Der Maulbeerbaum

Nachdem ich ein Jahr lang in Brians Gruppe geübt hatte, rief ich meinen eigenen Arbeitskreis ins Leben. Ich versammelte eine Gruppe von Menschen um mich, die ich bereits kannte und die harmonisch zusammen passten. Lesley, Annette und Peter waren wohl die beste Wahl, die ich treffen konnte. Es war, als wären sie füreinander geschaffen. Diese Gruppe Gleichgesinnter war bereit, mir bei der Entdeckungsreise zu meinen intuitiven Fähigkeiten zu helfen und sich gleichzeitig für ihre eigenen zu öffnen.

Unsere Runde traf sich jeden Dienstag um sieben Uhr abends. Wir vereinbarten, uns an bestimmte Regeln zu halten, um den Erfolg unserer Arbeit sicherzustellen. Zuallererst beschlossen wir, uns jeden Dienstag um dieselbe Zeit zu treffen: Das war unsere feste Verabredung mit der Geistwelt. Außerdem legten wir fest, dass jeden Dienstag dieselben Menschen zugegen sein sollten; die Besetzung wechselte bei uns nie. Die Geistwelt bestand auf diesen Regeln, so konnte die Energie unseres Kreises aufrechterhalten werden. Neu Aufgenommene würden das aufgebaute energetische Niveau senken, so dass die Führer der Geistwelt jedes Mal wieder von vorn anfangen müssten, um die benötigte Energie zu schaffen. Außerdem war es wichtig, dass wir im Kreis saßen, Männer und Frauen abwechselnd, damit die Energie ausgeglichen war.

Unter der Woche und am Tag unseres Treffens bemühten wir uns, möglichst positiv zu denken und unsere Begeisterung auf das Projekt zu konzentrieren. Für die Geistwelt ist es viel einfacher, einen Kontakt zu uns herzustellen, wenn wir positiv und liebevoll eingestellt sind. Negativität und Pessimismus blockieren den Kanal.

Nachdem wir uns begrüßt hatten, setzten wir uns immer in derselben Anordnung im Kreis hin und sprachen unser Eröffnungsgebet:

Mutter, Vater, Gott. Wir bitten um euren Segen für unsere heutige Runde. Lasst die Kraft der Wahrheit zu uns herabsteigen. Tut mit uns nach eurem höchsten Willen. Wir bitten euch um Hilfe bei der Entwicklung unseres angeborenen Wissens und der Sprache des Herzens. Wir danken und segnen euch.

Danach sprach jeder von uns noch ein persönliches Gebet, mit dem er den Geistwesen dafür dankte, dass sie mit uns arbeiten wollten. Jeder von uns trug aktiv dazu bei, dass die Verbindung zur anderen Welt aufgebaut wurde. Wir sahen keineswegs den anderen einfach bei der Arbeit zu. In den nächsten 45 bis 60 Minuten saßen wir still da. Während dieser Zeit meditierten wir und öffneten uns für die Eindrücke und Gedanken, die durch uns hindurchflossen. Diese kamen phasenweise. Zu Anfang jeder Sitzung bestanden sie hauptsächlich in Veränderungen der Temperatur und der Energie rund um unsere Körper. Das war die Zeit, in der die Geistwesen sich auf unsere Aura einstellten. Währenddessen sandten unsere Führer uns ununterbrochen Gedanken, Gefühle und Visionen. Meist waren diese Informationen für eine bestimmte Person gedacht. Anfangs lief alles nicht so glatt, doch nachdem wir uns mehrere Wochen lang getroffen hatten, wurden die Mitteilungen besser verständlich. In der zweiten Phase spürte ich, wie ein Geist meine Gedankenwelt übernahm. Ich achtete so genau wie möglich auf alles, was ich dabei erlebte, damit ich es den anderen hinterher berichten konnte. In der dritten Phase war spürbar, wie die Energie der Geistwesen uns allmählich verließ. Diese Energieumwandlungen wurden im Laufe unserer Sitzungen immer stärker spürbar. Am Ende waren wir alle in der Lage, die einzelnen Phasen des Geistkontaktes wahrzunehmen.

Nachdem die Energie der Geistwelt uns verlassen hatte und wir wieder zum Normalbewusstsein zurückgekehrt waren, teilte jeder von uns den anderen mit, was er erlebt hatte, auch wenn es noch so unbedeutend schien. Gewöhnlich nahmen wir die Sitzungen auf Kassette auf, um sicherzustellen, dass wir später nachvollziehen konnten, wie eine Information uns erreicht hatte, denn häufig stellten sich unsere Wahrnehmungen erst später als bedeutsam heraus.

An einem bestimmten Tag erzählte Peter uns Folgendes: »Es war wirklich merkwürdig. Plötzlich sah ich vor meinem geistigen Auge eine Art Nebel in der Ecke des Zimmers. Dieser Nebel wurde zu einer Kugel, die größer und größer wurde und sich in die Mitte des Kreises bewegte. In der nächsten Sekunde nahm er die Gestalt eines Mannes an, der auf einem Knie kniete. Den Arm stützte er auf dem anderen Oberschenkel auf und hielt mit der Hand sein Kinn. Das fand ich zwar seltsam, ich versuchte aber trotzdem, mehr über ihn herauszufinden. Langsam wurden seine Züge immer klarer, bis ich ihn ganz deutlich sehen konnte. Und da erkannte ich ihn. Ich hatte ihn oft auf Bildern in Geschichtsbüchern gesehen. Es war Sir Thomas More. Ich dachte: ›Warum bist du nur hier?‹ Doch ich hatte keine direkte Verbindung zu ihm. In der nächsten Sekunde verschwand er auch schon.«

Die ganze Runde fand dieses Erlebnis bemerkenswert. Unmittelbar darauf sagte Lesley: »Stop. Ich weiß, was das heißt.

Zumindest könnte ich es mir vorstellen. Ich bin in London aufgewachsen, nahe an der Themse. In diesem Stadtteil gibt es viele kleine Plätze. In deren Mitte befindet sich meist ein hübsches Gärtchen. Als ich noch klein war, hatte ich meinen Lieblingsplatz. Dort stand ein riesiger Maulbeerbaum. Angeblich war er mehrere Hundert Jahre alt. Ich weiß nicht, warum ich mich dorthin gezogen fühlte, aber dort fühlte ich mich wirklich sicher. Ich saß stundenlang an diesem Platz, manchmal schlief ich sogar unter dem Baum ein.«

»Und?«, fragte ich, weil mir die Verbindung zu Peters Vision nicht klar war.

Lesley fuhr fort: »Nun, es hieß, dass Heinrich VIII. und Thomas More früher unter diesem Baum Rast gemacht haben.«

In dem Augenblick, als sie das aussprach, hielten wohl alle den Atem an.

»Hast du eine Ahnung, was er wollte?«, fragte ich in die Stille hinein.

Peter antwortete: »Er gab mir ein Gefühl von Wärme und Anerkennung. War er wichtig für dich, als du noch klein warst?«, fragte er Lesley.

»Vermutlich. Wenn ich unter diesem Baum saß, träumte ich davon, nach Amerika zu gehen und dort zu leben. Das wollte ich immer schon. Amerika bedeutete für mich die Freiheit, zu tun, woran man glaubt. Vielleicht ist das die Botschaft«, meinte Lesley.

»Ich denke, Sir Thomas More war heute hier, um dir zu zeigen, dass du richtig gehandelt hast«, antwortete Peter.

Ein Arzt an meiner Seite

An vielen Abenden kamen verstorbene Familienmitglieder zu uns. Dann teilten wir uns gegenseitig mit, welche Botschaften sie für den Betreffenden hatten. Am eindrücklichsten aber

58

waren die Sitzungen, in denen wir unsere geistigen Führer kennen lernten. Eines Abends kam ein Mann zu mir, der Harry Aldrich hieß. Genauer gesagt, kam er *durch mich*. Ich war in tiefe Trance gefallen. Als ich erwachte, sagte Peter, dass auch er meinen Führer vor seinem geistigen Auge wahrgenommen habe, und beschrieb ihn für uns alle. »Er trug eine englische Tweedjacke in Braun, eine Tuchmütze und eine Brille mit Goldrand.«

»Wir haben es aufgenommen«, meinte Anne. »Hör selbst!«

Ich hatte erst ein paar Mal selbst eine Trance erlebt. Mir schien die Sitzung nicht einmal besonders lang gewesen zu sein. Doch insgesamt hatten wir mehr als eine Stunde in unserem Raum verbracht. Annette spulte das Band zurück, wir setzten uns wieder hin und hörten der Stimme zu, die mit einem klaren englischen Akzent sprach.

Die Stimme sagte: »Ich bin der Mann, der hilft, die mentalen und körperlichen Rhythmen dieses Mediums in Ordnung zu halten. Einst hieß ich Harold Aldrich und war Arzt für innere Medizin in London. Als ich noch auf Erden weilte, wünschte ich mir zutiefst, den Armen helfen zu können, doch leider ist die Zeit des Menschen schlimmster Feind. Daher sage ich euch jetzt, dass dieser Mann hier eine Aufgabe hat. Er kann Lehrer für viele Seelen sein. Er soll anderen Menschen zeigen, wie sie lieben können. Sein Geist ist sehr stark. Viele werden versuchen, ihn geistig und körperlich auszunutzen. Ich bitte euch alle, auf sein Wohlergehen zu achten, seine Botschaft ist wahrhaft wichtig. Eure Gruppe aber ist in der Lage, die Kraft der Liebe durch die verschiedenen Dimensionen zu senden.«

Dr. Aldrich sagte uns noch, dass er mir helfen würde, andere emotional und körperlich zu heilen. Außerdem würde er meine Energie rein halten. Außerdem teilte er uns mit, dass Peter bei einem bestimmten Unternehmen mein Lehrer sein solle. Denn meine Aufgabe würde es sein, die Wahrheit über Leben und Tod in einem Buch zu verkünden. Mehrmals unterstrich er, dass er Sprecher einer Gruppe von Geistwesen sei, die von der anderen Seite des Schleiers mit mir Kontakt aufnehmen wollten. Als wir alles gehört hatten, war ich sprachlos. Ich sah mich um und sagte: »Sieht so aus, als hätte ich eine Menge zu tun, oder?«

Ich sprach das Schlussgebet und so endete dieser für uns alle so ereignisreiche Abend.

Die Intuition spielt eine wichtige Rolle, wenn wir Zugang zu höheren Formen der Energie finden wollen. Wir alle hatten wohl schon bestimmte Gefühle oder Empfindungen in Bezug auf eine Sache, die wir dann als Blödsinn beiseite schoben. Später allerdings mussten wir dann bemerken, dass diese Vorahnung richtig war und dass wir eine gute Gelegenheit verpasst haben, weil wir unserem Verstand mehr vertrauten als unserer inneren Stimme. Gerade in Partnerbeziehungen habe ich das häufig beobachten können. Doch sind Geduld und Ausdauer nötig, wenn wir zwischen unseren eigenen Vorstellungen und den Botschaften aus der anderen Welt unterscheiden lernen wollen.

Ich zweifle nicht daran, dass Sie Ihre Intuition bereits nutzen. Vielleicht noch nicht so, wie Sie sich das wünschen, doch das ist in Ordnung. Holen Sie sich dort ab, wo Sie sich im Augenblick befinden. Wenn Sie Ihre angeborenen übersinnlichen Fähigkeiten entwickeln wollen, müssen Sie sich das vornehmen und immer wieder üben. Es geht hierbei um das Sich-Einstimmen auf diese Form der Energie. Stellen Sie sich vor, Sie würden einen Sender suchen und dem reinsten und klarsten Empfang dabei immer näher kommen. Das Radio entspricht hier Ihrem sechsten Sinn.

3
Die Aura

Das uns umgebende Energiefeld aus Licht und Farbe

Bewusstheit und Intuition sind zwei der Hauptwege in die geistige Welt. Doch gibt es noch einen weiteren: das Lesen der Aura. Durch meine Arbeit erkannte ich bald, wie wichtig es ist, dass dieser Schutzmantel gesund, strahlend und heil ist. Ich lernte, das Energieniveau, die Farbe und das Licht zu sehen, woraus sich das elektromagnetische Feld eines Menschen zusammensetzt. Und ich erkannte, wie sehr unser körperliches, seelisches und geistiges Wohlergehen unsere Aura beeinflusst und umgekehrt. Dieses unsichtbare Energiefeld besteht aus Schichten, die alle von der universellen Lebenskraft, die immer lebendig, aktiv und mit Bewusstsein erfüllt ist, gespeist werden.

Stellen Sie sich die Aura vor wie eine funkelnde Glasmuschel um Ihren Körper. Vom Moment der Empfängnis an bis zu dem Augenblick, da Ihre Seele sich vom physischen Körper löst, werden in der Aura sämtliche Gedanken, Gefühle, Worte und Taten Ihres Lebens gespeichert. Wie Regen, Schmutz und Staub sich auf einer Windschutzscheibe ablagern, so ist auch Ihre Aura mit Teilen vergangener Erfahrungen übersät. Und nun stellen Sie sich vor, Sie würden Ihre gläserne Muschel niemals reinigen. Es würde nicht lange dauern und sie wäre völlig blind, Ihre Sicht auf die Straße des Lebens wäre enorm eingeschränkt. Sie hätten Schwierigkeiten, klar zu denken, würden sich deshalb unsicher fühlen und entweder keine Entscheidungen mehr treffen oder die falschen. Jedenfalls würden Sie am Ende wohl kaum dort ankommen, wo Sie eigentlich hin wollten.

Wollen Sie also in Ihrem Denken, Fühlen und Handeln weitgehend frei sein, so haben Sie keine andere Wahl, als den Schutzschild Ihrer Aura möglichst intakt zu halten. Auch die Frage, ob Sie Ihre Wünsche in die Tat umsetzen können, hängt vom Zustand Ihres elektromagnetischen Energiefeldes ab. Doch das genaue Studium der Aura und ihrer Schichten wird Ihnen helfen, Ihre mentale Sehfähigkeit Schritt für Schritt zu entwickeln.

Die Schichten der Aura

Zum Zeitpunkt der Empfängnis, wenn das männliche Spermium auf das weibliche Ei trifft, verschmilzt das Energiefeld des Vaters mit dem der Mutter. Die Eizelle nimmt den Samenfaden nur dann auf, wenn er sich nahtlos in ihre elektromagnetische Schutzhülle einfügt. Aus diesem Grund sage ich meinen Schülern immer, dass kein Mensch zufällig auf der Welt ist. Wir wählen unsere Eltern vielmehr aktiv aus. Die Seele trifft diese Wahl, bevor sie sich auf der Erde inkarniert. Wenn beide Energiesphären verschmelzen, entsteht ein Farbenball, aus dem ein neues Magnetfeld geschaffen wird – die Aura des Embryos. Danach setzt die Zellteilung ein, die Chromosomen bilden sich. Das griechische Wort *chromos* bedeutet »Farbe«. Die Chromosomen bestimmen die wahren Farben unserer Aura.

Die Aura speichert alle Informationen, die Sie zum Leben brauchen; Ihre Erbanlagen und die Ihrer Vorfahren; eine Chronik Ihrer früheren Leben und die karmischen Bindungen und Lektionen, die in diesem Leben von Ihnen gelöst werden sollen.

Ihre Aura besteht aus Schichten oder »Körpern«. (Genaueres darüber finden Sie in meinem Buch *Jenseitsbotschaften*.) Innerhalb dieser Schichten liegen die Energiemuster, die Ihr körperliches, emotionales, geistiges und spirituelles Selbst formen. Wenn Sie sich der im Folgenden beschriebenen Energiemuster Ihrer Aura bewusst werden, erfahren Sie auch, wie diese Sie beeinflussen. Das Gewahrsein dieser Muster trägt zu Ihrer übersinnlichen Bewusstheit bei.

Der Ätherkörper

Der Ätherkörper oder unser »ätherischer Doppelgänger« ist jene Energieschicht, die unmittelbar über dem physischen Körper liegt. Er ist ein genaues Abbild des physischen Körpers. Der Ätherkörper dient als Schaltzentrale zwischen der Seele und dem materiellen Körper eines Menschen. Diese Schicht beherrscht unsere DNS, den Speicher unserer Erbinformationen. Ich glaube, dass die DNS ein Muster des Bewusstseins in sich trägt, das sich ständig anpasst, um so das Überleben der Menschheit zu sichern.

Im Ätherkörper haben die sieben Chakren, die Energiezentren des menschlichen Körpers, ihren Sitz. Jedes Chakra des Ätherkörpers hat seine eigene Farbe, die von den Gedanken, Stimmungen und der äußeren Umgebung einer Person abhängt. Jedem Chakra sind andere Schwingungsfrequenzen, Klänge und Düfte zugeordnet. Die Chakren ähneln ovalen Spinnrädern, die sich drehen, wobei jedes mit den anderen in enger Verbindung steht, so dass die einzelnen Punkte unseres Körpers immer miteinander verknüpft sind. Das »höhere Licht« der oberen Chakren nährt die unteren Zentren.

Die meisten Menschen kommunizieren gleichzeitig mit mehreren Zentren, vor allem mit den unteren – dem Wurzelchakra, dem Sexualchakra und Solarplexus-Chakra. Wenn wir durch unsere geistigen Kräfte kommunizieren wollen, müssen wir das mit unserem dritten Auge und dem Kronenchakra tun. Dies geht aber nur, wenn alle Chakren mit ihrer optimalen Schwingung arbeiten. Ist dieses System der Energiezentren in Ordnung, dann drehen sich die Chakren im Uhrzeigersinn und sind direkt mit den anderen Zentren verbunden. Ist ein Chakren-System funktionstüchtig und vollkommen offen, so ist es möglich, allein vom eigenen Lebensatem zu existieren – ohne Nahrung oder Wasser. Die Energie, die durch solch einen Körper fließt, ist vollkommen rein von allen Giftstoffen.

Leider besitzen die meisten Menschen kein gesundes Chakren-System. Ein Chakra oder auch mehrere können geschlossen sein oder sich in die falsche Richtung drehen, das hängt von unserem Lebensstil ab, aber auch von unseren Vorstellungen, Ängsten und Erfahrungen. Ist die Energie in einem Chakra vollkommen blockiert, kommt es zu Krankheitssymptomen.

Der Astralkörper

Die nächste Schicht der Aura ist der Astralkörper. Er ist eng mit unserem Gefühlsleben verbunden. Diese emotionale Schicht wird in erster Linie von der Vergangenheit geprägt. Wenn wir an Menschen, Orten und Objekten hängen, so ist das hier beheimatet, ebenso wie Denkmuster der Kindheit und Vergangenheit.

Einer meiner Freunde beispielsweise verlor im Alter von sechs Jahren seine Eltern. Dieses traumatische Erlebnis löst in bestimmten Menschen immer wieder Gefühle des Verlassenseins aus. Genauso war es auch bei meinem Freund. Er begab sich immer wieder in Beziehungen oder Jobs, in denen er verlassen bzw. gefeuert wurde, so dass sein Verlassenheitsgefühl mehr und mehr zunahm. Diese Erlebnisse wiederholten sich wie in einem Teufelskreis, bis er schließlich merkte, dass er zunächst die Trauer um die verlorenen Eltern aufarbeiten musste. Sobald er sich von diesem ursprünglichen Gefühl des Verlassenwerdens gelöst und die damit zusammenhängende Trauer, Angst und Wut ausgelebt hatte, konnte er das Rad der karmischen Verpflichtung anhalten, das von diesem schrecklichen Kindheitserlebnis angetrieben wurde.

Wie Sie sehen, ist der Astralkörper eng mit den karmischen Lektionen verknüpft, die unsere Seele in dieser Lebenszeit aufarbeiten möchte. Zu diesem Zweck ziehen wir bestimmte Menschen an, mit denen wir in karmischer Beziehung stehen.

Der Mentalkörper

Die dritte große Schicht der Aura hat mit der Zukunft zu tun. Unser Mentalkörper lebt im »Was wäre, wenn«-Land. Er hat etwas gegen Veränderungen und wiederholt immer wieder dieselben Verhaltensmuster. Der Großteil unserer Gewohnheiten ist in dieser mentalen Schicht gespeichert. Daher ist der Mentalkörper ein Kontrollorgan, das es nicht ertragen kann, einmal nicht Herr der Lage zu sein. Er versucht immer wieder, den emotionalen Körper zu beherrschen. Gefühle sind ihm gleichgültig. Er treibt uns dazu, stets aufs Neue dieselben Spiele zu treiben.

Der Mentalkörper ist die Heimat unserer Gedanken. In meinen früheren Büchern und Workshops habe ich deutlich gemacht, dass Gedanken ganz real sind. Sie sind so deutlich fühlbar und wahrnehmbar wie zum Beispiel Ihr Auto. Und doch sind sie dem physischen Auge nicht sichtbar. Gedanken sind wie Röntgenstrahlen, Mikrowellen, Radiowellen oder Strom. Sie existieren einfach auf einer Schwingungsebene, die sich nicht mit der des Körpers deckt. Aber auch Mikrowellen wärmen Ihr Essen, obwohl Sie sie nicht sehen können. Hier arbeitet etwas für Sie und Sie setzen es zu Ihren Gunsten ein. Unsere Gedanken sind ebenfalls immer tätig. So bringen sie uns entweder zum Blühen oder zum Absterben. Gedanken durchdringen den Mentalkörper wie Radiowellen, die unseren Fernseher zum Leben erwecken. Gleichzeitig ist der mentale Körper unsere Verbindung zur Welt des Übersinnlichen. Sie sehen also: Ihre Gedanken sind sehr wohl von Belang.

Wie Radiowellen sind Gedanken unsichtbar und bestehen aus Schwingungen. Sie durchdringen die Atmosphäre und springen wie elektrische Ströme von Person zu Person über. Wie Schwämme saugen wir Menschen jeden Gedanken auf, den unsere Freunde, Geliebten, Kinder, Kollegen und Fremde uns widmen. Das kann sehr angenehm sein, kann uns aber auch enorm schaden. Mir wurde diese Tatsache klar, als ich begann, das Energiefeld jener Menschen genauer zu betrachten, die zu einer Sitzung zu mir gekommen waren. Ich konnte die Gedanken anderer Personen in der Aura dieser Menschen regelrecht fühlen. Einer meiner übersinnlich begabten Freunde machte einmal eine Bemerkung, die sehr schön zeigt, wie das funktioniert: »Es geht nicht darum, was mit dir nicht stimmt, sondern *wer* mit dir nicht übereinstimmt.«

Die meisten Medien nutzen die mentale Schicht der Aura, um Informationen aus der Geistwelt zu erhalten. Diese Informationen erwecken häufig den Eindruck, als stammten sie direkt aus unserer Fantasie, daher werden sie von den meisten Menschen ignoriert. Doch je sensibler wir für die energetischen Nuancen der Geistwesen werden, desto intensiver arbeitet diese Schicht. Erst dann erfüllt sie ihren Zweck als Verbindungsglied zur Geistwelt.

Der ketherische Körper

Die oberste Schicht der Aura, der ketherische Körper, erscheint als wunderschönes goldenes Licht etwa 90 Zentimeter außerhalb der physischen Grenzen unseres Körpers. Hier ist die Fähigkeit eines Menschen zu lernen, zu wachsen und heil zu werden, verankert. An diesem Ort sind außerdem all jene Seelen erfasst, die sich bereits vervollkommnet haben; er stellt die Verbindung der Seele zu den Akasha-Chroniken dar. In den Akasha-Chroniken sind seit Anbeginn aller Zeiten die kosmischen Details zur Existenz jedes Menschen verzeichnet. Jeder Moment unseres Lebens, ob wir ihn nun in einem Körper oder außerhalb davon verbracht haben, geht ein in dieses gewaltige universelle Bewusstsein. In anderen Worten: Die Akasha-Chroniken enthalten sämtliche Gedanken, Gefühle, Erfahrungen, Nuancen, jeden Punkt und jedes Komma des menschlichen Erlebens.

Jetzt, wo Sie wissen, wie die Aura prinzipiell aufgebaut ist, verstehen Sie vielleicht, weshalb sie für unsere übersinnlichen Begegnungen so wichtig ist. Die Aura ist unsere Brücke zur Welt des Unsichtbaren. Über sie nehmen wir Kontakt zu den feinstofflicheren Dimensionen des Geistes auf. Je stärker unsere Aura ist, desto leichter haben wir es, wenn wir hilfreiche Botschaften von unseren Geistfreunden empfangen möchten; je schwächer die Aura, umso stärker die Gefahr, negative Energien in unser Leben zu ziehen.

Jedes Mal, wenn ich ein Reading mache, stimme ich mich auf die Aura des Menschen vor mir ein, um mit den Geistern, die ihn umgeben, in Verbindung zu treten. Und ich stelle sicher, dass er gut geerdet ist. So wird die Verbindung zu den geistigen Welten klarer. Wenn er emotionale oder mentale Probleme hat, ist es schwierig, einen offenen Kanal zur anderen Seite zu finden.

Im Folgenden möchte ich Ihnen ein Beispiel erzählen, das deutlich zeigt, was geschehen kann, wenn die Aura verletzlich und für negative Einflüsse offen ist, die sich über die eigenen Gedanken oder die anderer Menschen einschleichen.

Der Anzug aus Klettband

Vor einigen Jahren kam eine Frau namens Rachel in mein Büro. Ich sah sofort, dass mit ihr etwas nicht stimmte. Ihr Gesicht war bleich und grau, ihre Augen stumpf und leblos. Mir wurde augenblicklich klar, dass sie mehr mitbrachte als nur sich selbst. Also bat ich sie gleich, sich zu setzen, um ihr helfen zu können.

»Wie fühlen Sie sich?«

Rachel antwortete: »Ein wenig müder als sonst. Ich habe Schmerzen und bin irgendwie ruhelos.«

Ich sagte ihr, dass ich mich zuerst auf ihr Energiefeld einstimmen wolle, bevor ich versuchen konnte, für sie Kontakt mit der anderen Welt aufzunehmen.

»Machen Sie nur«, meinte sie.

Sobald ich mich auf ihre Aura konzentrierte, spürte ich gedankliche Formen, die sich vom Rest ihrer Energie stark unterschieden. Die Energie, die sie umgab, war also nicht ihre eigene. Und was noch schlimmer war: Sie schien sie in extremem Maße negativ zu beeinflussen.

Als Nächstes sah ich vor meinem inneren Auge elektrostatische Entladungen im Kopfbereich. Es sah aus wie ein Feuerwerk, das in alle Richtungen explodierte. »Ich sehe, dass Sie ziemlich geladen sind. Rund um Sie herum findet sich eine Menge Energie.«

Dann sah ich verschiedene Farben und Formen um ihren Kopf und ihre Schultern herum. »Haben Sie Kopfschmerzen, die im Nacken ihren Ausgang nehmen, etwa dort, wo die Wirbelsäule endet?«

»Ja«, sagte Rachel. »Normalerweise kommen sie am Abend.«

»Das passt zu dem, was ich sehe.« Ich studierte weiter ihre Aura und fühlte mich plötzlich unwohl. Ich sah dunkle Energiebälle, die in Spiralen um bestimmte Teile ihres Körpers kreisten. Auf dem Scheitelpunkt erschien ein funkelnd roter Streifen. Bei genauerem Hinsehen erkannte ich, dass sich darin ein zum Schreien verzogenes Gesicht abzeichnete. In ihrem Herzzentrum kämpften mehrere kleine Kinder ums bloße Überleben. Im linken Kopfbereich sah ich brennende Dollarnoten. Zwischen Hals und Kopf flossen Ströme von Rot und Schwarz auf und ab. Normalerweise ist das ein Zeichen für aufgestauten Ärger. Ihre Schultern hingegen sahen aus, als zöge eine schwere Last sie nach unten.

Dann sah ich etwas Furchterregendes. Ich sah einen Mann mit dunkelbraunem Bart, der in Rachels energetischem Raum saß. Aus seinen Fingern wuchsen Krallen, die er tief in ihren oberen Rücken schlug.

»Ich muss Ihnen sagen, dass ich Sie als eine Art ›übersinnlichen Schwamm‹ wahrnehme. Offenkundig nehmen Sie alle möglichen Energien in sich auf und geben sie nicht mehr ab.« Ich fuhr fort, ihr zu erklären, was ich sah: »Kennen Sie einen Mann mit braunem Bart und grünen Augen, der versucht, Sie zu kontrollieren?«

»Ja«, sagte sie, deutlich schockiert, dass ich so etwas wissen konnte.

»Das Bild dieses Mannes ist in Ihrer Aura abgespeichert. Er saugt Ihre Energie ab und kontrolliert den Bereich Ihres Rückens«, erläuterte ich.

»Ja. Ich weiß, wer das ist. Seit ich ihn verlassen habe, habe ich diese Rückenschmerzen.«

Nachdem ich meine Eindrücke etwas genauer beschrieben hatte, bestätigte sie, was ich sah: »Vor etwa einem Jahr ließ ich mich von meinem Mann scheiden. Seitdem ist mein Leben die reine Hölle. Er bedroht mich und meine Kinder. Letzte Woche habe ich es geschafft, eine einstweilige Verfügung gegen ihn zu erwirken, damit er sie nicht mehr sehen kann.«

Als sie von der belastenden Situation erzählte, begann Rachel zu weinen: »Wir hatten ein gemeinsames Geschäft. Ich habe herausgefunden, dass er ständig Geld unterschlagen hatte, um damit eine andere Frau zu unterhalten.« Schluchzend sprach sie weiter: »Wir haben drei Kinder. Er sagte vor Gericht aus, dass ich eine unfähige Mutter sei und dass er deshalb das alleinige Sorgerecht beanspruche. Er versuchte sogar, die Kinder gegen mich aufzuhetzen. Ich bin so wütend, dass ich schreien könnte.«

»Das tut mir Leid«, sagte ich sanft. »Vielleicht nützt es ja etwas, wenn Sie lernen, wie Sie Ihre Kräfte zurückholen können. Dann kann er nicht in Ihren Raum eindringen und Sie fühlen sich weniger ausgeliefert.«

Mit großen braunen Augen sah sie mich an: »Kann ich das denn?«

»Sie wissen doch sicher, dass an Klettband einfach alles heften bleibt?«, fragte ich.

Rachel nickte.

»Nun, Sie können sich das so vorstellen, als trügen Sie einen Anzug, dessen Außenseite wie ein Klettband ist. Damit, das heißt mit Ihrem eigenen Ärger, ziehen Sie negative Gedanken- und Gefühlsenergie an. Doch Gott sei Dank hat diese Art von Anzug auch einen Vorteil. Sie können die unpassenden Teile nämlich auch wieder leicht abziehen. Es ist ganz einfach. Sie müssen nur wissen, wie es geht.«

Ich zeigte ihr, wie sie ihre eigene Energie kontrollieren konnte, indem sie ihre Aura stärkte. Und wie sie diese von den Gedanken und Gefühlen anderer Menschen rein halten sollte.

»Es ist sehr wichtig, dass Sie diese Übung täglich machen, bis Ihre Rückenschmerzen verschwinden. Lassen Sie sich Zeit. Üben Sie jeden Tag, bis Sie Ihr Selbstbewusstsein wieder gefunden haben.«

Nach dem Gespräch machte ich noch ein Reading mit ihr. Doch eigentlich wusste ich, dass sie die Information, die sie brauchte, bereits erhalten hatte.

Eine geschwächte Aura

Jeder Sensitive nimmt die Aura anders wahr. Einige können die Energiewirbel sehen, welche die Aura durchdringen. Andere sehen Gedankenformen. Wieder andere erfassen nur einen Teil der Aura, einige Schichten zum Beispiel. Ich persönlich sehe die verschiedenen Schichten, Farben und die Dichte des Aurafeldes. Die Farben der Aura zu sehen ist besonders schön, wenn jemand gesund und glücklich ist. Die Farben sind dann von nahezu elektrisierender Klarheit – wie ein gigantisches Feuerwerk an Feiertagen.

Sehe ich dagegen eine Aura wie die von Rachel, deren Farben gedämpft sind, die dunkle Flecken hat und voller dichter Energie ist, die sich selbst elektrostatisch entlädt, so weiß ich sofort, dass dieser Mensch Gedanken an Rache, Wut, Gewalt hegt, dass er andere Menschen verurteilt und ihnen Vorwürfe macht. Negative mentale Energie führt immer dazu, dass die Aura wie verschmiert aussieht, schlammig, neblig und von Farbblitzen durchzogen. Ist die Gesundheit eines Menschen beeinträchtigt, erscheint die Aura dunkelbraun, grau oder dunkelrot. Wie stark die Aura unter der Entfärbung leidet, zeigt, wie weit die Krankheit fortgeschritten ist.

Eine geschwächte Aura kann vielerlei Ursachen haben: emotionale Schocks, körperlichen Schmerz, Krankheit, Sucht, negatives Denken, Stress, den Verlust eines geliebten Menschen, die Energie anderer Personen, niedere astrale Wesenheiten, schädliche Beziehungen.

Sogar die Nahrung beeinflusst unsere Aura. Essen wir beispielsweise Fleisch von Tieren, die schlecht behandelt wurden oder gar mit chemischen Substanzen in Berührung kamen, dann nehmen wir diese schlechte Energie in unser eigenes Feld auf. Ich sage nicht, dass jeder Mensch Vegetarier werden sollte, doch wir müssen endlich verstehen, dass die Schwingung eines lebenden Wesens in unser System eindringt, wenn wir es verspeisen. Wenn wir uns die Zeit nähmen, auf unseren Körper zu hören, wüssten wir recht genau, welche Nahrungsmittel uns gut tun.

Zu viel Alkohol oder Koffein führt zum Zusammenbruch unseres Energiefeldes. Diese Stoffe wirken anregend auf unser Nervensystem, so dass unsere Fantasie übermäßig stimuliert wird. Früher oder später sehen wir Dinge, die gar nicht da sind. Früchte, Säfte und Gemüse reinigen dagegen unsere inneren Kanäle, so dass die Energie leichter fließen kann.

Schädliche Muster in unserer Aura machen uns anfällig für den negativen Einfluss. Das kann ein Teufelskreis werden. Vergessen Sie daher nie, dass Sie der Schöpfer Ihrer eigenen Welt sind. Die Energie anderer Menschen hat nur dann Auswirkungen auf Sie, wenn Sie die Reinigung und den Schutz Ihrer Aura vernachlässigen.

Wunden in der Aura

Die Aura kann auch bestimmte Schäden aufweisen. Dazu gehören Löcher, Risse, Verunreinigungen und Energieüberschüsse. Sie kann zu dünn sein oder zu durchlässig.

Lecks

Zu Lecks in der Aura kommt es, wenn der Schutzmantel der Aura beschädigt wurde oder zu dünn ist. Man nimmt sie als schwarze Tropfen in klarem Wasser wahr. Normalerweise ist das vor allem im Ätherkörper und im Astralkörper der Fall. Werden diese Lecks nicht behandelt, dehnen sie sich in die höheren Schichten hinein aus. Lecks entstehen, wenn der Körper verletzt wird (zum Beispiel durch eine chronische Krankheit oder eine Operation) oder wenn der Betreffende einen seelischen Schock erleidet. Wenn sie nicht geschlossen werden, verursachen sie körperliche Schmerzen. Dauert dieser Zustand länger an, so entstehen daraus chronische Probleme wie Kopf- und Rückenschmerzen, Müdigkeit, krankhaftes Zellwachstum und Störungen der Drüsenfunktion.

Risse

Risse erscheinen dem inneren Auge als dunkle Streifen oder große Löcher im Auramantel. Sie sind schwerwiegender als Lecks. Die meisten Risse werden durch ein akutes Trauma, einen tief gehenden Schock verursacht. Dazu gehören: der plötzliche Tod eines geliebten Menschen, Unfälle, sexueller Missbrauch, erlittene Gewalt, fortgesetzter Alkohol- und Drogenmissbrauch sowie Umstände, in denen Körper, Geist und Seele einer lang andauernden Stresssituation ausgesetzt waren. Risse sind sehr ernst zu nehmen, da sie uns ohne Schutz zurücklassen. Haben Sie Risse in der Aura, dann leiden Sie vielleicht unter chronischer Müdigkeit, Depressionen, Verdauungsstörungen, Migräne, schmerzhaftem Gelenkrheumatismus und Erkrankungen des Immunsystems. Risse führen manchmal dazu, dass die Aura zu dünn wird. Dann sind Sie gegen Angriffe aus der Welt des Übersinnlichen nicht mehr geschützt. In diesem Fall kann es vorkommen, dass andere Wesen von Ihnen Besitz ergreifen. In Extremfällen kann eine zu dünne Aura zum Tode führen.

Energetische Verunreinigungen

Energetische Verunreinigungen schwächen die Aura, weil sie die Energie in bestimmten Bereichen blockieren, so dass sie nicht mehr frei fließen kann. Verunreinigungen gibt es in jeder Form und Größe. Sie werden durch negative Gedankenmuster verursacht: geringe Selbstachtung, Ärger, Neid, Vorwürfe, Schmerzen, Alkohol- und Drogenmissbrauch, selbstzerstörerische Neigungen und Beziehungen. Verunreinigungen führen zu folgenden Symptomen: Verwirrung, Störungen zwanghafter Natur, manisch-depressives Verhalten und Ess-Störungen.

Überschüssige Energie in der Aura

Andauernder Stress und ständige Sorgen lassen die Energie im Auramantel zu stark ansteigen. Dann kommt es zu elektrostatischen Entladungen oder zum Funkensprühen in einem Teil der Aura, meist im Kopfbereich. Das geschieht meist dann, wenn zu viel geistige Energie im Spiel ist. Als Medium bin ich mit der überschüssigen Energie der Aura wohl vertraut. Manchmal, wenn ich eine längere Sitzung hinter mir habe, in der ich mich ständig in die Aura anderer Leute einklinke, habe ich zu viel von ihrer überschüssigen Energie aufgenommen. Das Erste, was ich dann tue, wenn ich nach Hause komme, ist, meine Aura zu reinigen. Wenn ich mich nicht auf diese Weise ausbalanciere, bekomme ich Kopfschmerzen und erkälte mich überdurchschnittlich oft. Überschüssige Energie in der Aura führt zu Schlaflosigkeit, Rückenschmerzen, Niedergeschlagenheit, Problemen mit dem Atemapparat wie Grippe und Schnupfen, hohem bzw. niedrigem Blutdruck, hormonellen Störungen (vor allem bei Frauen), Blockaden im Lymphsystem, Allergien und Nebenhöhlenproblemen.

Zu große Durchlässigkeit

Wenn die bisher beschriebenen Störungen nicht beseitigt werden, ist eine überhöhte Durchlässigkeit des Auramantels die Folge. Dann sind Sie dem Eindringen schädlicher Einflüsse hilflos ausgesetzt. Jeder Mensch kann sich in einem solchen Fall in Ihr Energiesystem »hacken« und Ihre Energie absaugen. Die Gefühlslagen, die ihr Energiefeld am stärksten beeinträchtigen, sind Furcht und Begehren. Beide sind Produkte Ihrer Vorstellungskraft. Wenn Sie etwas zu sehr fürchten oder begehren, werden Sie zum Opfer der Wesen in der Astralwelt. Hier hilft nur, die eigene Vorstellungskraft von ihrer Fixierung auf dieses Objekt abzubringen und die Aufmerksamkeit anderswo hinzulenken. Eine zu durchlässige Aura macht sich wie folgt bemerkbar: Angstzustände, Nervosität, Störungen der Schilddrüsenfunktion, Schlaflosigkeit, Albträume, unbestimmte Ängste und Phobien, Kurzatmigkeit, Asthma, Herz-Kreislauf-Probleme, Klaustrophobie, Störungen im Magen-Darm-Trakt sowie lang andauernde Depression.

Unter Fremdeinfluss

Vor einigen Jahren kam eine junge Frau in mein Büro, die von ihrem Vater begleitet wurde. Ihr Name war Jane. Schon als sie näher trat, stellte ich ziemlich große, klaffende Löcher in ihrer Aura fest. Das musste der Grund dafür sein, dass sie so niedergeschlagen und deprimiert wirkte. Sie hatte ernsthafte Probleme, die sie schwach und schutzlos machten.

Daher sagte ich ohne zu zögern: »Sie müssen sich aus Ihrem derzeitigen Freundeskreis lösen.«

Erstaunt über meine unverblümte Mahnung sagte sie etwas, das zeigte, wie sehr sie von der Meinung anderer Menschen abhängig war: »Das kann ich nicht. Sie sind schließlich meine Freunde.«

Jane benahm sich wie ein schutzloses Opfer. Ich sprach zu ihr wie Eltern mit ihren Kindern reden. »Diese Menschen sind nicht gut für Sie. Ihre Energie ist dunkel und hasserfüllt. Sie werden Sie auf ihr Niveau herabziehen. Außerdem sind Sie zu sehr von ihnen abhängig.«

Ihr Vater stimmte mir zu. Auch er machte sich Sorgen um ihr Wohlergehen.

»Wenn Sie sich diesen negativen Einflüssen nicht entziehen, wird das schlimme Folgen haben«, sagte ich eindringlich.

Ich schlug Jane einige Übungen vor, mit denen sie die Energie rund um ihre Aura verändern konnte. Und ich tat mein Bestes, um sie zu überzeugen, dass sie ihre angeblichen Freunde aufgeben müsse.

Leider hörte Jane nicht auf mich. Vielleicht war sie dazu

nicht in der Lage. Zwei Jahre nach unserem Treffen erfuhr ich, dass sie bei einem Autounfall ums Leben gekommen war. Der Fahrer war einer ihrer zutiefst gestörten Freunde gewesen, von denen Jane geglaubt hatte, dass sie ohne sie nicht leben könnte. Auch dieser Freund starb, er war betrunken, als er am Steuer saß.

Was ich in der Aura dieser jungen Frau sah, sagte mir viel über die Art, wie sie lebte. Klaffende Löcher wie die in Janes energetischem Schutzmantel weisen immer auf eine unmittelbar drohende Gefahr hin. Ihre Freunde waren »Energievampire«, wie ich das nenne. Ihr negativer Einfluss wurde noch verstärkt, weil Jane selbst alkoholabhängig war. Diese Kombination schwächte ihre Aura so sehr, dass niedrige, unterentwickelte Wesenheiten aus der Astralebene sich in ihrem Energiefeld einnisten konnten. Dabei hätte Jane eine kräftige Aura gebraucht, um der Kontrolle durch ihren Freund zu entgehen. Sie hätte Schritte unternehmen müssen, um ihre Kraft und ihr Selbstbewusstsein wieder aufzubauen. Zuallererst hätte sie ihre Angst vor der Meinung anderer abbauen und alles daransetzen müssen, Hoffnung und Optimismus zu entwickeln. All das hätte ihre Aura gekräftigt. Am Ende wäre sie in der Lage gewesen, ihre negativen Lebensumstände selbst zu verändern.

Eine strahlende Aura

Obwohl es fast unmöglich ist, durchs Leben zu gehen, ohne Kontakt mit der Energie und den Gedanken anderer Menschen zu haben, können Sie doch Ihre Aura so stärken, dass nichts ungewollt in Ihren Raum eindringt. Um unsere Aura gesund und im Gleichgewicht zu halten, sollten wir liebevolle, freundliche Gedanken hegen. Vor allem müssen wir Vergebung üben. Wenn Ihre Aura kräftige Schwingungen ausstrahlt, dann werden Sie sich einer guten Gesundheit erfreuen. Sie haben angenehme Beziehungen, fühlen sich emotional erfüllt und können sich selbst vor Ungemach schützen. Haben Sie sich je gefragt, weshalb von schwangeren Frauen manchmal ein solches Strahlen ausgeht? Aus geistiger Sicht können wir sagen, dass die strahlende, reine Aura des Kindes durch die werdende Mutter hindurchschimmert.

Eine Aura kann so stark sein, dass Katastrophen wie Kriege, Erdbeben und ansteckende Krankheiten ihr nichts anhaben können. Wie wäre es sonst zu erklären, dass es vor mehreren Hundert Jahren Menschen gab, die die Pest überlebten, während andere zu Tausenden daran starben? Manche Menschen schreiben das einem starken Immunsystem zu; in Wahrheit ist es aber das starke Energiefeld der Aura, das zu ihrem Schutz beitrug. Dasselbe gilt für Menschen, die überleben, obwohl sie bei einem Erdbeben unter Bergen von Schutt begraben sind. Hoffnung, Mut, Glaube und Vertrauen helfen, die Aura einer Person zu stärken. Und eine starke Aura schützt uns.

Doch der beste Weg zur Stärkung der eigenen Aura ist die Erkenntnis, dass wir zuerst und vor allem geistige Wesen sind. Tägliche Meditationspraxis, Gebete, liebevolle Gedanken, Freundlichkeit, Dankbarkeit und Achtung vor dem Selbst, dem Universum und allen lebenden Wesen tragen entscheidend dazu bei. Dadurch verstärken Sie nicht nur das elektromagnetische Feld rund um sich selbst herum, sondern tragen auch dazu bei, dass andere mehr Kraft bekommen.

Die Blüte

Eines Morgens begab ich mich in meinen Meditationsraum, noch bevor meine Klienten eintrafen. Dort führte ich meine täglichen Rituale aus, die mich auf die Begegnung mit der Geistwelt vorbereiten sollten. Als ich zu meditieren begann, breitete sich plötzlich ein unglaubliches, sanft blaues Licht vor meinem inneren Auge aus. Es war, als schimmerte die Welt im Licht eines Frühlingsmorgens, nachdem gerade ein milder Regenschauer niedergegangen war. In diesem Licht fühlte sich alles frisch und lebendig an. Ich spürte, dass diese Energie zu jemandem gehörte, den ich an diesem Tag sehen würde.

Um elf Uhr läutete es und eine Frau namens Lynda trat in mein Büro. Ihre erfrischende Energie berührte mich angenehm. Sie hatte ein warmes, freundliches Lachen und umarmte mich zur Begrüßung. Normalerweise sind die Menschen vorsichtig und zurückhaltend, wenn sie zum ersten Mal zu mir kommen. Meist wissen sie nicht, was sie erwartet, und reagieren deshalb mit Verunsicherung. Lynda aber kam auf mich zu, als seien wir alte Freunde. In diesem Moment wusste ich, dass es Lyndas Energie war, die ich am Morgen gefühlt hatte. Ihre Gedanken hatten mich erreicht, noch bevor sie körperlich zu mir gekommen war.

Wie ich es mit anderen Klienten auch tue, stimmte ich mich zuerst auf ihr Energiefeld ein.

»Sie haben eine unglaubliche Energie«, sagte ich. »Ich fühle mich in Ihrer Gegenwart richtig gesegnet.«

Leicht verlegen bedankte Lynda sich.

»Es ist wunderbar, jemanden wie Sie kennen zu lernen. Hierher kommen nur wenige Menschen, die so wenig Ballast mit sich herumtragen wie Sie«, fuhr ich fort.

»Es ist sehr nett von Ihnen, so etwas zu sagen, James, aber ich bin einfach nur ich.«

Genau das war es.

Als ich mich weiter auf ihre Energie einstimmte, hatte ich immer stärker das Gefühl, eine Tür zu öffnen, durch die Wärme und Licht zu mir drangen. Ihre Aura war voll unglaublicher Energie. Zuerst sah ich Noten, die paarweise um ihren Kopf schwebten. Jede Note war in einer anderen Pastellfarbe gehalten. Der rechte Teil ihres Energiefeldes umfasste Blumenreihen, meist Rosen. Die Farben waren so lebendig, als stünde ich in einem Garten. Um ihren Hals nahm ich ein strahlend violettes Licht wahr, das sich mit warmem Blau mischte. Wann immer ich diese Farben im Hals-Chakra einer Person erkenne, weiß ich, dass dieser Mensch sehr kreativ ist. Ich schilderte Lynda meine Visionen.

»Ja, das hat schon Sinn«, sagte sie. »Ich bin Musiklehrerin und Sprachpädagogin.«

Ich fragte sie über die Blumen aus.

»Oh, ich habe Blumen schon als Kind geliebt. Mein Vater war ein leidenschaftlicher Gärtner. Er lehrte mich, die Natur zu schätzen. Von ihm lernte ich sehr viel über Blumen und Bäume. Vor allem Rosen liebe ich sehr; ich habe auch viele seltene Rosensorten in meinem Garten. Am liebsten stehe ich mit geschlossenen Augen dort und sauge den Duft in mich ein. Im Garten stürmt immer eine Vielzahl wundervoller Gerüche auf mich ein. Und so sitze ich dort jeden Morgen beim Meditieren. Man könnte sagen, dass die Natur meine Seele erfüllt.«

»Nun, Sie sind innen so schön wie außen. Das Licht und die Farben, die Sie umgeben, sind traumhaft. Sie scheinen diese lebendigen Schwingungen geradezu anzuziehen.«

»Schön, dass Sie das sagen«, meinte Lynda. »Ich habe nämlich gerade angefangen, ein Bild zu malen, und weiß noch nicht, welche Farben ich dafür benutzen soll.«

Noch einmal betrachtete ich ihr Energiefeld, das mir immer noch Wärme und Licht schenkte. »Ich glaube, Sie werden keine Probleme haben, die richtigen Farben zu finden.«

In diesem Augenblick sah ich den Geist eines Mannes hinter ihr stehen. Er trug ein kariertes Hemd und hatte hellblondes Haar.

»Lynda, hier ist ein Mann, der sagt, Sie seien seine Tochter. Er sagt das Wort ›Blüte‹. Ja, er nennt Sie seine Blüte.«

Lynda lächelte erstaunt. Ihre Augen weiteten sich vor Freude und sie flüsterte wie ein kleines Mädchen: »Das ist Paps. Er nannte mich immer so, weil ich die alten Blüten von den

Pflanzen zupfte. Ich wollte sie nicht wegwerfen, weil sie noch so hübsch waren. Also sammelte ich sie. Daher gab er mir den Spitznamen ›Blüte‹.«

Ich führte das Reading für Lynda fort und war dankbar für den geistigen Energieschub, den sie mir gab. Jeder von uns hat die Möglichkeit, zur Energiequelle für diesen Planeten zu werden. Wenn Ihre Aura zum Leuchtfeuer der Liebe wird, ist Ihr Energiefeld so stark, dass Sie die Energie anderer Menschen verändern können, sobald Sie mit ihnen in Kontakt kommen.

Die Aura des Lebens

Die Geschichte von Lynda und ihrer Liebe zur Natur zeigt, dass jeder Mensch die Fähigkeit besitzt, mit allem Lebendigen zu kommunizieren: mit Blüten, Kräutern, Bäumen, Mineralien und Tieren. Die Liebe zur Natur ist ein weiterer Weg, unsere Sensibilität für das Unsichtbare zu steigern. Beginnen wir mit den Pflanzen in unserem Heim. Wenn ich eine meiner Pflanzen einen unhörbaren Ton hoher Schwingung ausstoßen höre, weiß ich, dass sie krank oder trocken ist. Mit Zimmerpflanzen oder Blumen zu sprechen mag merkwürdig erscheinen, doch so können wir uns unserer Verbundenheit mit der Natur und dem Leben bewusst werden. Jeder Baum, jede Blüte hat ihre eigene Aura. Ich bitte meine Schüler immer, zu versuchen, die Aura einer Pflanze wahrzunehmen und sich dabei zuerst auf deren Farbe zu konzentrieren. Nach einiger Zeit sind sie meist dazu in der Lage, die verschiedenen Netze, Schleier und Formen um die Pflanze zu sehen.

Dasselbe gilt für Bäume. Bäume um sich zu haben ist etwas Wunderschönes, weil sie sehr alte Wesen sind. Ihre Aura ist voller negativ geladener Ionen wie die von Wasser. Diese Ionen sorgen dafür, dass wir uns verjüngt, erfrischt und energiegeladen fühlen. Ich erinnere mich noch gut daran, als ich in Nordkalifornien auf einer Konferenz war. Ich war traurig, daher beschloss ich, einen der Redwood-Wälder dieser Gegend aufzusuchen, in denen Bäume stehen, die mehrere Hundert Jahre alt sind. In Gegenwart dieser uralten Baumriesen fühlte ich mich klein und demütig. Ich schlang meine Arme um einen von ihnen. Natürlich konnte ich ihn nicht einmal annähernd umfassen, aber ich dankte ihm so für all das, was er war. Sofort verschwand meine Trauer, als wäre ich unter die Dusche gegangen und ein frischer Schauer hätte sie hinweggespült. Ich dankte dem Baum, weil er mir seine Liebe hatte zuteil werden lassen. Dann ging ich zu der Konferenz zurück – munter und kraftvoll.

Bäume kommunizieren miteinander. Ein Baum spürt, wenn er gefällt oder zerstört werden soll. Die lebendige Schwingungsenergie um so einen Baum lässt nach und zieht sich schließlich ganz zurück. Ich habe das einmal erlebt, als ich die Nordwestküste hinauffreiste, um einen Freund in Seattle zu besuchen. Ich fuhr durch die großen Wälder des Landes und fühlte mich so inspiriert, dass ich zu singen begann. Plötzlich aber spürte ich einen Bruch in der Energie. Kilometer um Kilometer säumten 90 Zentimeter hohe Baumstümpfe den Straßenrand. Das Ganze wirkte wie ein gewaltiger Friedhof. Die Trauer dort war stark fühlbar, so dass meine Lieder mir auf den Lippen erstarben. Mir drängte sich der Eindruck auf, dass diese Bäume ohne Not und aus purer Gewinnsucht gefällt worden waren. In der Ferne konnte ich die Schreie anderer Bäume hören, die um ihre geliebten Freunde klagten. Es hörte sich an, als würden Menschen trauern.

Die Erde hat – wie alle anderen Himmelskörper – eine eigene Aura. Stellen Sie sich vor: Alle lebenden Wesen sind miteinander verbunden, jedes wird zum Übermittler kosmischer Energie. Mit Hilfe des Wetters setzt unser Planet Energien aus seiner Aura frei. Dadurch kommt es immer wieder zu elektrischen Stürmen. Wenn wir unser geistiges Auge auf das große Panorama des Lebens richten, verstehen wir, dass sogar Naturkatastrophen nichts anderes sind als ein Weg zur Umwandlung von Energie.

Jedes lebende Wesen spielt in der Entwicklung unseres Planeten seine Rolle. Wenn wir unseren Emotionen freien Lauf lassen und unserem Hass, unserer Gier, unserer Grausamkeit Ausdruck verschaffen und so Leid verursachen, entstehen daraus Schwingungen von niederer Frequenz rund um unsere Erde – das ist leider nur zu häufig die Rolle der Menschen. Doch wir können dies alles wieder rückgängig machen und die Aura unseres Planeten stärken, wenn wir Freude, Frieden und Liebe ausstrahlen.

Schließlich sollten wir versuchen, unsere eigene Aura so gut wie möglich kennen zu lernen. Andere Menschen spüren unser Energiefeld durchaus. Sie wissen intuitiv, ob es stark oder schwach ist. Wenn Sie sich Ihrer Gedanken und Handlungen bewusst werden, können Sie deren negative Aspekte in positive, lichterfüllte verwandeln. So verstärken Sie die Schwingungen rund um sich, um Ihr Heim und schließlich um unseren ganzen Planeten. Sie können eine solch intensive Ausstrahlung entwickeln, dass Menschen sich wie magisch von Ihnen angezogen fühlen. Ihre bloße Gegenwart kann so schon heilsam wirken. Es wäre wunderbar, wenn die Aura aller Menschen zum leuchtenden Schild des *Gottesfunkens* würde, in dessen Inneren die uns angeborene Güte erstrahlt.

4

Botschaften aus der Geistwelt

Methoden, welche die Geistwesen nutzen, um mit uns Kontakt aufzunehmen

Nach dem großen Erfolg meines Buches *Jenseitsbotschaften* wurde ich in die Talkshow von Oprah Winfrey eingeladen. Oprah war vor allem erstaunt über die Art unserer Kommunikation mit dem Jenseits. Sie wollte wissen, weshalb die Geister nicht klar ihren Namen sagen bzw. ihre Botschaften übermitteln. Weshalb, so fragte sie, musste ich auf flüchtige Gedanken in meinem Kopf achten oder Bilder sehen?

Ich erläuterte ihr das mehr oder weniger genauso, wie ich es anderen Menschen bisher auch versucht hatte, nahe zu bringen. Zunächst einmal müssen wir uns bewusst machen, dass es andere Bewusstseinsebenen gibt, also Dimensionen und Lebensformen außerhalb der materiellen Ebene. In diesen Dimensionen gelten möglicherweise die Gesetze von Raum und Zeit, ja überhaupt sämtliche Gesetze der Physik nicht. Vielleicht sind dort andere Gesetzmäßigkeiten am Werk, die wir nicht kennen. Und so ist es ganz normal, dass die »Bewohner« dieser Welten mit uns anders kommunizieren, als wir es gewohnt sind.

Zu Oprah sagte ich: »Die Kommunikation mit der anderen Welt ist dem Sprechen einer fremden Sprache vergleichbar. Und Bilder sind – im Gegensatz zu Worten – eine Universalsprache, die überall verstanden wird. Die Namen ›Jodie‹ oder ›Weiß‹ bedeuten für sich genommen nichts. Sie sind nur eine Abfolge verschiedener Buchstaben, die am Ende eine Lautkette ergeben. Das Bild eines Autos oder eines Hauses aber steht für etwas ganz Bestimmtes und ist für jedermann unmittelbar verständlich, egal, welche Sprache er spricht.«

Das heißt nun nicht, dass Bilder nicht auch falsch interpretiert werden könnten. Es kommt sogar häufig vor, dass Medien die von ihnen empfangenen Bilder falsch verstehen. Wenn ein weiblicher Geist beispielsweise versucht, mir etwas über eine Halskette zu sagen, die er trägt, dann berühren seine Finger vielleicht das Medaillon an der Goldkette. Ich aber sehe nur, dass er seinen Hals berührt. Dann würde ich wohl sagen, dass es »um seinen Hals geht«. Das aber wäre falsch. Nehmen wir ein anderes Beispiel. Vielleicht sehe ich dunkle Wolken und denke: »Schlechte Nachrichten.« Oder ich sehe weiße Wolken und vermute das Gegenteil. Für einen Geist aber können Wolken etwas ganz anderes bedeuten, zum Beispiel Verwirrung. Dabei sollten wir uns vor Augen halten, dass eine Fehlinterpretation nicht heißt, dass wir nicht mit den Geistern kommunizieren. Wir verstehen nur die Botschaft nicht richtig.

Außerdem ist die geistige Welt das Reich der Gedanken. Daher sprechen Geister mit uns auf telepathischem Weg. Da ich ein geistiges Medium bin, »lese« ich diese Gedanken als Gefühle, Visionen und über das Gehör. Mit Hilfe der Energie, die alle Ebenen der Existenz durchströmt, kann ich diese Botschaften verstehen. Ich nenne diese Energie den *Gottesfunken.* Andere sagen *Prana* dazu. Am ehesten lässt sie sich beschreiben, wenn wir sie als »Liebe« bezeichnen, denn die Liebe ist es, die unsere Kommunikation auf beiden Seiten stärkt.

Außerdem müssen wir uns klar machen, dass jemand, der gerade erst ins Reich des Jenseits eingegangen ist, zunächst in einer ihm nicht vertrauten Welt lebt. Vielleicht ist der Geist selbst verwirrt, weil die physikalischen Gesetze, die er kennt, nun nicht mehr gelten. Sobald ein Geist erkennt, dass er nicht tot, sondern im Gegenteil sehr lebendig und stärker als je zuvor ist, wird ihm deutlich, dass er in einer Gedankenwelt lebt.

Und dann muss er lernen, wie er seine Gedanken einsetzen kann, um das hervorzubringen, was er möchte.

Sobald sie sich an ihre neue Welt gewöhnt haben, hören die Geister unsere Gedanken, in denen sich Kummer, Trauer und Selbstvorwürfe ausdrücken. Sie sehen, wie viel Schmerz ihr Tod uns beschert hat. Da sie aber wissen, dass sie noch am Leben sind, wenn auch in anderer Form, möchten sie uns mitteilen, dass sie immer noch alles mitbekommen, was sich auf Erden abspielt. Leider ist gerade das nicht leicht, weil die meisten von uns von dem Verlust so überwältigt sind, dass wir an alles denken, nur nicht an die Kommunikation mit der Geistwelt.

Je nachdem, wie begabt ein Geist ist und welche Bewusstseinsebene er erreicht hat, wird er auf alle möglichen Arten versuchen, uns von seinem neuen Aufenthaltsort zu unterrichten. In meinen Workshops sage ich oft: »Es ist die reinste Farce. Die armen Geister springen um uns herum und versuchen, unsere Aufmerksamkeit auf sich zu ziehen und uns eine Botschaft zukommen zu lassen. Und wir begreifen es einfach nicht.«

Darüber hinaus hat ein Geist nur ein Repertoire zur Verfügung, nämlich die Lebenserfahrung des Mediums, mit dem er kommuniziert. Anders gesagt: Meine Erfahrungen werden für ihn zum Maßstab. Da ich den Unterschied zwischen einer Zündkerze und einem Vergaser nicht kenne, wäre es schwierig für mich, einen Geist zu verstehen, der mir das Innere eines Autos beschreibt.

Geister kommunizieren von einer höheren Schwingungsebene aus. Und sie übermitteln ihre Botschaften in wesentlich rascherer Folge, als wir es auf der Erde tun. Stellen Sie sich vor, wie die Kommunikation zwischen zwei sehr unterschiedlichen Kulturen stattfindet, wenn kein Dolmetscher zugegen ist. Dann sind von beiden Seiten erhebliche Anstrengungen erforderlich. Daher erfordert es vom Medium viel Konzentration, Botschaften aus der Geistwelt weiterzugeben. Häufig spricht es sehr schnell, um mit dem Geist Schritt halten zu können. Mit den Jahren habe ich gelernt, wie ich den Geistern klar machen kann, dass sie sich ebenfalls um Genauigkeit bemühen müssen. Ich lasse sie immer wieder wissen, dass sie die Botschaft klar formulieren und dann mit aller Kraft zu uns schicken müssen.

Viele Menschen fragen mich, weshalb die Geister häufig so banale Dinge sagen und uns nicht über die wirklich wichtigen Dinge des Lebens aufklären. Doch Geister haben eine Persönlichkeit wie wir Menschen. Wenn sie uns Banalitäten hinsichtlich ihres Aussehens, ihrer Fähigkeiten oder kleiner Begebenheiten durchgeben, dann damit wir sie leichter erkennen. Sie schicken einfache Botschaften, weil diese leicht zu überprüfen sind. Auf diese Weise erkennen ihre Lieben, dass sie tatsächlich mit den Personen sprechen, die sie einmal waren. Außerdem sollten wir bedenken, dass auch Geister sich entwickeln. Sie haben zwar ein erweitertes Bewusstsein und können sich an jeden Gedanken, jede Handlung ihres Lebens erinnern, doch solange eine Seele nicht die höheren Sphären des Himmels erreicht, ist ihr Wissen ums Leben begrenzt. Darüber hinaus dürfen die Geister sich nicht in unsere »Lehrzeit« auf der Erde einmischen – sowohl was einzelne Menschenschicksale als auch was den ganzen Planeten betrifft. Sie werden unser persönliches Wachstum nicht behindern, indem sie uns Antworten geben, wenn wir unsere freie Wahl treffen müssen.

Geistige Phänomene

Wie also lassen Geister uns ihre Anwesenheit wissen? Je nachdem, wie geschickt sie in der Beeinflussung von Energie und elektromagnetischen Feldern sind, wählen Geistwesen unterschiedliche Wege, um die dichte Energie dieser langsam schwingenden Erde zu durchdringen. Diese energetischen Muster zu verändern erfordert schon beträchtliche Kräfte. Wie ich bereits sagte, machen Geister sich vor allem in unseren Gedanken bemerkbar. Einige der am weitesten verbreiteten Methoden haben wir ja schon behandelt: Hellsehen, Hellhören, Hellfühlen. Andere Formen sind Träume, Inspiration, automatisches Schreiben und das Ouija-Brett.

Träume

.

Die Sonne war so hell, dass ich blinzeln musste. Als meine Augen sich an das gleißend helle Licht gewöhnt hatten, entdeckte ich, dass ich in einem Garten war, umgeben von Rosen, Fliederbüschen, Narzissen und Lilien. Die Luft war ganz vom Duft der Blumen erfüllt und ich meinte fast, ihn auf der Zunge schmecken zu können. Wo ich auch hinsah, strahlten mir die reinsten Farben entgegen – eine Wohltat für die Sinne. Ich ging geradeaus auf den Eichenwald zu, der den Garten umschloss. Unter den Bäumen sah ich mehrere Häuschen mit Dächern aus golden strahlendem Stroh und perlmuttschimmernden Wänden. Jedes davon besaß einen ganz eigenen Reiz.

»James, komm hierher!«, hörte ich plötzlich eine weibliche Stimme rufen.

Ich kannte die Stimme, konnte aber nicht sehen, woher sie kam. Also wandte ich mich nach links. Nach ein paar Schritten sah ich eine alte Frau, die unter einer uralten Eiche stand. Ich kannte sie, obwohl ich sie längere Zeit nicht gesehen hatte. Als sie mir ihr Gesicht zuwandte, fing ich an zu strahlen. Es war meine geliebte Großmutter Ethel.

»Komm, trödle nicht herum«, sagte sie. »Ich möchte dir mein Haus und meinen Garten zeigen.« In diesem Moment schienen all die Jahre, die wir nicht gemeinsam verbracht hatten, zu verschwinden. Es war, als wären wir nicht einen Augenblick voneinander getrennt gewesen. Großmutter sah toll aus in ihrem Kleid mit den gelben Punkten. Sie winkte immer noch und war genauso aufgeregt wie ich. Ich fühlte mich absolut heil, lebendig und glücklich.

Dieses wunderschöne Gefühl fand ein abruptes Ende, als mir klar wurde, dass meine Großmutter seit mehr als fünfzehn Jahren tot war. Da riss mich auch schon der Wecker aus meinen Träumen. Ich schoss hoch und sah mich im Schlafzimmer um. Die wunderschönen Blumen waren verschwunden. Stattdessen fiel mein Blick auf meine Kleider, die ich achtlos auf den Stuhl geworfen hatte. Daneben stand eine Frisierkommode und der Fernsehapparat. Der wunderschöne Garten war weg und meine Großmutter ebenfalls. Und trotzdem war das alles so real gewesen. Konnte ich denn nicht tatsächlich dort gewesen sein?

Fast jeder von uns hat schon einmal von einem Menschen geträumt, der in die Welt des Jenseits eingegangen ist. Ich nenne diese Erfahrungen »Träume«, doch in Wirklichkeit sind sie wohl mehr als das, denn die Gefühle, die wir dabei empfinden, erscheinen so unglaublich real – es sind eigentlich »Grenzerfahrungen«. Wenn ich einen Vortrag halte und mein Publikum befrage, berichten meist gut 95 Prozent der Menschen, solche Erlebnisse schon gehabt zu haben. Die anderen 5 Prozent haben vielleicht ebenfalls solche Erfahrungen gemacht, können sich aber nicht mehr daran erinnern.

Man fragt mich des Öfteren: »Warum kommen die Geister in unsere Träume?« oder: »Warum kommen sie nicht zu uns, wenn wir wach sind?« Meine Antwort auf diese Fragen ist immer dieselbe. Geister besuchen uns aus zwei Gründen in unseren Träumen: Erstens um uns zu versichern, dass sie ihren physischen Tod überlebt haben. Zweitens, um uns wissen zu lassen, dass sie an unserem Leben immer noch Anteil nehmen und uns immer noch lieben. Vielleicht tun sie es im Traum, weil hier unser Verstand weniger eingreifen kann. Im Traum fällt es uns leichter, sie als real anzunehmen und sie nicht als Wunschvorstellung abzutun. Ich bitte Menschen, die eine dieser »Grenzerfahrungen« gemacht haben, immer, über den Traum nachzudenken: Schien der Geist lebendig? Erschien er so, wie der Betreffende diesen Menschen im Gedächtnis hat? Was tat oder sagte der Geist? Wenn all das zum Verstorbenen passen würde, war er oder sie es vielleicht wirklich.

Die Geister nutzen unsere Träume aber nicht nur, um sich uns zu zeigen. Manchmal übermitteln sie uns im Traum auch Botschaften. Sie versuchen, uns aus der Bedrängnis zu helfen, oder schicken uns die Lösung für ein berufliches Problem.

Das wichtigste Element im Traum ist das Symbol. Daher müssen wir lernen, Symbole zu interpretieren. Es gibt viele Bücher und Workshops über Traumdeutung, doch sollten wir uns vor allem klar machen, dass Symbole für jeden Menschen etwas anderes bedeuten. Ein Mensch, der in New York lebt, fühlt sich vielleicht vom Gewühl einer großen Stadt angezogen, während die Stille des Landlebens ihn nervös macht. Daher kann das Bild einer großartigen Landschaft für diesen Menschen Einsamkeit bedeuten, für einen anderen Menschen himmlische Ruhe. Das symbolische Vokabular unterscheidet sich von Mensch zu Mensch. Nur Sie selbst können wissen, was ein bestimmtes Bild für Sie bedeutet.

Doch neben dem typischen symbolträchtigen Traum gibt es noch andere Formen. Es kommt zum Beispiel vor, dass jemand im Traum Dinge sieht, die sich danach bewahrheiten. So träumte ich beispielsweise vor kurzem von einem reich geschmückten Gebäude. Am nächsten Tag fuhr ich zu einer Verabredung und kam genau an dem Gebäude vorbei, das ich zuvor noch nie gesehen hatte. Wenn ich in meinen Kursen über Träume spreche, kommt am Ende des Workshops meist jemand zu mir und erzählt mir von einem Traum, in dem er etwas sah, das sich später in der Wirklichkeit tatsächlich ereignete. Ein Mann träumte beispielsweise von einem seiner Freunde, den er seit Jahren nicht mehr gesehen hatte: »Ein paar Tage später las ich plötzlich von ihm in der Zeitung.«

Prophetische Träume berichten häufig von Ereignissen, die sich erst Tage, Wochen oder sogar Jahre später ereignen werden. Diese Träume sind eher selten. Es gibt jedoch Medien, die Erdbeben und andere Katastrophen vorhersagen können. Geistführer, Tiergeister und Engel nutzen unsere Träume, um uns Botschaften zu senden. Ich habe eine Freundin, die im Traum immer wieder mit Tieren zusammentrifft – Pumas, Bären und Alligatoren.

»Warum träume ich nur so oft von Tieren?«, fragte sie mich.

»Sie sind deine Geistführer, aber immer nur für kurze Zeit«, antwortete ich. »Ihre Botschaft soll dir an eben jenem Punkt helfen, an dem du dich zum Zeitpunkt des Traumes befindest.«

Ich riet ihr, die Charakteristika der Tiere in einem entsprechenden Lexikon nachzuschlagen, da sie daraus vielleicht die Botschaft ableiten könne. Ein Bär zum Beispiel ist bekannt dafür, dass er überwintert. Da meine Freundin sehr häufig allein ist, erhielt sie vielleicht die Information, dass sie sich zu sehr von der Welt zurückgezogen hatte.

Jemanden zu haben, mit dem man über die eigenen Träume sprechen kann, ist vielleicht der beste Anreiz, das Geträumte nach dem Erwachen auch zu behalten. Sie können sich auch gegenseitig Botschaften schicken. Wählen Sie ein Bild aus. In der Nacht, in der Sie es im Traum »senden« wollen, konzentrieren Sie sich vor dem Einschlafen darauf. Wenn Ihr Freund in dieser Nacht das gleiche Bild in seinen Träumen sieht, wissen Sie, dass die übersinnliche Kommunikation zwischen Ihnen funktioniert.

Traumdeutung erfordert Geduld und Ausdauer, doch sobald Sie beginnen, sich an Ihre Träume zu erinnern, haben Sie eine Möglichkeit gefunden, auch Ihre sensitive Wahrnehmung zu erhöhen.

Inspiration

Inspiration bedeutet wörtlich »im Geist sein«. Denken Sie an Momente, die Sie selbst erlebt haben: Sie fahren Auto, sehen fern, kochen oder stehen unter der Dusche und plötzlich kommt Ihnen jemand in den Sinn, den Sie kannten und der gestorben ist. Oder Sie haben eine Eingebung, wie Sie ein bestimmtes Problem lösen können. Erst später fällt Ihnen auf, dass es vermutlich für Sie nicht gerade gut ausgesehen hätte, wären Sie in diesem Augenblick nicht einfach Ihren Gedanken nachgehangen. Man könnte also sagen, dass Sie zum Handeln inspiriert wurden.

In unserer Dimension beschränken wir die Kommunikation auf den Bereich, in dem die Gesetze der Physik gelten. Doch in unserem natürlichen Zustand, der reiner Geist ist, kommunizieren wir telepathisch mit Hilfe unseres Denkens. Wenn Sie sich also wieder mit dem Geist vereinen, werden Ihre Stimmbänder überflüssig, da Ihre Umgebung dann Ihre Gedanken versteht. Geister nehmen Kontakt mit uns auf, indem sie ihre Gedanken in unser Bewusstsein einfließen lassen. Dies ist ihre Form der Kommunikation, die ich »Kommunikation von Geist zu Geist« nenne. Wenn wir uns für ihre Inspiration öffnen wollen, müssen wir unseren Geist zur Ruhe bringen: Machen Sie es sich bequem und atmen Sie ein paar Mal tief ein und aus. Am besten tun Sie das am Morgen nach dem Aufwachen oder am Ende des Tages, kurz bevor Sie schlafen gehen. Lassen Sie den Atem kommen und gehen; er trägt Sie in Ihre Mitte – dorthin, wo Stille herrscht. Halten Sie nicht an Ihren Gedanken fest. Analysieren Sie nicht, was in Ihrem Kopf vorgeht. Lassen Sie einfach los. Wenn Sie fertig sind, öffnen Sie die Augen und halten jeden ungewohnten Gedanken in einem Notizbuch fest. Wenn Sie meditieren und Ihren Geist still werden lassen, öffnen Sie einen Kanal in die andere Welt, durch den die Inspiration leichter fließt als sonst. Eine ähnliche Technik benutze ich, wenn es um die Aufarbeitung von Trauer geht. Das Schreiben hilft dem Geist, sich von Gedanken zu befreien. Schreiben Sie einem Verstorbenen, der Ihnen teuer war, einen Brief. Lassen Sie Ihren Emotionen freien Lauf, so dass Trauer, Ärger, Vergebung und Liebe ungehindert fließen können.

Im Wachzustand sind wir von allerlei Geistern umgeben, die uns Botschaften übermitteln wollen, damit wir das für uns Richtige tun. Häufig berichten mir Klienten, dass sie vor unserer Verabredung – auf dem Weg zu mir oder einige Tage vorher – das Gefühl hatten, eine geistige Präsenz sei bei ihnen. Auch in Zeiten großer Anspannung spüren viele Menschen die Gegenwart von Geistwesen. Sie sagen dann meist: »Ich fühlte, dass ich nicht allein war.« Was sie an ihrer Seite wahrnehmen, ist eine unsichtbare Kraft, eine Art Schutzengel eben.

Wir sind jeden Tag von der Geistwelt umgeben, die uns hilft, wo immer sie kann. Wir müssen nur unsere inneren Kanäle öffnen und die Botschaften aufnehmen.

Automatisches Schreiben

Automatisches Schreiben wiederum hat nichts mit Inspiration oder dem Festhalten des Bewusstseinsstromes zu tun. Es geschieht dann, wenn die Geistwelt sich unserer Hände bedient, um schriftlich Botschaften zu übermitteln. Eines der berühmtesten Medien, das damit arbeitete, war die Journalistin und Schriftstellerin Ruth Montgomery. Jeden Morgen um neun Uhr setzte sie sich vor ihre Schreibmaschine und wartete darauf, was ihre Führer ihr mitzuteilen hatten. Zunächst geschah das ziemlich spontan, schreibt sie in ihren Büchern. Später aber wurde das automatische Schreiben zu einem regelmäßigen Bestandteil ihres Lebens, gewissermaßen ihre Verabredung mit der Geistwelt. Wir können uns glücklich schätzen, dass wir durch sie so viel Information von »drüben« erhalten haben.

Meinen ersten Versuch mit dem automatischen Schreiben unternahm ich, als ich in Los Angeles einen ganz normalen Job hatte. Ich hatte vor, Drehbuchautor zu werden, doch das Geld, welches ich damit verdiente, wollte einfach nicht zum Leben reichen. Also saß ich von neun Uhr morgens bis fünf Uhr abends im Keller einer Firma und legte Akten ab. Ich kann mich noch gut erinnern, als ich plötzlich die Botschaft erhielt, ich solle mir einen Notizblock holen und »mitschreiben«. Vielleicht war mein Geist damals durch die eintönige Arbeit empfänglich geworden. Ich jedenfalls dachte, dass ich eine Inspiration hätte, eine Idee für ein Drehbuch, die ich unbedingt niederschreiben sollte.

Ich setzte mich mit geschlossenen Augen hin und achtete darauf, meine Hand möglichst nicht zu beeinflussen. Anfangs fühlten meine Finger sich ganz leicht und luftig an, als würden sie das Papier gar nicht berühren. Dann begann meine Hand auf einmal, sich kreisförmig zu bewegen. Ich wusste, dass ich so das Blatt nur mit Kreisen füllte. Je länger ich sie auf dem Papier ruhen ließ, desto schneller kam die kreisförmige Bewegung. Erst später erfuhr ich, dass sich die Geister auf diese Weise auf mein Energiefeld einstellen und die nötige Energie aufbauen, um etwas niederschreiben zu können.

Nach ein paar Minuten begann ich auf einmal, Buchstaben und Worte zu schreiben. Da meine Augen geschlossen waren, wusste ich nicht, was ich da schrieb. Und das war auch richtig so. Ich sollte mich jetzt nicht dem Verständnis widmen. Ich musste nur einfach offen bleiben und die Geistwelt machen lassen. Als ich das Gefühl hatte, die Geistenergie habe mich wieder verlassen, öffnete ich die Augen und sah staunend auf die vielen Blätter, die ich gefüllt hatte. Doch ich konnte nur Kreise erkennen, einige davon dunkler als andere. Es sah aus, als habe eine schwere Hand sie gezeichnet. Auf einigen Seiten fanden sich auch Buchstaben. Leider waren sie so krakelig, dass ich sie nicht lesen konnte.

Und das änderte sich auch nicht so schnell. Wenn ich automatisches Schreiben praktizierte, konnte ich anfangs meist nicht lesen, was ich niedergeschrieben hatte. Anfangs waren nur merkwürdige Zeichen auf dem Papier. Eines Tages aber konnte ich mit Müh und Not einen Buchstaben erkennen. Dann einen zweiten. Und schließlich wurden aus den Buchstaben lesbare Worte, bis ich die übermittelten Botschaften endlich lesen konnte. Eine kam von einem weiblichen Geist, der sich selbst »Morgenstern« nannte. Ich schrieb folgende Passage; sie erscheint mir sehr schön:

Mit Herz und Seele bin ich bei dir. Durch dich und mit dir werden wir viele Menschen berühren. Du bist ein Botschafter des Friedens und wirst andere in die Geheimnisse von Leben und Tod einführen. Du übst dieses Privileg auf dem fernen Planeten, den ihr »Erde« nennt, schon seit mehreren Lebenszeiten aus. Deine Begeisterung wird noch wachsen. Gemeinsam werden wir die Herzen zur ewigen Wahrheit erwecken. Die Mauern der Dunkelheit und Unwissenheit werden fallen, denn die Menschheit darf nicht mehr länger in Angst und Illusion leben. Sie werden sich öffnen wie Blüten, die sich der Sonne entgegenstrecken. Das ist die Friedensbotschaft, mit der ich dich heute entlasse.
Mein Segen sei mit dir.
Morgenstern

Lange Jahre wusste ich nicht, was mit diesen Informationen gemeint war. Doch ich übte mich weiter im automatischen Schreiben, wenn auch nicht regelmäßig. So erreichten mich viele verschiedene Geistführer, Lehrer und andere Geistwesen. Wenn sie sich in meinen Raum begaben, um auf diese Weise mit mir zu kommunizieren, wurde mir immer ein Gefühl von Liebe, Verständnis und Freude zuteil. Ich war nie ängstlich oder erregt.

Die Botschaften kamen ein ganzes Jahr lang durch. Es ging dabei um menschliche Vorurteile; unsere Verantwortung der Natur gegenüber; die Macht des Gebetes und des positiven Denkens; meinen geistigen Weg; die Orte, an die ich reisen würde, und schließlich die Worte, die ich wählen sollte, um anderen Menschen zu helfen und ihnen Informationen zu übermitteln.

Das Ouija-Brett

Bevor ich mich im automatischen Schreiben versuchte, hatte ich natürlich Versuche mit dem Ouija-Brett angestellt, die als andere Form des automatischen Schreibens gelten können. Statt Papier und Bleistift benutzt man dabei ein Brett, auf dem die Zahlen von Null bis Neun, das Alphabet und die Worte Ja und Nein aufgedruckt sind. Man legt dabei die Finger leicht auf eine so genannte »Planchette« (einen herzförmigen oder dreieckigen Zeiger mit Füßchen), die dann zu den einzelnen Zeichen wandert, was – reiht man sie aneinander – Worte ergibt.

Das Ouija-Brett war eines der ersten Instrumente, die ich zur Kommunikation mit der Geistwelt einsetzte. In Amerika gab es heftige Diskussionen darüber, ob es ein Werkzeug des Bösen sei oder nicht. Natürlich sollten wir vorsichtig sein, wenn wir es benutzen, denn immer wenn wir uns mit der Welt des Unsichtbaren auseinandersetzen, müssen wir uns darauf konzentrieren, nur Wesen der höchsten Entwicklungsstufe anzuziehen. Wenn in Ihnen Gefühle wie Hass und Furcht auftauchen, können Sie davon ausgehen, dass Sie mit einer niedrig stehenden und schädlichen Energie in Kontakt gekommen sind.

Daher füllte ich vor der Nutzung des Ouija-Brettes meinen Geist mit Gedanken der Liebe. Ich setzte mich einige Minuten lang ruhig hin und meditierte, um mich zu erden und mein Energieniveau zu erhöhen. Dann betete ich um geistige Führung, Schutz und Licht. Wenn Sie mit dem Ouija-Brett Kontakt zur Geistwelt suchen, sollten Sie sich vorher mit einem Mantel der Liebe umgeben. Haben Sie dann das Gefühl, dass jemand da ist, der mit Ihnen kommunizieren möchte, fragen Sie das Wesen, ob es aus dem Licht kommt. Ist das nicht der Fall, so wird es sich im Normalfall davonmachen.

Eines der eindrucksvollsten Erlebnisse mit dem Ouija-Brett hatte ich, als ich es zusammen mit meinem Freund Drew und

Kelly, einer Freundin, benutzte. Drew und ich waren schon sehr lange befreundet; er hatte mich zwar bei einigen öffentlichen Vorträgen gesehen, wo man mich gebeten hatte, meine Gabe zu demonstrieren, wusste aber nicht, dass ich auch schon mit dem Ouija-Brett experimentiert hatte. Wir waren bei Kelly zu Hause, deren Brett gerade offen herumlag, also beschloss ich, Drew zu zeigen, wie man es benutzt. Nachdem ich ein Gebet gesprochen hatte, legten Kelly und ich unsere Finger auf die Planchette, die sofort anfing, von einem Buchstaben zum anderen zu fliegen. Bei den Fragen wechselten wir uns ab und Kelly erhielt mehrere Botschaften von ihrer Mutter. Dann nahm Drew ihren Platz ein. Eine Frau, die sich selbst Mary nannte, begrüßte uns.

Darauf sagte Drew: »Mary ist der Name meiner verstorbenen Großmutter.«

Sie gab Drew einige Botschaften mit auf den Weg und verabschiedete sich dann mit den Worten: »Mein Sohn hat ein gutes Herz.«

Drew fand diese Information über seinen Vater süß. Wir alle wussten, dass Drews Vater ein sehr netter Mann war. Doch in der nächsten Woche rief Drew mich von zu Hause an: »Ich habe gerade meinen Vater ins Krankenhaus gebracht. Er hat eine Virusinfektion am Herzen.«

Die nächsten Tage waren hart, denn Drew hätte seinen Vater fast verloren. Erst als alles vorüber war, wurde uns klar, was die letzte Bemerkung von Drews Großmutter bedeutet hatte. Drew berichtete: »Die Ärzte meinen, er wird durchkommen. Sie sagen, er hat ein gutes Herz.«

Physische Erscheinungen

Wenn es zu physischen Erscheinungen kommt, werden die Botschaften der Geistwelt durch materielle Objekte oder bestimmter Umweltbedingungen übermittelt. Das können Veränderungen der Raumtemperatur sein oder elektrische Phänomene; Tischerücken oder Klopfen; Stimmen auf Tonträgern; Lichterscheinungen; Botschaften über Telefon oder Fernsehen; Erscheinungen; materialisierte Objekte; Fotos von Geisterscheinungen; die Trance eines Mediums, in der es einem Geist seine Stimme oder gar seine Erscheinung leiht, und die Materialisierung von Objekten bei einer Séance.

Wie kann es nun zu solchen Erscheinungen kommen? Diese Phänomene hängen von Veränderungen des elektromagnetischen Energiefeldes um uns herum ab, die von uns bewusst oder unbewusst herbeigeführt werden. Manchmal werden sie auch von der Geistwelt direkt beeinflusst. Unter bestimmten Bedingungen können Geister die Objekte, mit denen sie in Kontakt kommen, bewegen. Gewöhnlich geschieht das spontan. In einer Atmosphäre, in der mehrere Menschen ernsthaft nach Kontakt mit der anderen Welt suchen, steigt die Energiekonzentration so an, dass es häufiger geschieht. Der folgende Abschnitt soll Sie mit den verschiedenen Methoden vertraut machen, welche die Geistwelt benutzt, um sich mit Hilfe materieller Mittel mit uns in Verbindung zu setzen.

Temperaturwechsel
Fast jeder Mensch kennt das Phänomen der Gänsehaut. Häufig erzählen mir Klienten, dass sie in einem Raum stehen und unvermittelt eine starke Kälte fühlen. Das kann ein Zeichen dafür sein, dass ein Geist in der Nähe ist. Eine andere Möglichkeit, wie ein Geist uns auf seine Anwesenheit aufmerksam macht, ist durch einen plötzlichen Wechsel der Raumtemperatur. Wenn ich ein Reading oder einen öffentlichen Vortrag vorbereite, spüre ich oft diesen leichten Hauch, der anzeigt, dass die Geister sich darauf vorbereiten, uns eine Botschaft zukommen zu lassen.

Elektrische Phänomene

Eines der bekanntesten Signale, mit denen ein Geist sich ankündigt, ist das Flackern von elektrischem Licht. Irgendwie sind die Geistwesen in der Lage, elektrische Impulse zu beeinflussen. Sie können Glühbirnen an- oder ausgehen lassen, ja sogar dafür sorgen, dass sie durchbrennen. Das geschieht allerdings nur, wenn wir dabei sind, damit wir es auch wahrnehmen.

Meinem Freund Brian ist es oft passiert. Abends saß er meist am Schreibtisch und arbeitete an seinem Computer. Neben dem Schreibtisch steht ein Beistelltisch, auf dem eine Lampe ihr Licht auf ein Bild seines verstorbenen Vaters wirft. Hin und wieder ging die Lampe aus und erst nach einer gewissen Zeit wieder an – ohne Brians Zutun natürlich. Anfangs dachte er sich nichts dabei. Er wechselte die Birne aus, später sogar die Lampe, weil er völlig sicher gehen wollte, dass sie keinen Kurzschluss hatte. Doch das Phänomen blieb. Als alle logischen Begründungen versagten, sagte Brian sich, dass sein Vater vielleicht versuchte, mit ihm zu kommunizieren. Er bemerkte darüber hinaus, dass die Erscheinung vor allem an bestimmten Tagen auftrat, beispielsweise am Geburts- bzw. Todestag seines Vaters.

Als ich zum ersten Mal in der NBC-Show *The Other Side* (Die andere Seite) auftrat, machte ich ein Reading für eine Frau namens Barbara Matthews. Während der Show konnte ich ihr viele Einzelheiten über ihren toten Sohn verraten. Barbara verstand die Botschaften und wusste auf Grund der vielen Detailinformationen, dass sie wirklich mit ihrem Sohn Kontakt hatte. Einige Monate später besuchte ich Barbara zu Hause.

Sie sagte: »Ich glaube, ich erhalte Botschaften von meinem Sohn.«

»Wie?«, fragte ich sofort. »Etwa in Ihren Träumen?«

»Nein«, antwortete sie. »Er bringt die Straßenlaternen zum Flackern.«

Das musste ich natürlich sehen.

Wir gingen also vors Haus, wo an der Straßenecke eine Laterne stand. Wir ließen unseren Geist ruhig werden, ich sprach ein kurzes Gebet und dann warteten wir auf die Botschaft.

»Wie häufig tun Sie das?«, fragte ich.

»Nur hin und wieder«, gab sie zurück.

Plötzlich fing das Licht an zu flackern.

»Dreimal flackern heißt Ja, zweimal Nein«, erläuterte sie.

»Was meinen Sie damit?«

»Nun, wenn die Antwort auf meine Frage Ja ist, geht das Licht dreimal hintereinander an und aus. Wenn er mit Nein antwortet, flackert es nur zweimal.«

So standen wir am Straßenrand und beobachteten, wie das Licht kam und ging. Barbara stellte Fragen und die Lichtzeichen antworteten ihr.

»Wie lange machen Sie das schon?«, wollte ich wissen.

»Seit ein paar Monaten. Immer wenn ich nicht weiter weiß, komme ich hierher und frage meinen Sohn.«

Tischerücken und Klopfen

Beides kommt in der Welt der übersinnlichen Erscheinungen häufig vor. Als ich einmal bei meiner Schwester, die im Osten der USA lebt, zum Weihnachtsschmaus eingeladen war, sprachen wir zunächst wie immer über Weihnachtsfeste, die wir bereits miteinander verbracht hatten. Plötzlich vernahmen wir ein leises Klopfen an der Wand. Ich kann mich noch erinnern, dass wir alle uns umdrehten, weil wir zuerst glaubten, dort stünde jemand. Doch es war niemand zu sehen und das Klopfen wurde immer lauter. Meine Schwester stand auf und sah nach, ob es aus dem nebenan liegenden Zimmer käme, aber auch dort hielt sich niemand auf. Also hörten wir auf zu essen und warteten. Ich glaube, ich sagte: »Lasst uns doch ein Gebet sprechen.« Also hielten wir uns an den Händen und dankten für dieses wundervolle Mahl, das wir im Kreise unserer Lieben einnehmen durften. Dann spürte ich plötzlich einen kalten Hauch auf meinem Gesicht, obwohl sich im Raum nichts verändert hatte, und das Klopfen begann von neuem, dieses Mal am Fenster. Wieder stand jemand auf und sah nach, aber nichts war zu sehen. Unmittelbar nach dem letzten Klopfen fiel das Bild meiner Großeltern von der Wand. Da war uns allen klar, wer da geklopft hatte. »Oma und Opa sind wohl hier bei uns«, sagte ich und lächelte.

Geräusche auf dem Tonband

Die Geister sind manchmal recht einfallsreich, wenn sie erkannt werden wollen. So verewigen sie sich mitunter auf Bandaufnahmen. Anscheinend können sie Kassetten und Tonbänder verändern. Die *American Association of Electronical Voice Phenomena* (Amerikanische Vereinigung zur Untersuchung von Bandgeräuschen) kann Tausende solcher Beispiele vorlegen. Die Geräusche sind manchmal deutlich hörbar, manchmal sind sie aber auch nur mit äußerst feinen Messmethoden zu registrieren. In meinem medialen Arbeitskreis habe ich selbst Erfahrungen mit diesem Phänomen gemacht. Monatelang konnten wir, wenn wir die Bänder abspielten, ganz klar hören, wie leise Geräusche unsere Meditation unterbrachen.

Lichterscheinungen

Lichterscheinungen sind für mich leuchtende Materie. Sie erscheinen als strahlende Punkte, Bälle oder netzartige Lichtfäden. Ihre Farben variieren von Weiß, Gelb und Orange bis hin zu Blau oder gar Violett. Wenn wir sie beobachten, wechseln sie manchmal die Farbe und lösen sich in nichts auf. Viele Menschen berichten, dass sie vor dem Einschlafen oder während der Meditation solche Lichter sehen. Meist erscheinen diese Phänomene am Blickfeldrand, nicht selten von einem summenden Laut begleitet. Während der Sitzungen unseres

Arbeitskreises konnten wir häufig Lichter durch den Raum schweben sehen.

Ich kann mich noch gut an eine Séance in Brian Hursts Heim erinnern. Er hatte mich zusammen mit einer Gruppe englischer Medien aus Scole eingeladen. Diese Gruppe arbeitete seit etwa drei Jahren in England zusammen. Sie war bekannt dafür, einige außerordentliche Erscheinungen bewirkt zu haben. Gegen sieben Uhr abends kam ich an. Im Haus hatten sich schon gut zwanzig Menschen versammelt. Wir begaben uns ins Wohnzimmer und der Sprecher der Gruppe erläuterte uns, was uns an diesem Abend erwartete. Während seiner Erklärungen schlich ich aus dem Zimmer und hinüber in die Garage, wo die Séance stattfinden sollte. Ich wollte sicherstellen, dass dort nichts manipuliert wurde.

Es ist traurig, aber gerade auf diesem Gebiet gibt es so viele Menschen, die nicht das sind, was sie zu sein vorgeben. Ich habe jahrelang verantwortungsvoll und ehrlich meine mediale Gabe mit anderen Menschen geteilt. Daher fühle ich jedem Menschen genau auf den Zahn, der mit übersinnlichen Erscheinungen zu tun hat. Ich untersuchte Stühle, Vorhänge, ja sogar den Teppich auf versteckte Mikrofone, Drähte oder andere Utensilien. Als ich nichts fand, war ich erleichtert, trotzdem blieb mir eine gewisse Skepsis.

Allmählich füllten die Menschen die Garage und nahmen ihre Plätze ein. Nachdem wir alle versammelt waren, setzten sich zwei Medien vor uns hin. Einer der Anwesenden band deren Hände mit einer im Dunkeln leuchtenden Schnur an ihren Stühlen fest, so dass wir die Position der Hände ohne Licht stets verfolgen konnten. Wir eröffneten die Sitzung mit einem Gebet und drückten nacheinander aus, wie froh wir alle waren, diesem Ereignis beiwohnen zu dürfen. Brian hatte im Radio einen Klassiksender eingestellt, damit es uns leichter fiel, die Energie im Raum aufzubauen. Von der Decke hingen Windspiele aus dicken Röhren. Dann ging das Licht aus und wir saßen fünfzehn oder zwanzig Minuten lang in der dunklen Garage. Zunächst war die Luft unbewegt. Schließlich nahm ich eine leichte Bewegung wahr. Die Windspiele an der Decke begannen, im Rhythmus der Radiomusik zu schwingen, obwohl ihr Klang deutlich unterscheidbar blieb. Es schien fast unmöglich. Ich war ziemlich erstaunt. Dann spürten mehrere Menschen einen kühlen Hauch an den Beinen.

»Haben Sie das auch gespürt?«, fragte eine Frau zu meiner Linken. »Es kroch an meinem Bein hoch.«

Meine Augen aber hingen an den beiden Medien, die immer noch vor uns auf ihren Stühlen saßen. Als die Menschen sich ihre Erlebnisse leise zuflüsterten, erklangen plötzlich Klopfgeräusche, erst leise, dann lauter. Sie kamen von der Decke und von allen Seiten des Raumes. Die beiden Medien hatten sich nicht von der Stelle gerührt.

Gleichzeitig teilten die Menschen, die Kontakt hatten, mit, was sie wahrnahmen. »Mein Gott, jemand hat mich an der Schulter berührt!«, rief ein Mann links von mir.

»Sehen Sie doch. Sehen Sie das auch?«, schrie eine Frau. In einer Ecke des Raumes zeigte sich ein Lichtstrahl.

Ich beobachtete immer noch die Medien. Sie saßen weiterhin in derselben Position. Dann, innerhalb weniger Sekunden, war die Luft plötzlich von orangefarbenen, gelben, blauen und violetten Funken erfüllt.

»Wie schön!«, sagte eine Frau. Alle zusammen waren wir von dem Phänomen bezaubert. Die Lichter wurden heller und schwebten im Raum umher. Je entzückter die Menschen waren, desto strahlender wurden die Lichter. Wenn die Anwesenden lachten, wurden sie sogar größer. Bald tanzten sie über unseren Köpfen dahin und sprangen von Teilnehmer zu Teilnehmer. Dann blieb eine strahlend gelbe Kugel direkt vor mir stehen.

»Hey, James. Es mag dich«, hörte ich einen Mann hinter mir sagen. Ich war mir nicht ganz sicher, ob es Brian war. Meine

Augen blieben an dem wunderschönen Licht förmlich kleben.

»Ob das wohl jemand ist, den ich kenne?«, fragte ich.

Da begann das Licht, vor mir auf und ab zu tanzen. Es schien sich in einen lächelnden Mund zu verwandeln. »Ist das nicht toll!«, dachte ich bei mir.

»Das macht es, weil du seine Existenz nicht wahrhaben willst. Es möchte, dass du ihm glaubst«, sagte eines der englischen Medien.

Jeder im Raum lachte. Alle Anwesenden wussten, dass ich ein Medium bin. Ich war ein wenig verlegen, doch meine Zweifel legten sich ziemlich schnell.

Botschaften über Telefon

Doch die Geister können auch mit Telefonen und Anrufbeantwortern umgehen! Manchmal läutet das Telefon und am anderen Ende vernehmen wir eine schwache Stimme, die im Rauschen der Leitung beinahe untergeht. Ich lernte dieses Phänomen besonders deutlich an jenem Tag kennen, an dem Diana, die Prinzessin von Wales, starb. Ich war in New Orleans auf einer Konferenz. Es war Sonntagmorgen und ich hatte den Fernseher in meinem Hotelzimmer eingeschaltet und sah den amerikanischen Nachrichtensender CNN. Wie alle Menschen hing ich quasi am Bildschirm und verfolgte die Einzelheiten der Tragödie. Ich konnte es einfach nicht glauben. Ich sah gerade einen Bericht darüber, wie ihr Wagen in die Unterführung einfuhr, verfolgt von einem Wagen übereifriger Fotografen, als das Schrillen des Telefons mich hochschrecken ließ. Normalerweise erschrecke ich nicht, wenn ein Telefon läutet, doch dieses läutete, wie britische Telefone klingeln – mit zwei aufeinander folgenden Tönen: »Brring-brring ... brrring-brring«. Ich sah zum Telefon hinüber und hob ganz langsam ab.

»Hallo? Hallo? Wer ist da?«, fragte ich.

Keine Antwort. Ich legte den Hörer wieder nieder, doch

Sekunden später läutete es wieder: »Brrring-brrring … brrr-ring-brrring.«

Ich hob wieder ab und rief in den Hörer hinein: »Hallo? Wer ist da, bitte?« Wieder nichts.

Vielleicht wollte mir ja der Empfang Bescheid geben, dass eine Nachricht für mich angekommen war. Ich nahm den Hörer ab, wählte und fragte: »Haben Sie mich gerade angerufen?«

»Nein, Mr. van Praagh. Niemand hat sie heute Morgen angerufen.«

»Läutet Ihr Service vielleicht mit dem britischen Zeichen: ›Brrring-brrring … brrring-brrring …‹?«

»Nein, Mr. van Praagh. Unser Telefon hat das amerikanische Zeichen. Und das schon seit mehr als sechzig Jahren.«

Als ich den Hörer auflegte, war ich – gelinde gesagt – verblüfft. Ich wusste schließlich, was ich gehört hatte: Brrring-brrring … brrring-brrring.

Als es nochmals läutete, sprang ich hoch. Ich nahm den Hörer ab und horchte hinein. Ich hörte, wie jemand atmete. Dann war die Leitung plötzlich tot.

»Was ist das nur?«, dachte ich. In diesem Augenblick wandte ich den Kopf zum Bildschirm und sah ein Bild von Prinzessin Diana und plötzlich fiel es mir wie Schuppen von den Augen. Konnte sie es gewesen sein?

Ich weiß, dass es ein Geist war, der versuchte, mit mir Kontakt aufzunehmen. Da das Telefon auf so ungewöhnliche Weise läutete, war es vermutlich ein britisches Wesen. Ob es aber tatsächlich die Prinzessin war, werde ich wohl nie erfahren.

Botschaften über Fernsehen

Einige Menschen haben mir erzählt, sie hätten mediale Botschaften über das Fernsehen empfangen. Das ist zwar selten, aber nicht unmöglich. Dabei sieht man womöglich das Bild eines geliebten Menschen auf dem Bildschirm, obwohl der

Fernseher gar nicht an ist. Ich kenne auch einen Fall, in dem bei laufendem Gerät ein Foto übermittelt wurde. Persönlich habe ich mit diesem Phänomen keine Erfahrung.

Letzte Woche allerdings, als ich im Schlafzimmer war und für eine Reise packte, hörte ich plötzlich Geräusche aus dem Wohnzimmer. Außer mir war aber niemand im Haus, daher kam mir das Ganze seltsam vor. Ich ging ins Wohnzimmer und musste feststellen, dass das Fernsehgerät sich von selbst eingeschaltet hatte. Ich wusste, dass dies das Werk eines Geistes gewesen sein musste. Im ersten Augenblick dachte ich, dass jemand meine Aufmerksamkeit auf die Sendung lenken wollte, die gerade lief. Doch in diesem Moment wollte ich nichts davon wissen, ich hatte keine Zeit. Außerdem war mir klar, dass ich früher oder später herausfinden würde, worum es ging, wenn es wirklich wichtig war.

Die Antwort kam schon am nächsten Tag. An diesem Tag jährte sich der Tod meiner Mutter und die Sendung, die am Vortag gelaufen war, als sich der Fernseher eingeschaltet hatte, war *Jeopardy* gewesen, ihr Lieblingsquiz.

Erscheinungen

Mit »Erscheinungen« sind Fantomgestalten von Menschen und Tieren gemeint, die wir normalerweise als »Gespenster« bezeichnen. Was ist ein Gespenst oder Geist? Normalerweise handelt es sich dabei um eine erst kürzlich verstorbene Seele, die sich auf das Leben auf der anderen Seite noch nicht eingestellt hat. In einem solchen Fall projiziert der Verstorbene seine Gedanken nach außen und sucht nach seinen Anverwandten, die ihn dann als geisterhafte Erscheinung wahrnehmen. Diese Erscheinungen bewegen sich vermeintlich durch feste Körper, öffnen Türen oder Fenster und werfen Dinge von Regalen. Sie versuchen verzweifelt, sich durch den Schleier der Dimensionen hindurch bemerkbar zu machen. Manchmal erscheinen sie und verschwinden in derselben Sekunde wieder.

Auch Sterbende sehen oft Erscheinungen, so als würden sie von den bereits von uns Gegangenen ins Jenseits gerufen. Doch Geister ohne Körper erscheinen mitunter auch völlig Fremden als nebelhafte Wesen. Auch hier lässt sich nur sagen, dass diese Seelen sehr an ihrer materiellen Existenz hängen, daher können sie sich für unbestimmte Zeit nicht von unserer physischen Welt lösen.

Materialisierung

»Materialisierung« nennt man jenen Prozess, bei dem die Mitglieder eines medialen Arbeitskreises durch die Kraft ihrer Gedanken Feststoffe erscheinen lassen. Die dabei geschaffene Substanz nennt man »Ektoplasma.« Es ist ein farbloses, geruchloses, gazeartiges Material, das aus Ohren, Nase, Mund oder Solarplexus des Mediums kommt und sich zu konkreter Stofflichkeit verdichtet. Es kann sich dabei um einen körperlosen Geist handeln, der ganz oder teilweise in dieser Form erscheint. Der Geist besitzt alle Fähigkeiten und Erscheinungsmerkmale eines physischen Körpers. Manchmal sieht es sogar aus, als sei er aus Fleisch und Blut.

Ektoplasma ist eine extrem flüchtige Materie, die sich fast nie bei normalem Tageslicht zeigt. Daher arbeiten so genannte »physische Medien« fast immer in abgedunkelten Räumen. Es gibt heute auf der Erde nur noch wenige physische Medien. Ich hatte die seltene Möglichkeit, eines von ihnen in Brasilien bei der Arbeit zu beobachten. Meine Erfahrungen zu diesem Thema finden Sie in Kapitel 5 unter der Überschrift »Das Haus auf dem Hügel« ausführlich geschildert.

Geistfotografie

Bei diesem Phänomen erscheinen die Körper von Geistwesen auf Fotos. Bekannt ist diese Erscheinung seit dem Ende des 19. Jahrhunderts, also praktisch seit mehr Interesse an medialen Erlebnissen in den Vereinigten Staaten besteht. Obwohl diese

Erscheinungen viel diskutiert werden, weil sie immer und immer wieder als Betrug entlarvt werden konnten, lässt sich doch zweifelsfrei feststellen, dass es »Fingerabdrücke« von Geistwesen auf Fotografien gibt.

Die Erklärung dafür finden wir im Funktionsprinzip einer Kamera. Ein Film ist weit lichtempfindlicher als das menschliche Auge. Fotografische Platten oder Filmmaterial nehmen Dinge auf, die wir niemals sehen könnten. Daher ist es nur zu verständlich, dass die Kamera die Energie von Körpern registriert, die für uns unsichtbar sind. Wie in diesem Kapitel bereits mehrfach deutlich wurde, kann ein Geist Energie so steuern, dass er seine eigene Existenz mitzuteilen vermag. Auch im Bereich der Fotografie nutzt er dabei die Energie der Lebenden (indem er den Film zum Medium macht) als Kanal, um seine eigene energetische Schwingung sichtbar zu machen. Normalerweise haben Geistfotografien einen dunklen Hintergrund. Beim Entwickeln berührt der Geist dann das Bild und imprägniert es mit seiner Lebenskraft.

Sie müssen kein geschulter Fotograf sein, um dieses Phänomen zu erleben. Wenn sie eine gute Verbindung zur geistigen Welt haben und bei der Verfolgung ihres Zieles offen und geduldig bleiben, können auch Sie solche Aufnahmen machen. Eine meiner Freundinnen, Joerdie Fisher, ist ein ausgezeichnetes Medium. Sie arbeitet viel mit Fotografie. Wenn sie ein Bild aufnimmt, zeigen sich häufig Energiestreifen rund um den fotografierten Menschen. Manchmal sind sogar die Gesichter Verstorbener zu erkennen.

Auch die Aurafotografie hat mittlerweile einige Bekanntheit erlangt. Auf ihr können wir die Schichten elektromagnetischer Energie sehen, die den menschlichen Körper umgeben. Diese Schichten gehen vom Ätherkörper, unserem »geistigen Abbild« aus, und nicht vom materiellen Körper. Wenn das Bild entwickelt wird, sieht man Farbtupfen rund um das Subjekt. Die häufigsten Farben sind Rot, Grün, Blau und Gelb.

Trance-Medien

Trance-Medien können ihre Gehirnwellen so langsam werden lassen, dass sie einen Zustand tiefer Entspannung erreichen. Auch Meditation und Hypnose führen zu dieser Tiefenentspannung. Normalerweise wird man erst nach intensivem Üben zum Trance-Medium. Und letztendlich gibt es auch dabei Unterschiede. Manche Medien arbeiten mit leichten Formen der Trance, andere steigen in sehr tiefe Bewusstseinsschichten hinab. In diesem veränderten Zustand verschmilzt ein Geistführer oder ein anderes Geistwesen mit dem Bewusstsein des Mediums. Meist verändert sich die Stimme des Mediums, wenn dieser Geist Botschaften übermittelt. Dasselbe gilt für die Handschrift, falls das Geistwesen diesen Weg wählt. Auch das Channeln gehört hierher. Dabei wird ein Mensch zum Kanal für die Mitteilungen der Geistwelt.

Transfiguration

Bei der Transfiguration nehmen die Gesichtszüge des Mediums die des Geistwesens an, das sich mit seiner Hilfe ausdrücken will. Dann geschieht es, dass ein junges Mädchen aussieht wie ein alter Mann. Das Medium sieht aus wie der Geist zu seinen Lebzeiten. Die Transfiguration ist nicht auf Menschen beschränkt, auch Tiergeister zeigen sich so.

Apport

»Apport« nennt man das Erscheinen von Objekten aus dem Nichts. Meist geschieht es bei Séancen – die Objekte sind dabei eher klein, zum Beispiel Juwelen, Steine oder Blumen. Man nimmt an, dass sie aus einer vierten Dimension kommen. Wenn man – wie heute viele Physiker – die Existenz einer solchen Dimension annimmt, ist das Phänomen keineswegs unerklärlich. Dann kann ein Objekt aus einer Ecke der Welt verschwinden und an einer völlig anderen wieder auftauchen.

Ob die Signale, welche die Geistwesen uns übermitteln, nun vielschichtig oder eher einfach sind, wir können jedenfalls sicher sein, dass sie selbst stets um uns sind. Wenn Sie sich mit dem Reich des Unsichtbaren beschäftigen, sollten Sie immer im Gedächtnis behalten, dass es eine höhere Intelligenz gibt, die über uns wacht. Sie bekommen nicht alles, was Sie sich wünschen, nur weil Sie es haben wollen. Wir sind hier, um sozusagen »nach bestem Wissen und Gewissen« unser Leben zu gestalten. Innerhalb dieses Rahmens können wir fähig sein, Verbindung zur Geistwelt aufzunehmen oder nicht. Lassen Sie sich also nicht entmutigen. Einiges gelingt Ihnen mit Sicherheit leichter als anderes. Konzentrieren Sie sich also auf die Fähigkeiten, die Ihnen von der Natur mit auf den Weg gegeben wurden.

5
Engel unter uns

Geistführern begegnen und mit ihnen arbeiten

Meine erste Begegnung mit einem Engel hatte ich, als ich acht Jahre alt war. Ich lag im Bett und fühlte, wie eine kühle Brise über mein Gesicht strich. Ich sah nach oben und entdeckte eine große, leuchtende Hand über meinem Kopf. Trotzdem hatte ich keine Angst – irgendwie wusste ich, dass es ein gutes Zeichen war. Die Hand strahlte Frieden und Schutz aus. Ich nannte sie »die Hand Gottes« und betrachtete sie fortan als meinen Schutzengel. Ich wusste, dass die Hand stets bei mir sein würde. Wann immer ich mich einsam oder unglücklich fühlte, kam die Hand Gottes, mein Schutzengel, zu mir und richtete mich auf.

Ich bin katholisch erzogen worden und daher von Kindesbeinen an mit der Vorstellung von einem Schutzengel vertraut. Ich fühlte mich immer getröstet, wenn er an meiner Seite war. Die Idee von Engeln, die als Mittler zwischen Himmel und Erde dienen, gibt es, seit die Geschichte der Menschheit niedergeschrieben wird. Zu gewissen Zeiten galten Berichte über religiöse Erscheinungen wie Geistwesen, Engel oder prophetische Zeichen als völlig natürlich. Heute sind die Buchhandlungen voll mit Büchern über Engel und Engelkontakte. Es werden sogar Filme bzw. Fernsehserien gedreht über die Kommunikation mit der Engelwelt, zum Beispiel *Ein Engel auf Erden* oder *Ein Hauch von Himmel*. Letztere wurde in den Vereinigten Staaten ein großer Erfolg und konnte später in die ganze Welt verkauft werden. Warum ist das so? Nun, ich denke, die Serie spricht einfach die angeborene Güte in jedem von uns an. Daher sehen die Menschen sie gern. Außerdem fühlen Menschen sich zu Engeln hingezogen.

Man hält Engel gern für Geschöpfe aus dem Reich der Fabel, doch in Wirklichkeit sind sie sehr real, auch wenn wir ihre Existenz nicht beweisen können. Wenn Sie an Engel glauben, stehen Sie damit nicht allein. Berühmte Glaubensgenossen sind zum Beispiel Emanuel Swedenborg, Dante, Thomas A. Edison, W. B. Yeats, J. Paul Getty ... und natürlich Jesus. Viele Menschen sind der Überzeugung, dass Engel unter uns auf Erden wandeln, genauso wie die verschiedenen Filme es zeigen. Sie haben vielleicht keine Flügel, dafür aber ein Herz aus Gold.

Das Wort »Engel« kommt aus dem Griechischen, von *angelos*, was wörtlich »Bote« bedeutet. So gelten Engel häufig als Personifikation des göttlichen Willens. Die Flügel weisen auf ihren himmlischen Ursprung hin. Wir kennen sie als »himmlische Heerschar« oder als höchste Wesen, die direkten Zugang zum Thron Gottes haben. Außer unseren Schutzengeln gibt es weitere Engel, die uns beschützen, heilen und für unsere Bedürfnisse sorgen. Die Engel werden in neun Ordnungen oder Hierarchie-Ebenen eingeteilt: Serafim, Cherubim, Throne, Herrschaften, Tugenden, Kräfte, Fürstentümer, Erzengel und Engel. Doch auch Elementargeister wie Devas, Feen, Zwerge und Elfen wirken im Reich der Pflanzen als Engel. Sie wachen über die Natur.

Engel entwickeln sich in den geistigen Reichen Seite an Seite mit den Menschen. Meist sehen wir sie nicht, weil wir so sehr mit unserem materiellen Leben beschäftigt sind. Das Gute ist, dass wir uns ihrer Gegenwart nicht bewusst sein müssen, um ihren segensreichen Einfluss zu erfahren. Die Ordnungen der Engel zeigen uns, wie wir freudvoll, schöpferisch und spontan leben können. Ihre Aufgabe ist es, die Herrlichkeit der Schöpfung zu preisen und all das, was in ihr wohnt. Diese

Wesen können jede beliebige Form annehmen, wenn sie Menschen in Not helfen. Ich glaube, dass Engel recht ähnlich arbeiten wie Geistführer. Manchmal erkenne ich in ihrem Wirken nicht den kleinsten Unterschied. Wir wissen ja letztlich nie genau, wer sich gerade um unsere Belange kümmert und uns inspiriert.

Je stärker wir uns der himmlischen Gegenwart von Engeln, Geistführern, Heiligen, Ahnen und geliebten Verstorbenen bewusst werden, desto leichter können wir auf Erden ihre Hilfe empfangen. Im Kontakt mit engelsgleichen Wesen erkennen wir, dass wir immer mit unserer göttlichen Weisheit verbunden sind.

Ein verkleideter Engel

Ein Teil meiner Arbeit, den ich besonders reizvoll finde, ist die Tatsache, dass ich immer und immer wieder miterlebe, wie Menschen lernen, ihr Leben anzunehmen. Manchmal sind die Informationen, die in den Sitzungen zu Tage treten, zunächst unverständlich. Ihr Sinn enthüllt sich dann meist erst einige Zeit später. Wunder sind möglich, auch wenn wir nicht immer wissen, wer da zu unseren Gunsten die Fäden zieht. Dazu möchte ich Ihnen eine Geschichte erzählen:

Als ich einmal in San Francisco einen Vortrag hielt, fühlte ich mich zu einem bestimmten Menschen in der Menge hingezogen. »Entschuldigen Sie«, sagte ich zu einem dunkelhaarigen Mann mittleren Alters, der in der drittletzten Reihe saß. »Ich möchte gern zu Ihnen kommen.«

Die Menschen drehten die Köpfe, damit sie ihn sehen konnten.

»Zu mir?« Der Mann stand auf und deutete mit dem Finger auf seine Brust.

»Ja, ich sehe ein großes Feuerwehrauto mit blinkenden

Lichtsignalen hinter Ihnen. Können Sie damit etwas anfangen?«

Er nickte. »Ja. Ich bin Feuerwehrmann.«

Die Menge lachte.

»Oh, dann hat das ja richtig Sinn«, feixte ich. »Vor dem Feuerwehrauto steht ein Mann, der jetzt an Ihre Seite kommt. Er trägt eine Uniform.«

»Ja, auch diese Information sagt mir etwas. Sprechen Sie weiter.«

»Wer ist Carl? Kennen Sie jemanden mit diesem Namen?«

»Das ist mein Name«, antwortete der Feuerwehrmann.

»Der Geist in der Uniform nennt sich selbst Ed oder Eddie.«

Carl schüttelte den Kopf und bedeckte mit der Hand die Augen. Ich hörte nicht, was er sagte.

»Können Sie damit etwas anfangen?«, fragte ich.

»Ja. Ed war ein Kollege. Wir arbeiteten zusammen in derselben Feuerwache. Ich kann es einfach nicht glauben. Eddie, Junge, es tut mir so Leid. Könnten Sie Ed bitte sagen, dass es mir Leid tut?«

»Sie können das selbst tun. Er versteht Ihre Gedanken.«

Ich fuhr fort, dem Mann mitzuteilen, was Ed mich wissen ließ. »Er sagt mir, Sie sollen aufhören, sich Vorwürfe zu machen. Es war nicht Ihr Fehler. Es ist einfach passiert.«

Carl schien zu wissen, wovon ich sprach. Er fing an zu weinen.

In diesem Augenblick kam eine wunderschöne Geistdame mit goldenem Haar herein. Graziös wie eine Tänzerin schwebte sie auf mich zu und flüsterte in mein linkes Ohr.

»Sagt Ihnen die ›Chestnut Street‹ etwas?«

Carl sah mich erstaunt an. Ich sah an seinem Gesichtsausdruck, dass er damit nicht gerechnet hatte. Einen Augenblick später sagte er: »Dort lebte meine Familie, als ich ein kleiner Junge war.«

»Hier steht eine blonde Dame, die mir mitteilt, dass sie Ihre Bekanntschaft gemacht hat, als Sie noch ganz klein waren. Sie spricht von dem Raum mit den Dominosteinen.«

Carls Gesicht wurde weiß wie die Wand. »Ja ... ja ... ich weiß, was sie meint. Als ich noch klein war, spielte ich in meinem Zimmer immer mit Dominosteinen. Ich legte mir Muster und ...« Seine Stimme erstarb.

»Ja? Gibt es noch etwas, was Sie uns erzählen möchten?«

»Aber das weiß keiner. Wie können Sie das wissen?« Er war skeptisch und wollte eine Bestätigung.

»Die Dame hier war dabei. Sie sagt mir, dass Sie sie gesehen haben«, antwortete ich.

In diesem Moment fiel Carl in seinen Sitz zurück. Er war ganz offensichtlich geschockt, aber ich ließ mich davon nicht stören. Ich konzentrierte mich auf die Botschaft, die der Geist mir durchgab. »Sie berichtet von einer Schlange. Erinnern Sie sich?«

Verstört saß Carl in seinem Sessel und versuchte, sich zu erinnern. Schließlich seufzte er tief: »Oh, mein Gott. Wer ist sie? Bitte sagen Sie mir, wer sie ist.«

»Sie sagt, sie hieße Loretta. Können Sie damit etwas anfangen?«

»Ja. Loretta ist der Name meiner Mutter. Aber meine Mutter lebt noch.«

»Nun, diese blonde Dame steht in Verbindung mit Ihrer Mutter. Ich weiß aber nicht, in welcher. Sie zeigt mir ein P wie bei Patricia oder Patty. Bitte fragen Sie Ihre Mutter, wer sie sein könnte.«

Das Reading ging noch eine Weile weiter. Am Ende erzählte der blonde Geist von einem Supermarkt.

»Sie spricht von einem Lebensmittelmarkt. Verstehen Sie, worauf sie anspielt?«

»Oh, mein Gott. Dort starb Eddie«, meinte Carl. Er berichtete, dass Eddie und er zu einem Feuer in der Stadtmitte gerufen worden waren. Im dortigen Lebensmittelmarkt spritzten sie vorsorglich den Boden nass, als dieser plötzlich einbrach. Eddie stürzte und klammerte sich an Carl, der ihn festhielt. Es ging um Leben und Tod.

»Ich versuchte ja, ihn zu halten, aber er zog mich immer weiter nach unten. Dann gab der Fußboden unter ihm auf einmal ganz nach und Eddie fiel in die Tiefe. Ich dachte, ich wäre als Nächster dran. Dann spürte ich auf einmal einen unglaublichen Frieden in mir. Eine blonde Dame gab mir ihre Hand. Sie hatte ein Gesicht wie ein Engel. Sie kam mir bekannt vor. Dann verlor ich das Bewusstsein.«

Als Carl wieder zu sich kam, war er im Krankenhaus. Die anderen Feuerwehrmänner erzählten ihm, dass er auf der anderen Seite des Raumes gefunden wurde, weit weg von dem Loch im Boden. Er hatte nie jemandem von dieser Vision erzählt, nicht einmal seiner Frau.

»Ich hielt diese Dame immer für meinen Schutzengel«, sagte Carl. Dann meinte er: »Dabei kannte ich sie schon als Kind. Sie war meine imaginäre Spielgefährtin. Manchmal verließ ich den Raum und fand die Dominosteine komplett aneinander gereiht, wenn ich zurückkam.« Er hatte nie jemandem von der blonden Frau erzählt und schien erleichtert, darüber mit Menschen sprechen zu können, die ihn möglicherweise verstehen würden.

Einige Monate später rief Carl in meinem Büro an und bestand darauf, mit mir persönlich zu sprechen. »Sagen Sie ihm, ich sei der Feuerwehrmann mit dem blonden Engel«, bat er meine Assistentin.

Ich nahm den Hörer ab, war aber überhaupt nicht auf das vorbereitet, was er mir berichten wollte.

»James, erinnern Sie sich noch an die blonde Dame, die mir geholfen hat?«

»Ja, natürlich. Haben Sie Ihre Mutter gefragt, wer sie sein könnte?«

115

»Ja, deshalb rufe ich Sie ja an. Ich möchte Ihnen danken.«

»Bitte sehr«, gab ich zurück.

»Sie haben mir mein Leben zurückgegeben. Wirklich. Ich habe meine Mutter gefragt, ob sie eine blonde Frau gekannt habe, deren Name mit P beginnt und möglicherweise Pat oder Patricia ist. Zunächst war ihr das gar nicht recht. Sie wollte wissen, weshalb ich denn so etwas frage. Nach einigem Hin und Her erzählte sie mir dann die ganze Geschichte. Die blonde Frau war meine wirkliche Mutter. Ihr Name war Pat. Sie starb während ihrer zweiten Schwangerschaft an inneren Blutungen. Kurz danach lernte mein Vater Loretta kennen und so beschlossen die beiden, mir nichts über meine wahre Herkunft zu sagen.«

»Unglaublich!«, rief ich aus.

»Es war meine Mutter, James, die mein Leben rettete. Sie ist mein Schutzengel gewesen.«

»Und sie ist es noch und wird es immer sein«, antwortete ich.

»Es ist so gut, sie an meiner Seite zu wissen«, gab Carl zurück.

Dieser Mann war wirklich glücklich darüber, dass er seinen Engel entdeckt hatte.

Die Geistführer

Wie Engel sind unsere Geistführer spirituell hoch entwickelte Wesen, die uns mit ihrer Energie und ihrer Weisheit zur Seite stehen. Dabei lernen auch die Geistführer dazu. Die Arbeit mit uns gehört zu ihrem »interdimensionalen Training«. Auch sie machen mit uns bestimmte Erfahrungen, damit sie in ihrer Ausbildung als Geistführer Fortschritte machen. Das ist sozusagen eine »Schulung auf Gegenseitigkeit«. Geistführer helfen uns zu lernen und zu wachsen. Wir hingegen geben ihnen die

Gelegenheit, ihre Fähigkeiten als Ratgeber zu vervollständigen.

Während unserer Lebenszeit haben wir es mit verschiedenen Geistführern zu tun. Einige von ihnen waren während ihrer irdischen Lebenszeit hohe spirituelle Lehrer oder Heilige. Andere haben nie auf der Erde gelebt. Jesus, Buddha, der heilige Franz von Assisi und andere Heilige oder Erscheinungsformen Gottes auf Erden sind nur ein paar der erleuchteten Wesen, die auf unserer Erde gelebt haben. Sie sind die Meister, die vielen Seelen Wachstum und spirituelle Entwicklung ermöglicht haben. Obwohl sie nicht mehr länger als persönliche Geistführer tätig sind, bleibt von ihrem Wirken auf der Erde doch ein bestimmtes Bewusstsein zurück. Einige nennen das zum Beispiel »Christusbewusstsein« oder »Kosmischer Christus«. Irgendjemand ist immer auf der Erde, der dieses Bewusstsein bewahrt und weitergibt.

Die wichtigste Funktion eines Geistführers ist, uns in unserer spirituellen Entwicklung zu unterstützen, zu schützen und zu inspirieren. Meist fragt man mich, ob denn alle Menschen einen Geistführer hätten. Die Antwort ist Ja. Wir haben sogar mehr als einen.

Geistführer kommen in vielen Formen zu uns. Sie können Freunde oder Familienmitglieder sein, die in die andere Welt gegangen sind und von dort aus über uns wachen. Normalerweise zeigen sich die Geistführer so, dass wir sie leicht erkennen können. Sie tragen vielleicht entweder die Roben eines Mönchs oder sind gekleidet wie ein nordamerikanischer Indianer, je nachdem, woran wir selbst glauben. Diese Fähigkeit, die verschiedensten Ausdrucksformen anzunehmen, haben die Geistführer, damit es ihnen leichter fällt, unser Vertrauen zu gewinnen. Am wichtigsten für uns ist aber, dass Geistführer immer unsere Bedürfnisse kennen – manchmal besser als wir selbst. Wie ein Lehrer zeigt uns der Geistführer den Weg und erleuchtet uns bei unseren Entscheidungen. Ob wir seinem

Rat dann folgen, ist allein unsere Sache. Im Folgenden möchte ich Ihnen ein paar der wichtigsten Führer vorstellen, die wir in unserem Leben kennen lernen.

Der Meisterführer

Dieses besondere Wesen, das für unser tägliches geistiges Wachstum zuständig ist, begleitet uns schon über viele Inkarnationen hinweg. Es lehrt uns alles, was für unsere spirituelle Entwicklung vonnöten ist. Dieser Führer gehört zu Ihrer Seelenfamilie – Sie und Ihr Meisterführer sind bereits vor dieser Inkarnation überein gekommen, zusammenzuarbeiten. Häufig lernen Sie ihn als eine Figur kennen, die immer wieder in Ihr Bewusstsein tritt, zum Beispiel in Träumen. Sie fühlen sich dieser Gestalt sehr nahe, so als wären Sie ein Teil von ihr.

Die Aufgabe des Meisterführers ist es, uns zu inspirieren, zu führen und zu lehren, damit wir unser Schicksal auf Erden erfüllen können. Er bleibt auch in den Zeiten bei uns, in denen wir uns nicht inkarniert haben.

Der Torwächter oder Schützer

Seine Rolle ist es, Ihren Raum vor negativen Energien oder fremden Wesenheiten zu bewahren, die in diesen eindringen wollen. Dieser Führer ist vor allem für medial veranlagte Menschen wichtig, weil deren elektromagnetisches Feld von einer Unzahl geistiger Einflüsse bombardiert wird. Er beschützt Sie auch, wenn Sie aus dem Körper austreten oder in Trance gehen. Wenn Sie mehr Kraft oder Mut als üblich benötigen, ist es der Torwächter, der sie Ihnen schenkt.

Der Inspirationsführer

Diese Führer geben unserer Seele Lektionen auf. Dazu gehört zum Beispiel die Erfahrung von Mitgefühl, Reinheit, Geduld, Verständnis, bedingungsloser Liebe, Vergebung, Spiritualität und Schöpfertum. Manchmal begleiten sie uns nur eine kurze Weile, bis wir die von ihnen repräsentierte Qualität in unser Leben integriert haben.

Eine solche Erfahrung machte ich mit einem Geistwesen namens André. Ich nahm an einer Séance mit dem weltberühmten Medium Lesley Flint teil, deren Ergebnis mich ins Staunen geraten ließ. Während der Séance berichtete André der Gruppe, dass er früher als Künstler in Frankreich gelebt habe. Er sagte, er würde bei mir bleiben und mir helfen, meine Empfindsamkeit als Medium zu steigern. Dann meinte er:»In wenigen Jahren wird dieser Mann durch seine Arbeit berühmt werden und einer großen Menge Menschen helfen können. Er wird ein Buch schreiben, das den Geist vieler öffnet. Auf diesem Weg, mein Freund, werden wir dir helfen. Du bist nicht allein.«

Dann erinnerte er die Gruppe:»Die Geistwelt ist immer bei euch. Sie unterstützt euch bei allen Entscheidungen eures Erdenlebens. Solange ihr an eure Arbeit mit klugem Unterscheidungsvermögen und gesundem Menschenverstand herangeht, kann nichts aus der Geistwelt euch verletzen. Wenn ein Geist versucht, Kontrolle über euch zu gewinnen, müsst ihr erkennen, wie er es tut, und dann den Geist aus eurem Leben entfernen.«

Die Helfer
Diese Wesen treten auf Grund des Ähnlichkeitsprinzips in unser Leben: Gleiches zieht Gleiches an. Wir ziehen an, was wir brauchen oder lernen wollen. Wenn Sie also eine Statue erschaffen wollen, werden Sie einen Helfer anziehen, der Erfahrung mit künstlerischer Arbeit hat. Das Gleiche gilt für andere Neigungen. Schriftsteller ziehen Geistwesen mit entsprechenden Fähigkeiten in ihr Leben, die ihnen Inspiration schenken. Wissenschaftler hingegen nehmen Kontakt zu solchen Wesen auf, die in ihrem Forschungsgebiet Erfahrung haben.

Die Beziehungsführer

Zu diesen gehören auch Freunde oder Familienmitglieder, denen Ihre spirituelle Entwicklung am Herzen liegt. Das Liebesband, das auf Erden geschaffen wurde, hat auch im Himmel Bestand. Solche Führer helfen Ihnen, die Entscheidungen zu treffen, die Ihr höchstes Entwicklungsziel fördern. Ich glaube, dass diese Führergestalten uns vor allem dadurch unterstützten, dass sie Beziehungssituationen schaffen, aus denen wir lernen können. Zuerst kommt unsere spirituelle Entwicklung, sie nimmt in den Augen unserer Führer den höchsten Rang ein. Wer immer uns hilft, ein ganzheitlicheres Bild vom Leben zu entwickeln, wird unseren Weg kreuzen. Niemand kommt durch Zufall oder Irrtum in unser Leben.

Der geistige Arzt

Der Heiler unter den Führergestalten ist für unsere körperliche Gesundheit verantwortlich. Hin und wieder wird er Sie dazu anhalten, sich besser um Ihren Körper und dessen Gesundheit zu kümmern. Er arbeitet mit den universellen Kräften zusammen, um Ihr Energiefeld optimal auszurichten. Immer wenn Sie krank sind oder körperliche Probleme haben, leitet der geistige Arzt heilende Energie in Ihr Kraftfeld. Diese Heiler waren in ihren früheren Leben meist wirklich Ärzte. Ich habe erst vor kurzem Bekanntschaft mit dieser Art Geistwesen gemacht, wie Ihnen die folgende Geschichte zeigen wird.

Das Haus auf dem Hügel

Auf einer Reise nach Brasilien hatte ich die unschätzbare Gelegenheit, mit anderen Medien zusammenzuarbeiten. Man lud mich in ein Heilzentrum in der Nähe von Rio de Janeiro ein. Dieses war vor mehr als dreißig Jahren von einem deutschen Mönch namens Pater Luiz als Waisenhaus gegründet worden.

Mit der Zeit entwickelte es sich zu einer medizinischen Versorgungsstelle für arme Kinder. Jetzt halten sich hier etwa zweihundert medial begabte Menschen auf, die eine Ausbildung als Arzt oder Heilpraktiker haben. Sie arbeiten ausschließlich für die hoffnungslosesten Fälle unter den Kindern.

In einer unserer Diskussionen ging es damals um die Figur des Geistführers. Einige der Medien berichteten mir, dass ihr Führer selbst Arzt sei. Diese Wesen, so sagte man mir, hätten sich entschieden, zur Welt zurückzukehren, um den Menschen zu helfen. Einige der Geister seien so unglücklich über falsche Entscheidungen, die sie getroffen hatten, dass sie versuchten, diese wieder gutzumachen und sich so von ihren karmischen Verpflichtungen zu befreien. Viele dieser Geist-Ärzte kehrten dorthin zurück, wo Ärzte gebraucht werden, und unterstützten die Menschen dort.

Am letzten Samstag des Monats bringt man die am stärksten erkrankten Kinder an einen Ort, den man »das Haus auf dem Hügel« nennt. Es ist ein kleines Haus, das einzig und allein den physischen Manifestationen der Medien dient. Seine Energie ist ganz darauf ausgerichtet, den Geist in materieller Form zu empfangen. Physische Medien sind äußerst selten, daher war ich sehr neugierig auf das, was ich zu sehen bekommen sollte. Und die wunderbaren Menschen dieses Zentrums freuten sich, mich an diesem Phänomen teilhaben zu lassen. Ich musste nur meine Zustimmung geben, dass ich die Regeln einhalten würde. Dazu gehörte beispielsweise: kein rotes Fleisch essen, kein Alkohol, keine Drogen, keine sexuellen Beziehungen bis zu 48 Stunden vor der Sitzung. Diese Form der Abstinenz dient dazu, die physische Energie der Menschen zu stärken, die bei der Sitzung anwesend sein werden, damit genug Kraft für die Manifestation vorhanden ist.

Um fünf Uhr abends führte man mich auf den Hügel. Man zeigte mir ein Schließfach und bedeutete mir, mich umzuziehen. Ich kleidete mich in einen Anzug aus reiner Baumwolle, der denen der Chirurgen im Operationssaal ähnelte. Dann führte man mich in einen Empfangsraum und bat mich, hier zu warten und zu beten. Als ich meine Augen zur Meditation schloss, hörte ich liebliche Engelsmusik, die durch Lautsprecher in den Raum drang. Die Melodien taten mir gut und halfen mir, mich auf das Kommende einzustellen. Nach zwei Stunden wurden ich und ein paar andere mit Hilfe von Taschenlampen in einen anderen Raum geführt, in dem es völlig dunkel war. Nachdem meine Augen sich daran gewöhnt hatten, sah ich, dass der Raum einem kleinen Theater mit etwa zweihundert Sitzen glich. Alle Sessel waren belegt. Auf der Bühne vorn waren fünf Betten in ein schwaches blaues Licht getaucht wie in einem Krankenzimmer.

Eines der Mitglieder der Vereinigung kam auf die Bühne und bat die Anwesenden auf Portugiesisch, mit ihm zu beten. Das Medium saß für sich in einem abgetrennten Teil der Bühne. Im Raum wurde es still. Nacheinander kamen fünf Kinder herein und wurden in die Betten gelegt. Mittlerweile hatten meine Augen sich an das Halbdunkel gewöhnt. Ich konnte genau sehen, was vorn geschah – da es eine einzigartige Gelegenheit war, wollte ich davon nichts verpassen.

Ich beobachtete die Szene ganz genau. Anfangs sah ich, wie sich ein Rauchfähnchen über der Bühnenmitte verdichtete, das sich langsam ausdehnte. Es schien Stunden zu dauern, während die Energie sich langsam immer mehr verdichtete und die Form eines Mannes annahm. Dieser Geist trug Operationskleidung. Alles stimmte, sogar die Chirurgenmaske und die Latexhandschuhe. Er hielt eine Art Dirigentenstab in der Hand und ging damit von Bett zu Bett. Der Stab strahlte farbiges Licht aus und der Mann richtete ihn auf den Körper der Kinder. Das ging sehr schnell: Es dauerte etwa fünf Minuten, dann war er fertig. Man brachte die Kinder weg, fünf andere kleine Patienten nahmen ihren Platz ein. So ging es etwa eine halbe Stunde weiter. Ein Gefühl von Staunen und Dankbarkeit durchflutete mich.

Dann geschah etwas, das ich niemals vergessen werde, solange ich lebe: Zwei Helfer gingen den Seitengang hoch und richteten gleichzeitig den Strahl ihrer Taschenlampe auf mich. Ich wusste, dass ich auf die Bühne kommen sollte. Als ich ihnen folgte, spürte ich, wie der Geist von meinem Körper Besitz ergriff. Ich legte mich auf eines der Betten, ohne zu wissen, was auf mich zukam oder was ich davon halten sollte, und hielt einfach still. Nach einigen Augenblicken kam der maskierte Geist, dessen Name, wie ich später erfuhr, Dr. Fritz war, zu mir. Ich sah ihn an und bemerkte seine tief liegenden, grünen und friedvollen Augen. Zuerst richtete er den Stab auf meinen Oberbauch. Ich lag also da und wusste, dass ich einen Geist vor mir hatte. Ich hätte mir nie vergeben, wenn ich nicht wenigstens versucht hätte, ihn zu berühren. Also machte ich eine winzige Bewegung mit dem Arm, so dass er am Schenkel von Dr. Fritz zu liegen kam. Überrascht registrierte ich einen festen Körper.

Am nächsten Nachmittag ging ich mit einer der Leiterinnen des Heilzentrums zum Mittagessen. Sie erzählte mir, sie habe mit den älteren Mitgliedern der Vereinigung über die gestrige Erfahrung gesprochen. »Sie möchten Ihnen danken, dass Sie gekommen sind. Die hohe Frequenz Ihrer Energie machte es möglich, doppelt so viele Kinder zu behandeln wie üblich. Wir stehen in Ihrer Schuld und werden immer für Sie beten.«

Sie erzählte mir auch, dass der Geist von Dr. Fritz es war, der mich auf der Bühne haben wollte. Niemand im Zentrum wusste damals, dass ich ein Magengeschwür hatte, das seitdem verschwunden ist.

Die Erfahrung in Brasilien war so erhebend und magisch für mich, dass ich immer daran denken muss, wenn ich eine Vorführung mache. Ich bin dankbar, dass der Geistarzt mich auf so vielen Ebenen geheilt hat. Ich glaube, die Geisterwelt hat mir damit einen tiefen Einblick in die Macht des spirituellen Wirkens auf Erden gewährt.

Lebende Führer

Doch nicht nur die Toten dienen uns als Führer oder Lehrer, denn in unserem Leben treffen wir häufig auf Menschen, die uns auf irgendeine Weise inspirieren. Ich habe viele solcher Führer, doch der Wichtigste ist wohl die Dame, die ich bereits in meinem Buch *Jenseitsbotschaften* erwähnte. Ihr Name ist Connie Leif. Als ich noch sehr jung war, erteilte Connie mir eine unschätzbar wertvolle Lektion. Sie lehrte mich, an mich selbst zu glauben. Sie päppelte mein Selbstbewusstsein auf und versicherte mir, dass ich meinen Weg in der Welt schon machen würde. Ich bin nicht sicher, ob ich ohne das Vertrauen, das sie mir einflößte, die Kraft aufgebracht hätte, den Weg zu gehen, den ich schließlich einschlug.

Ich glaube auch, dass bestimmte Freunde und Bekanntschaften uns als Lehrer dienen. Sie helfen uns, indem sie uns neue Perspektiven lehren, die wir selbst vermutlich nicht gefunden hätten. Freunde werden immer das Beste in uns sehen, sie gehen mit uns durch gute und schlechte Phasen. Es gibt Freunde, die nur für eine kurze Zeit in unser Leben treten, es entscheidend beeinflussen und dann wieder gehen; auch sie sind Lehrer für uns. Wir müssen uns nur die Zeit nehmen, sie zu erkennen.

Riley

Viele Menschen fragen mich, ob auch Tiere uns als Führer und Schützer dienen können. In diesem Fall antworte ich immer mit einem klaren Ja. Wie ich bereits gesagt habe, sind Tiere die besten Lehrer, wenn es um bedingungslose Liebe geht. Ein wundervolles Beispiel für solch einen tierischen Engel begegnete mir bei einem Reading vor einigen Jahren.

Erica Burlingame war Mitte dreißig. Sie wollte mit ihrem Vater Kontakt aufnehmen, der vor einigen Jahren in die andere Welt gegangen war. Unmittelbar nach Beginn der Sitzung erschien er denn auch.

»Ihr Vater erzählt mir etwas vom Winter«, sagte ich. »Er zeigt mir einen Teich. Ich verstehe nicht ganz, was er damit sagen will, aber das ist jedenfalls das Bild, das er mir übermittelt.«

Erica dachte ein paar Minuten nach, dann sagte sie: »Ja, ich verstehe. Machen Sie weiter.«

»Er spricht über die Zeit, als sie acht Jahre alt waren. Ich weiß nicht, warum er das erwähnt.«

Plötzlich kam ein anderer Geist durch und die Stimmung unserer Sitzung änderte sich schlagartig. »Ihr Vater spricht über Riley. Er hat Riley bei sich. Riley möchte, dass Sie ihn kennen lernen.«

Erica begann zu weinen. Als ihr die Tränen aus den Augenwinkeln kullerten, sah ich, wie ein großer Irish Setter auf ihren Schoß sprang und ihr übers Gesicht leckte. »Da ist ein Hund, der Sie ableckt«, sagte ich ein wenig verwundert.

Erica nickte und nahm ein Taschentuch aus ihrer Handtasche. Offenkundig war sie tief erschüttert. Sie versuchte mir etwas zu sagen, brachte aber nicht viel heraus: »Er ... er ... rettete ...«, murmelte sie vor sich hin.

Wir warteten ein paar Minuten, damit sie sich fassen konnte. Sobald sie wieder etwas ruhiger war, fing sie an zu sprechen: »Riley war der Hund meines Vaters. Als ich noch klein war, folgte er mir stets und ließ mich nirgendwo allein hingehen. Es war wirklich seltsam. Meine Familie ging immer in den nahen Park zum Eislaufen. Eines Tages fuhr ich auf meinen Schlittschuhen allen davon und brach ein, weil an einer Stelle das Eis sehr dünn war. Das Letzte, woran ich mich erinnere, war die

Stimme meines Vaters, die meinen Namen rief. Und dann wachte ich in einem Krankenhausbett auf und blickte zu meinen Eltern hoch. Sie sagten mir, dass Riley mich fallen sah und nach meinem Mantelkragen schnappte. Er hielt mich am Mantel, bis mein Vater kam und mich herauszog. Riley hat mir das Leben gerettet. Von diesem Moment an war er mein bester Freund.«

In Gegenwart dieses wundervollen Hunde-Engels fühlte ich mich regelrecht gesegnet. Wir fuhren noch eine Weile mit dem Reading fort. Am Ende meinte Erica:»Danke, James. Sie haben mir zwei meiner Schutzengel zurückgebracht. Ich hätte mir nichts Kostbareres wünschen können.«

Wie Sie mit Ihren Geistführern Kontakt aufnehmen

Wenn Sie eine Verbindung zu Ihrem Geistführer herstellen wollen, müssen Sie zuerst für sie oder ihn empfänglich werden. Sie wollen Ihren Führer ja schließlich hören und sehen. Dazu sollten Sie in Ihrer Wohnung zunächst ein Plätzchen allein für Ihre tägliche spirituelle Arbeit reservieren; es sollte nicht der Ort sein, an dem der mediale Arbeitskreis stattfindet. Dort bauen Sie die Energie gemeinsam mit der Gruppe auf. Wenn Sie allein arbeiten, geht es mehr um die persönliche Entwicklung. Stellen Sie sicher, dass Sie sich an diesem Ort gut entspannen können, so dass Sie einen Zustand innerer Harmonie erlangen. Ablenkungen jeder Art sollten völlig ausgeschlossen sein; diese Zeit gehört nur Ihnen und Ihren Geistern.

Der nächste Schritt ist die Entspannung selbst. Schließen Sie Ihre Augen und nehmen Sie ein paar tiefe Atemzüge. Wenn Sie ruhiger geworden sind und das Geschnatter in Ihrem Kopf nachlässt, machen Sie bitte die »Grundübung zum Zentrieren«, die ich in Kapitel 9 beschreibe. Sobald Sie sich auf die Energiewellen eingestellt haben, die Ihr Rückgrat hinauf- und hinunterströmen, fühlen Sie Ihre energetische Schale, Ihre Aura, um sich herum. Es ist wichtig, dass Sie mit Ihrem Energiefeld vertraut werden.

Nun kommt der wichtigste Teil der Meditation: Ihr Atemrhythmus bleibt konstant, die Leinen, die Sie mit der Erde verbinden, sind gut verankert. Stellen Sie sich jetzt einen schönen Ort vor, an dem Sie mit Ihrem Geistführer zusammentreffen möchten. Das kann ein Wasserfall sein, eine Blumenwiese oder eine Bergspitze. Lassen Sie Ihre Fantasie spielen. Das ist der Ort, an dem Sie beide sich künftig sehen werden, dort werden Sie mit all Ihren Lehrern und Führern arbeiten.

Sobald Sie also an diesem Ort der Stille und Gelassenheit angekommen sind, bitten Sie Ihren Meisterführer in Gedanken, vor Ihnen zu erscheinen, damit Sie ihn oder sie sehen können. Wenn Sie Ihren Führer deutlich erkennen, stellen Sie Fragen: »Wer bist du? Wie willst du mit mir arbeiten? Was willst du mir beibringen? Hast du eine bestimmte Botschaft für mich? Wie willst du mit mir Kontakt aufnehmen? Welche Aufgabe hast du für mich?«

Beobachten Sie nun, wie genau Ihr Meisterführer Ihnen erscheint: Welche Züge hat er? Welche Augen- bzw. Haarfarbe? Was trägt sie oder er? Gibt es sonst etwas Bemerkenswertes? Ihr Führer kann Züge aufweisen, die Ihnen fremd sind. Akzeptieren Sie, was immer auf Sie zukommt, ohne Kritik oder Urteile. Konzentrieren Sie sich auf die Liebe, die von Ihrem Führer ausgeht. Wenn der richtige Zeitpunkt gekommen ist, bitten Sie ihn, zu antworten. Jetzt sollten Sie ganz durchlässig für Signale werden. Achten Sie auf all Ihre Sinnesorgane. Ihr Führer kann Ihnen visuell antworten oder Klänge senden. Die Antwort kann nur ein Flüstern sein, ein Lichtfunken oder aber ein ganzer Roman. Vielleicht nehmen Sie einen Duft wahr, der auf Ihre Fragen antwortet. Achten Sie auf die Veränderung in Ihrer Aura, wenn Sie sich auf Ihre Führergestalt einstimmen. Wie schwingt sich Ihr Führer auf Sie und Ihre Aura ein? Wenn Sie mehrere Führer in Ihrem Energiefeld spüren können, bitten Sie diese, sich zu erkennen zu geben. Sie werden Ihnen ihre Namen nennen oder ein Symbol zeigen. Fragen Sie diese Führer nach Ihren Zielen, den Aufgaben und Lektionen, die sie für Sie bereithalten.

Mit der Zeit werden Sie Vertrauen in Ihre Gedanken und Meditationen erlangen, dann werden Sie Ihre Führer näher zu sich heranziehen können. Haben Sie diese Übung erst mehrere Male gemacht, so werden Sie sich auch des Einflusses Ihrer Führer stärker bewusst. Je mehr Sie sich auf deren Weisheit verlassen, je häufiger Sie in deren lichterfüllte Energie eintauchen, desto leichter werden sich Ihre Antennen für die Geistwelt öffnen.

Testen Sie Ihre Führer

Sobald Sie eine gute Beziehung zu Ihren Führern hergestellt haben, ist es an der Zeit, deren Botschaften zu überprüfen. Denken Sie daran, dass manche Führer nicht so hoch entwickelt sein mögen, wie Sie es erwarten. Und für Sie ist es von entscheidender Bedeutung, ob Sie nun mit Ihrem Geistführer in Kontakt stehen, mit einer anderen Wesenheit oder mit Ihrer eigenen Vorstellungskraft. Daher müssen Sie die Botschaften überprüfen: Die Schwingung, die Sie wahrnehmen, wird Ihnen sagen, ob der Führer gut für Sie ist und zu Ihnen passt. Am besten fragen Sie nach detaillierten Informationen über sich selbst oder eine bestimmte Situation, in der Sie sich befinden. Während der nächsten Tage oder Wochen werden Sie in der Lage sein, die Information auf die eine oder andere Weise zu überprüfen. Wenn die Botschaft ungenau ist, sollten Sie es noch einmal versuchen, auch mehrmals, falls es nötig sein sollte. (Vielleicht haben Sie die Nachricht falsch verstanden oder falsch gedeutet.)

Bitten Sie zum Beispiel um ein Zeichen, dass Ihr Führer bei

Ihnen ist. Es sollte einfach zu erkennen sein, eine purpurfarbene Blüte zum Beispiel. Wenn Sie in den nächsten Wochen eine entsprechende Blume von jemandem erhalten, haben Sie Ihre Bestätigung. Erfolgt diese Bestätigung nicht, gehen Sie erneut in sich und stellen die Verbindung wieder her. Eine andere Art, Ihren Führer zu testen, ist, um Botschaften für Familienmitglieder oder Freunde zu bitten, die überprüft werden können. Tun Sie das immer mit der größtmöglichen Achtung vor allen Parteien. Diese Information dient dazu, Ihr Vertrauen in die Arbeit mit Ihrem Führer aufzubauen. Klatsch ist da fehl am Platze.

Ich möchte Sie an dieser Stelle darauf aufmerksam machen, dass Sie nicht immer nur angenehme Dinge erfahren werden. Manchmal erhalten Sie auch Informationen, die schwer zu ertragen sind. Wenn Sie also um eine solche Information bitten, sollten Sie sicher sein, dass Sie die Antwort ertragen können. Denken Sie außerdem daran, dass Sie eine Botschaft falsch interpretieren können. Das geschieht sogar sehr häufig. Achten Sie einfach nur darauf, dass Sie sich selbst und Ihren Absichten treu bleiben.

Wenn Sie im Laufe Ihrer Sitzung Zweifel daran verspüren, ob Ihr Führer wirklich aus dem Reich des Mitgefühls kommt, zentrieren Sie sich mit der »Grundübung zum Zentrieren«, die Sie in Kapitel 9 finden, neu. Dann lassen Sie dieses Wesen los und schicken es an den Ort zurück, von dem es gekommen ist. Da Sie noch am Anfang der Entwicklung Ihrer medialen Fähigkeiten stehen, rate ich Ihnen, zunächst einmal den Kontakt mit der übersinnlichen Welt sein zu lassen. Sie möchten ja nicht, dass eine negative Wesenheit Kontrolle über Ihr Bewusstsein erlangt? Im nächsten Kapitel hören Sie dazu mehr.

Der »ätherische Rat«

Bevor wir uns auf der Erde inkarnieren, besprechen wir das Wachstum unserer Seele mit einer Gruppe hoch entwickelter

Wesen, die wir den »ätherischen Rat« nennen. An diesem Punkt entscheiden wir darüber, was wir lernen wollen, welchen Lebenszweck wir wählen und welche karmischen Schulden wir abtragen. Wenn wir dann auf der Erde sind, sorgt unser Meisterführer dafür, dass wir dem auch Folge leisten.

Während des zweiten Jahres meiner »medialen Lehrzeit« lernte ich gleich mehrere Führer auf einmal kennen. Das geschah meist in den frühen Morgenstunden, wenn ich zwischen Wachen und Schlafen war. Ich weiß noch, wie mir durch den Kopf ging, was ich im Schlaf erlebt hatte. Ich war mir sicher, meinen Körper verlassen zu haben. Ich dachte: »Ich möchte dorthin zurück, wo ich hergekommen bin.« Und plötzlich fand ich mich in einer wunderschönen, majestätischen Halle wieder. Die Seiten bestanden aus goldenen und diamantenen Säulenbögen, die sich hoch in den Himmel erhoben. Das Ganze erinnerte mich an eine wunderbare Kathedrale. Die Wände schimmerten in allen nur denkbaren Blau- und Violetttönen. Ich hatte das überwältigende Gefühl, im Zentrum aller Erfahrung angekommen zu sein.

Vor mir stand ein langer Bibliothekstisch aus durchsichtigem Material. Alles fügte sich in wundervoller Harmonie zusammen. Plüschsessel mit goldenen Kissen darauf standen im Raum. Da saßen Menschen, die ihre Köpfe über dicke Bücher beugten, andere debattierten miteinander, wie Gelehrte es tun. An den Wänden türmten sich Bücherregale. Als ich die Reihen durchsah, entdeckte ich, dass jedes Buch ein lebendiges, atmendes Stück Energie war, das den ihm zugedachten Platz einnahm. Sie waren nach Themen geordnet. In diesem Moment wurde mir klar, dass ich in der Halle der Weisheit angekommen war, wo die Geistführer lernen, sich entwickeln und ihre mentalen Fähigkeiten erweitern. Dort erhalten sie Instruktionen von *ihren* Lehrern.

Plötzlich stand ein Mann mit goldenen Haaren vor mir. Er

trug eine ätherisch scheinende Robe von taubengrauer Farbe, die golden gesäumt war. Er schien vollkommen alterslos. Als ich in seine liebevollen blauen Augen sah, überkam mich eine ungeheure Wärme. Mir wurde klar, dass ich ihn von früher kannte. Ja, er war einer meiner Lehrer. Telepathisch nahm er mit mir Kontakt auf: »Setz dich. Eine Lektion steht für dich noch aus.«

Er machte ein paar Menschen Zeichen, die rund um einen Tisch saßen. Da war eine Frau mit braunem Haar, roten Backen und einem spitzbübischen Lachen. Ich wusste einfach, dass ihr Name Elizabeth war und dass sie sich mit der Psychologie des Menschen beschäftigte. Dann wanderte mein Blick weiter zu zwei Männern. Der erste war dunkelhäutig. Sein Gesicht war hager, doch er zeigte mir ein breites, von Weisheit erfülltes Lächeln. Der andere schien älter und ein wenig ernster zu sein. Er trug eine Brille mit einem dünnen Metallgestell. Ich wusste, dass er mit Chemie oder Alchimie zu tun hatte. Er nickte mir aufmunternd zu. Plötzlich fühlte ich einen gewissen Stolz, als hätte ich eine Aufgabe besonders gut erledigt.

Das waren meine Geistführer, sie hatten alle bereits auf der Erde gelebt, wenn auch vielleicht vor sehr langer Zeit. Alles Erdhafte schien von ihnen abgefallen zu sein. Als ich da so saß, erkundigten sie sich telepathisch nach meinen Fragen, die sie mir sogleich beantworteten, und zwar so, dass ich die Antwort auch in all ihren Bedeutungsschichten und Facetten verstehen konnte. Niemand sprach, unsere Lippen blieben stumm. Obwohl diese vier jeweils unterschiedliche Wesen waren, kommunizierten sie mit mir, als verfügten sie über einen einzigen Geist. »Du musst Geduld haben, James. Die Zeit für dein Projekt ist noch nicht gekommen. Doch am Ende wirst du deine Fähigkeit vollkommen zum Nutzen anderer einsetzen können.«

Tief in mir spürte ich, dass ich lernen musste, die Dinge in ihrem eigenen Rhythmus geschehen zu lassen. Ich erfuhr, dass alles im Leben zu seiner Zeit passiert. Mir wurde klar, dass es keinen Sinn hatte, sich über die Resultate Gedanken zu machen. Das würde mich nur davon abhalten, mein Leben jeden Tag zu genießen. Dann erkannte ich, dass ich den Führern meines »ätherischen Rates« gegenüberstand. Dies ist das Team von Geistwesen, das über mich wacht und mir Toleranz, Geduld, Weisheit, Selbstvertrauen, Disziplin, Mitgefühl, Freude und Humor schenkt. Es waren die göttlichen Kräfte, die mich an meinem wahren Geist festhalten ließen und mich vor Unglück bewahrten. Ich öffnete meine Augen, richtete sie an die Decke und wusste, dass ich wirklich in der anderen Welt gewesen war, da die Vision sich sehr real anfühlte. Und ich war sicher, dass ich meine Geistführer wieder sehen würde. Und tatsächlich geschah das auch, und zwar nicht nur einmal.

Einige Menschen glauben nicht, dass ihre Führer anwesend sind, wenn sie sie nicht *hören* oder *sehen* können. Doch es ist genauso möglich, ihre Gegenwart zu *fühlen* oder zu *erspüren*. Wenn Sie das wollen, müssen Sie nur einfach auf einer höheren Schwingungsebene verharren können. Der leichteste Weg dorthin ist die Liebe zu uns selbst: Lieben Sie sich, wie Sie Ihr Kind lieben würden; glauben Sie an Ihre Fähigkeiten; vertrauen Sie dem Universum – es wird Ihnen die nötigen Antworten geben.

6
Medialer Schutz

Energievampire, Astralwesen und andere negative Energien

Sobald Sie gelernt haben, mit der anderen Welt Kontakt aufzunehmen, haben Sie es mit einer Reihe von Energien, Geistwesen und Gedankenformen zu tun, von denen nicht alle immer nur dem »höchsten Guten« verpflichtet sind. Jede sensitive Tätigkeit, die ohne das nötige Wissen und die nötige Sorgfalt unternommen wird, kann gefährliche Pfade zu sehr mächtigen Kräften eröffnen. Daher müssen Sie lernen, wie Sie achtsam mit Ihrem eigenen Raum umgehen können, bevor Sie sich auf die Geistwelt einlassen. Trotzdem sage ich meinen Schülern immer wieder, dass Achtsamkeit und Wissen nicht ausreichen. Sie müssen sehr wachsam sein, um sich vor Energien zu schützen, die Ihnen schaden können.

Bitte machen Sie sich klar, dass geistige und materielle Welt nicht voneinander getrennt sind. Auf der astralen Seinsebene, die uns umgibt und durchdringt, treffen viele verschiedene Einflüsse zusammen, die aus der physischen, emotionalen und mentalen Tätigkeit von Menschen entstehen. Diese Energien sind nicht immer positiv zu werten und können unserem Wohlbefinden tatsächlich schaden.

Außerdem können unsere eigenen Ängste und Wünsche, unser Zorn und unsere Niedergeschlagenheit unerwünschte Energieformen anziehen, die sich dann in unserer Seele breit machen. Vor allem Schuldgefühle sind wie ein Trichter für solche negativen Fremdeinflüsse. Wenn wir ständig aus einem Gefühl der Schuld heraus handeln, verurteilen wir uns ja unbewusst selbst. Schuld und Strafe gehen Hand in Hand. Sie höhlen unsere geistige Mitte aus. Wenn wir etwas getan haben, dessen wir uns ständig schämen, müssen wir Mitgefühl für uns selbst entwickeln. Wir müssen lernen, uns zu vergeben, weil wir uns unsere Energiezufuhr sonst unterbrechen. Wenn wir aber spirituell und emotional »vertrocknen«, werden wir zu durchlässig für fremde Energien, was uns verwundbar macht.

Auch der sexuelle Kontakt öffnet uns für unerwünschte Energien, daher sollten wir in unseren Beziehungen zu anderen Menschen Sorgfalt und gesunden Menschenverstand walten lassen. Je stärker unsere Liebe zu uns selbst ist, je mehr wir uns respektieren, desto gesünder und glücklicher werden wir. In diesem Zustand aber ziehen wir automatisch Energien einer höheren Ebene an.

Negative Gedankenmuster

Haben Sie je einen Raum oder ein Gebäude betreten und sich darin sofort unwohl gefühlt? Sie nehmen eine gewisse Schwere in der Atmosphäre wahr oder bekommen gar eine Gänsehaut? Was geht da wohl vor sich? Nun, unser intuitives Selbst nimmt eine Menge Informationen auf in Form von Schwingungen und Gedankenformen. Solche Gedankenmuster sind Energie, die an einem bestimmten Ort verharren, wenn sie dort Jahre oder Jahrzehnte vorherrschend waren. Diese Schwingungen können gewalttätig und bedrohlich sein oder friedvoll und wohlwollend. Die meisten Menschen kennen wohl das Gefühl, wenn sie eine Kathedrale oder Kirche betreten und sofort von einer Atmosphäre der Harmonie eingehüllt werden. Die Energie von Jahrhunderten der Stille und des Gebets, von Gedanken und Liedern, die Gott gewidmet waren, füllen den ganzen Raum. In solch einer Umgebung gedeihen positive Gedanken. Negative Gedankenformen hingegen speichern sich an Orten, wo Menschen voller Zorn und Schmerz lebten, in Gefängnissen zum Beispiel.

Wie Sie sich vielleicht vorstellen können, reagiere ich auf meine Umgebung recht stark. Ich fliege über eine Stadt hinweg und fühle die veränderte Energie. Einige Menschen mögen dies für eine tolle Sache halten, aber ich kann Ihnen sagen, dass auch diese Gabe ihre guten und schlechten Seiten hat.

Vor einigen Jahren machte ich mit Dr. Brian Weiss, dem Autor von *Die zahlreichen Leben der Seele*, eine Vortragsreise durch Griechenland. Die Reise war atemberaubend schön. Man könnte sogar sagen, dass sie mein Leben verändert hat. Viele der Städte, die wir besuchten, hatten eine jahrtausendealte Geschichte vorzuweisen. Ich fühlte, wie wir in ein Land der Legenden und der Magie eintauchten, das uns gern aufnahm. Als wir jedoch nach Istanbul kamen, änderte sich dieses Gefühl schlagartig. Sobald ich das Schiff verließ und mich auf den Weg in die Stadt machte, fühlte ich eine gewaltige Menge aufgestauter Energie. Ich konnte kaum atmen, hatte ständig das Gefühl, zu ersticken. Je länger wir durch die Straßen wanderten, desto schlimmer wurde es. Zu Brian und den anderen Mitreisenden sagte ich, dass hier »irgendetwas nicht stimmt«.

Als unser Führer uns einiges über die Geschichte der Stadt erzählte, wurde mir der Grund für meine negative Reaktion schnell deutlich. Im heutigen Istanbul, dem früheren Konstantinopel, fanden einige der schlimmsten Massaker der Menschheitsgeschichte statt. So soll die Flagge der Türkei aus den Visionen von Sultan Murad I. entstanden sein, der 1389 über ein mit Toten übersätes Schlachtfeld schritt und die Mondsichel zusammen mit einem strahlenden Stern über diesem See von Blut aufgehen sah. Einmal mehr hatte meine Intuition mich quasi »vorweginformiert«. Ich hatte jahrhundertealte Gedanken des Hasses und der Auflehnung gespürt, die dort immer noch die Atmosphäre unsicher machen.

Der rote Ziegelbau

Meine mediale Veranlagung lässt mich häufig an bestimmten Orten Trauer, Niedergeschlagenheit und Angst fühlen, wie eben in Istanbul. Meist kann ich es dann kaum erwarten, diesen Ort wieder zu verlassen. Ein ähnliches Erlebnis hatte ich auf einer anderen Reise:

Vor etwa drei Jahren hielt ich einen Workshop in Alaska. Auf meiner Reise dorthin musste ich die Nacht in Vancouver in Kanada verbringen. Ich ging mit einigen Leuten meiner Gruppe auf der Suche nach einem Restaurant die Hauptstraße hinunter, als ich plötzlich wie angewurzelt stehen blieb.

»Wartet mal«, sagte ich. »Hier ist etwas komisch. Ich kann kaum weitergehen.« Ich hatte schreckliche Magenschmerzen und fühlte ein heftiges Brennen am rechten Ohr. Dann musste ich abbrechen. »Ich muss über die Straße gehen. Ich komme hier einfach nicht weiter«, sagte ich zu den anderen, die mich erstaunt ansahen.

Schnell half man mir über die Straße und sorgte dafür, dass ich mich hinsetzen konnte. Sobald ich nicht mehr auf meinen Füßen stand, vergingen die Angstgefühle. Ich überprüfte meinen Energiemantel, um festzustellen, was ich dort in mich aufgenommen hatte. Gleichzeitig machte ich einige Rituale, um mich vor diesen unsichtbaren Einflüssen besser zu schützen. Aus meiner Reaktion schloss ich, dass ich einer extrem negativen Energie begegnet war. Ich sah über die Straße und entdeckte an dieser Stelle einen zehnstöckigen Bau aus roten Ziegeln. Mein Blick wanderte nach oben und registrierte die vergitterten Fenster. Ich war mir sicher, dass hinter diesen

Fenstern einige sehr grausame Dinge geschehen waren. Und ich konnte die qualvollen Schreie jener hören, die dort gefangen saßen.

Das Gesims war mit religiösen Figuren geschmückt, darunter eine Jesusgestalt, die ihre Arme ausbreitete. Als ich die Schrift über dem Eingang las, stellte ich zu meinem Erstaunen fest, dass es ein Krankenhaus war. Nichtsdestotrotz spürte ich, dass dort Menschen barbarischen und grausamen Behandlungen unterworfen worden waren. Von Heilung konnte nicht die Rede sein. Das Krankenhaus wurde mit Sicherheit von den Geistern der zahllosen Seelen heimgesucht, die hinter seinen Mauern einen sinnlosen Tod gefunden hatten. Als ich das Gebäude eingehender betrachtete, konnte ich den Schmerz, die Wut und die Angst spüren, welche die armen Seelen dort empfunden hatten. Die Geister hielten sich immer noch im Krankenhaus auf. Sie strichen durch die Korridore und erlebten wieder und wieder die Qual, die sie durch Elektroschocktherapien und qualvolle Experimente erlitten hatten. Da sie nicht wussten, was mit ihnen geschah, noch, wo sie waren, saßen sie dort wirklich gefangen. Ihre Seelen konnten sich nicht von der Erde lösen, weil sie ihr Leben in Angst verbracht hatten. All das entnahm ich alleine der Atmosphäre, die um das Gebäude herum herrschte. Ich erklärte meinen Freunden, was ich fühlte, und auch sie meinten, das Gebäude liege wie unter einer dunklen Wolke.

Vor kurzem war ich wieder in Vancouver, um dort einen Vortrag zu halten. Auf dem Rückweg zum Hotel begleitete mich ein alter Freund. Plötzlich streckte dieser den Finger aus dem Autofenster und meinte:»Mensch, das Ding sieht ja wirklich aus, als wäre es einem alten Horrorfilm entsprungen.«

Und nun raten Sie einmal, worauf er zeigte … Genau, auf dieses unheimliche Ziegelgebäude.

Ich atmete hörbar aus und dachte mir:»Wenn du wüsstest…«

Der Grashügel

Wie Sie sehen, finden viele meiner medialen Erfahrungen auf Reisen statt. Eines meiner unglaublichsten Erlebnisse hatte ich aber, als ich mit meinem Buch *Jenseitsbotschaften* auf Vortragsreise in Dallas war. Nach dem Interview mit dem Reporter einer Lokalzeitung packte meine Begleiterin Marie mich ins Auto und fuhr mich zum nächsten Interview. Auf einer der Durchgangsstraßen spürte ich plötzlich einen ungewohnten Einfluss.

»Bitte, halt das Auto an«, bat ich Marie.

Marie fuhr an den Straßenrand und stellte den Motor ab.

»Hier ist irgendetwas Seltsames. Die Energie hat plötzlich stark zugenommen.«

Ich sah mich um und mir wurde klar, dass ich diesen Ort schon einmal gesehen hatte: »Wo sind wir?«, fragte ich die ortskundige Marie.

Marie wusste nur zu gut, wovon ich sprach. Ein wenig zögerlich antwortete sie: »Wir sind nur einen Block von dem Haus entfernt, von dem aus Präsident Kennedy erschossen wurde.«

Ich spürte, wie mir das Blut aus dem Gesicht wich. Ich hatte den Ort des Attentats besuchen wollen, aber wie so häufig schien mein dicht gedrängter Stundenplan mir dafür keine Zeit zu lassen. »Ich möchte aussteigen und zu Fuß dorthin gehen.«

Kaum aus dem Wagen, zentrierte ich mich und sprach ein Gebet. Dann vollführte ich still mein Schutzritual. Als ich auf den Bereich zuging, in dem der Mord stattgefunden hatten, fühlte ich die Energie immer dichter werden. Je näher ich an das Gebäude herankam, desto undurchdringlicher schien sie.

Etwa 50 Meter von der Stelle entfernt, an der Kennedy erschossen worden war, hielt ich an. Um mich herum konnte ich Panik, Angst und Schrecken fühlen. So als wäre dieser so entscheidende Augenblick in der Geschichte des Landes dort für immer eingefroren. Metaphysisch gesehen bleibt solch ein Ereignis ewig präsent. Auch wenn die Straße neu gepflastert, ja das Gebäude und die ganze Zone umgestaltet wird, kann nichts die Energie dieses Augenblicks wieder auslöschen. Sie ist lebendig und an dieser Stelle für immer in den Raum eingeprägt.

Als ich die Straße entlangging, hatte ich ein ziemlich klares Bild davon, was an diesem Tag in Dallas geschehen war. Ich persönlich glaube, dass es sich um eine Verschwörung gehandelt hat und dass daran mehrere Personen beteiligt gewesen sind. Zwei Männer sind verantwortlich für den Tod des Präsidenten. Ich bin deshalb so sicher, weil ich sehen konnte, wie sie in ihrem Wagen flohen. Die Autotür war umgespritzt worden, so dass der Wagen aussah wie ein Dienstfahrzeug. Diese beiden Männer konnten unerkannt entkommen und begaben sich zu einem kleinen städtischen Flughafen ganz in der Nähe. Ich hatte noch keine Gelegenheit, diese Informationen von John F. Kennedy bestätigen zu lassen, hoffe aber, dass dies irgendwann geschehen wird.

Wie Sie die Zeichen erkennen

Ich spüre negative Einflüsse in meinem physischen Körper. Normalerweise fühle ich mich dann krank oder nicht ganz auf dem Posten. Doch jeder Mensch ist anders. Wie also können Sie feststellen, ob Sie Energien aufgenommen haben, die nicht zu Ihnen gehören? Im Folgenden finden Sie einige Symptome, die Ihnen zeigen, dass negative Einflüsse auf medialem Weg in Ihr Feld eingedrungen sind:

– Schlaflosigkeit und jede Art von Schlafstörungen
– wiederkehrende Albträume und Angstträume

- Sie fühlen sich am Morgen schlapp
- Sie fühlen sich in Gegenwart bestimmter Menschen oder an bestimmten Orten müde oder ausgelaugt
- Magenprobleme, Magenschmerzen
- Sie müssen fast zwanghaft an einen Menschen oder einen Gegenstand denken
- Sie spüren Angst oder Druck, wenn Sie mit bestimmten Menschen zusammen sind oder an bestimmten Orten verweilen
- Nervenzusammenbrüche
- Kopfschmerzen, die ein paar Minuten nach einem Gespräch mit bestimmten Menschen auftauchen
- chronische Kopfschmerzen
- Müdigkeit, sobald Sie ein bestimmtes Gebäude betreten (Bürogebäude, Laden, Wohnhaus)
- chronische Erschöpfung
- abstoßende Gerüche um bestimmte Menschen oder Orte herum
- merkwürdige Geschehnisse
- häufige kleinere und größere Unfälle
- plötzliche Depressionen oder Verdrossenheit

Die Roseanne-Show

Hin und wieder achte auch ich nicht auf meinen Schutzschild und lasse mich von übersinnlichen Energien überfluten, die in meinen Raum eindringen. Ich kann mich noch gut erinnern, wie es war, als ich in der Roseanne-Show auftrat, einer Talkshow mit Roseanne Barr, in der ich meine Gabe unter Beweis stellen sollte, indem ich für verschiedene Personen Readings machte. Der Termin für die Aufzeichnung der Show (die erst später ausgestrahlt werden sollte) lag am Ende einer Reise: Ich hatte an verschiedenen Orten aus meinem Buch vorgelesen.

Und so war ich ziemlich erschöpft, weil ich wochenlang unterwegs gewesen war, was zur Folge hatte, dass in dieser Show ein Reading emotionsgeladener war als das nächste. Am Ende war ich körperlich und seelisch vollkommen ausgelaugt. Ein paar Tage später sah ich schnell bei meinem Freund Michael Tamura vorbei, einem großen medialen Heiler.

Er öffnete die Tür, sah mich an und sagte: »Du warst erst kürzlich im Fernsehen, oder? Du hast eine Unmenge von Energien an dir, die nicht zu dir gehören.« Und schon beschrieb er mir detailliert ein paar der Leute, für die ich vor zwei Tagen ein Reading gemacht hatte.

»Lieber Gott«, entfuhr es mir. »Du liegst hundertprozentig richtig.«

Ich hatte mein Energiefeld also nicht nur für die Geistwelt geöffnet, sondern auch für die Energie der Menschen, die mit ihren Problemen zu mir gekommen waren. All die Menschen, die ich bei der Aufzeichnung getroffen hatte, zum Teil auch das Publikum, war in meinem Energiefeld gespeichert. Kein Wunder also, dass ich mich fühlte, als trüge ich die halbe Welt auf meinen Schultern.

Energievampire

Ich fühle mich verpflichtet, Ihnen zu erläutern, was es mit dem Energietransfer auf sich hat. Denn bestimmte Menschen in Ihrem Leben können Ihnen schaden, weil sie Ihnen Energie abzapfen, bis fast nichts mehr für Sie übrig bleibt. Viele von diesen Menschen haben selbst ein sehr niedriges Schwingungsniveau und sind deshalb Opfer negativer Astralwesen. Wenn Sie es mit einem Energievampir zu tun haben, spüren Sie diese niedrige Schwingungsebene. Vielleicht sind Sie sich dieser Wahrnehmung nicht bewusst, doch intuitiv spüren Sie, dass hier etwas Zwanghaftes, Niederdrückendes, Labiles am Werk ist.

Wenn Menschen Ärger, Wut, Eifersucht, Hass, Neid, Furcht und Groll auf Sie projizieren, nehmen sie Ihnen Energie. Häufig sind sie sich gar nicht bewusst, dass ihre negative Energie über sie selbst hinausgeht und andere verletzt – sie sind viel zu sehr mit ihrem eigenen Unglück beschäftigt. Ein Mensch, der eine negative Einstellung zum Leben hat, der alles Positive leugnet und nur die dunklen Seiten der Existenz sieht, strahlt kontinuierlich Schwingungen niedrigster Frequenz ab. Diese breiten sich aus wie Wellen auf einem See und füllen die Atmosphäre um ihn herum. Dasselbe gilt für Menschen, die sehr ängstlich sind, die der Zweifel auffrisst und die kein Vertrauen haben. In ihren Augen ist alles düster und hoffnungslos. Jeder Mensch in Ihrer Umgebung könnte ein solcher Vampir sein: Ihre Arbeitskollegen, Ihr Partner, Ihr Freund, der Kassierer im Supermarkt oder der Zahnarzt. Ständige Furcht ist ein Zustand, in dem Sie quasi die Astralwesen zum Ball laden.

Achten Sie darauf, ob Ihr Körper sich irgendwo gespannt und blockiert anfühlt oder ob Sie schlecht gelaunt sind. Beobachten Sie sich selbst: Verändert sich Ihr Verhalten, wenn Sie mit bestimmten Menschen zusammen sind oder sich an bestimmten Orten aufhalten? Bekommen Sie Kopfschmerzen, nachdem Sie einen Freund besucht haben? Macht der Gedanke an einen bestimmten Menschen Sie nervös? Verändert Ihre Stimmung sich, wenn Sie ein bestimmtes Gebäude betreten? Hören Sie auf Ihre Intuition und achten Sie auf die Signale Ihres Körpers und Ihrer Gefühlswelt. Sie leben ja nicht isoliert in dieser Welt, sondern sind ein Teil von ihr. Treten Sie den negativen medialen Einflüssen bewusst gegenüber, so können Sie sie beträchtlich mindern.

Zu nah

Als Jenny zum Reading zu mir kam, sah sie aus, als ob man sie am besten gleich in die Notaufnahme bringen sollte. Die dunklen, wolkigen Flecken in ihrer Aura und die ausgefransten Ränder der sich zeigenden Risse verhießen nichts Gutes. Rote und schwarze Fangarme klebten an ihrem Herzchakra und pressten das Leben aus ihr. Mir war augenblicklich klar, dass diese Frau ziemlich krank sein musste und deshalb sehr litt. Daher musste ich, bevor ich mit dem Reading beginnen konnte, ein wenig von dem Schmerz und der Verwirrung lindern, die sich in ihrem Energiefeld abzeichneten.

»Was geschieht mit Ihnen?«, fragte ich.

Jenny erzählte, dass sie mit einem sehr negativen Mann verheiratet war. »Im Geschäft ist er als absolut rücksichtslos bekannt und all die Feindseligkeit, die er den Tag über erlebt, bringt er abends mit nach Hause. Wir reden kaum noch miteinander.«

Sie vertraute mir an, dass sie unter chronischer Erschöpfung litt, ein Candida-Pilz ihre Lebenskraft schwächte und außerdem ein fibromyalgisches Syndrom entwickelt hatte (eine rheumaähnliche, sehr schmerzhafte Erkrankung). Dass diese Symptomatik mit ihrem unbefriedigenden Eheleben zu tun hatte, war nur zu offensichtlich.

Zunächst kümmerte ich mich um ihre spirituelle Seite. Ich reinigte ihre Aura, entfernte die fremden Teile daraus und glättete die Risse. Erst danach konnte ich ihre Schwingungen auf eine höhere Ebene bringen. Ich wusste, dass ich im Interesse dieser Frau von schonungsloser Offenheit sein musste.

»Ich glaube, dass Sie das Opfer eines medialen Angriffs sind«, sagte ich. »Vermutlich ist es die negative Energie Ihres Gatten. Wenn Sie ihm nahe sind, mit ihm intim sind, sind Sie seiner Negativität voll und ganz ausgeliefert. Wissen Sie, was ein Energievampir ist?«

»Ich kann es mir denken«, antwortete Jenny.

»Da Ihr Mann unehrlich und rücksichtslos ist, zieht er diese niedrigen Energien in seine Aura. Und diese gibt er dann an Sie weiter, sobald er zu Hause ist.«

Meine Offenheit berührte Jenny. Sie erkannte, dass sie mit einem Lügengebäude lebte und dass sie ihr Gleichgewicht wieder finden musste, wollte sie wieder gesund werden. Schon bald nach unserer Sitzung reichte sie die Scheidung ein. Ich selbst fuhr zu dieser Zeit auf eine ausgedehnte Vortragsreise nach Europa. Während ich weg war, rief Jenny in meinem Büro an und ließ sich einen Termin für eine weitere Sitzung geben. Als ich sie wieder sah, hätte ich sie fast nicht erkannt. Ihre Aura hatte sich vollkommen verändert. Risse und dunkle Stellen waren verschwunden. Sie sah glücklich, gesund und lebendig aus.

»Was ist denn geschehen?«, fragte ich erfreut.

»Ich habe meinen Mann endlich verlassen«, gab sie zurück. »Es war nicht leicht. Er war gemein und verletzend, aber ich betete immer wieder um Hilfe und innere Führung.«

Jenny erzählte mir, dass ihre körperlichen Probleme schon kurze Zeit nach der Trennung zu verschwinden begannen. »Meine alte körperliche Stärke kam zurück und von da an war ich auf dem Weg der Besserung.«

Heute lebt Jenny frei von Schmerz und Depression.

Wenn Sie mit einem Energievampir leben, ist es manchmal die einzige Möglichkeit, diese Person zu verlassen, wie Jenny es tat. Wenn Sie das Gefühl haben, Sie können diese Person nicht allein lassen (eine alternde Mutter zum Beispiel), dann müssen Sie darauf achten, dass Ihre Aura stark und gesund bleibt, damit Sie ausreichend Schutz haben. In Kapitel 9 werde ich Ihnen zeigen, wie Sie sich vor negativen Energien schützen können. Eine gute Abwehr ist schließlich ebenso wichtig wie ein ordentlicher Angriff.

Mediale Manipulation

Häufig ziehen wir Menschen an, die unsere Schwachstellen und unsere negativen Gefühle widerspiegeln. Daher ist es wichtig, dass wir uns über unsere eigenen Denkmuster vollkommen im Klaren sind. Meine Freundin Diane musste das auf schmerzhafte Weise erfahren. Als Diane Mitte vierzig war, begann sie, sich Gedanken über ihr Aussehen zu machen. Sie erzählte mir von einer Erfahrung, die sie auf einer Party gemacht hatte.

»Der Gastgeber hatte eine Handleserin eingeladen, die den Menschen die Zukunft vorhersagen sollte. Als ich an der Reihe war, sagte sie mir, dass ich innerhalb eines Jahres altern würde, wenn ich nicht lernen würde, anders mit meiner Arbeitsbelastung umzugehen.«

Obwohl Diane damals dachte, sie könne überhaupt nicht verstehen, was die Handleserin damit meine, und ihr Leben kein bisschen änderte, hatte sie sich die Botschaft der Fremden zu Herzen genommen.

»Es war unglaublich!«, sagte sie. »Ein Jahr nach meiner Sitzung mit der Handleserin wurde mein Haar grau. Ich sah in den Spiegel und entdeckte tiefe Furchen um Mund und Augen. Die Haut unter meinem Kinn wurde immer schlaffer.«

Angstvoll erkannte Diane, dass die negative Vorhersage Wirklichkeit geworden war: »James, die Worte der Handleserin gehen mir immer noch durch den Kopf. Ich habe ihr geglaubt, weil sie medial veranlagt war. Ich war sicher, dass sie mir die Wahrheit sagte.«

Schließlich und endlich erkannte Diane, dass die Wahrsagerin nur ihre eigene Negativität unter den Menschen auf dieser Party verteilt hatte. Tatsächlich hatte sie allen Menschen etwas Schlechtes vorhergesagt. Einer der Partygäste sagte sogar, er habe gehört, die Wahrsagerin arbeite mit den Kräften des Bösen zusammen. Diane erkannte, dass die Worte dieser Frau wahr würden, wenn sie weiterhin an ihre negativen Vorhersagen glaubte. Also beschloss sie, die Kontrolle über ihre Gedanken zurückzugewinnen.

»Immer wenn ich daran denke, dass ich alt werde, sage ich: ›Geh weg!‹ Ich hoffe, das klappt.«

Dianes Geschichte macht klar, dass niemand wirklich Macht über einen anderen hat. Es steht uns frei, Nein zu sagen, egal, mit wem oder womit wir es zu tun haben. Ganz sicher aber haben Sie die Möglichkeit, zu negativen Gedanken und angsterfüllten Fantasien Nein zu sagen. Denn die schwächenden Energiemuster bekommen erst dann Macht über Sie, wenn Sie Menschen oder Ereignissen erlauben, Sie geistig und emotional zu kontrollieren.

Astralwesen

Wenn Ihre Aura kaum noch Energie hat, können Astralwesen mit niedriger Schwingung in Ihr Feld eindringen. Wie ich bereits in Kapitel 3 ausgeführt habe, schwächen wir unseren Auraschild, wenn wir unseren negativen Gedanken und Verhaltensweisen freien Lauf lassen, vor allem, wenn es sich dabei um Alkohol- oder Drogenprobleme handelt. Unterentwickelte Wesenheiten vermissen die angenehmen Seiten der materiellen Welt und versuchen, dahin zurückzukehren, indem sie sich an die Energiefelder der Lebenden hängen. Vergessen Sie nicht, dass ein Mensch, wenn er ins Reich des Geistes eingeht, seine spirituelle Prägung, die er auf Erden erhalten hat, beibehält. Wenn also jemand ein zorniger Mensch war, ist anzunehmen, dass er so bleibt, bis er seine Lektion gelernt hat.

Astralwesen »ernähren« sich von den negativen Gedanken-, Emotions- und Verhaltensmustern der Person, in deren Aura sie sich eingenistet haben. Und sie verführen diese Menschen zu noch mehr negativem Handeln. Sie zetteln Meinungsverschiedenheiten an und sorgen für Situationen, in denen es zu Wutausbrüchen kommt – das wird zum gefährlichen Teufelskreis: Je negativer Sie sind, desto mehr Negativität erschaffen Sie. Astralwesen mit niedriger Schwingung können gravierende Störungen im seelischen Gleichgewicht verursachen. Dies führt zu emotionaler Instabilität, zu Verwirrung, plötzlichen Stimmungsumschwüngen und atypischen, unangemessenen Verhaltensweisen. Menschen, die von solchen energetischen Mustern befallen sind, neigen zu selbstzerstörerischem Verhalten und zu gravierenden geistigen Störungen. Diese Wesen behindern mitunter auch den Heilprozess und sorgen für sich lange hinziehende Krankheiten, weil sie die Energie des Schmerzes für sich brauchen.

Andererseits ist die Besessenheit durch Astralwesen ein heikles Thema. Viele Menschen denken dabei zuerst an so extreme Fälle wie in dem Film *Der Exorzist*. Und das vergrößert unsere Angst vor der unsichtbaren Welt um uns. Dabei sind die meisten Fälle, bei denen negative Energie als Wesenheit in unser System eindringt, sehr viel subtiler – und sehr viel verbreiteter als die im Film dargestellte Besessenheit.

Wenn ich mich nur gemocht hätte

In San Francisco sollte ich einmal einen Workshop auf der großen New-Age-Messe *Whole Life Expo* abhalten. Gleichzeitig hatte ich dort mehrere Termine vereinbart. Eine Sitzung sollte mit einer Frau stattfinden, deren Name Alissa war. Alissa hatte zu diesem Zweck eine zweistündige Autofahrt auf sich genommen, die sie aus ihrem Dorf in die große Stadt brachte. Sie hatte sich schon vor mehreren Monaten zu diesem Reading angemeldet. Und was ich ihr dabei sagen konnte, zeigte einmal mehr, wie genau wir darauf achten müssen, mit welchen Menschen wir uns umgeben.

»Ich sehe eine jüngere Frau, die Ihre Augen hat. Sie sieht aus wie eine jüngere Ausgabe von Ihnen«, berichtete ich Alissa bei der Sitzung.

»Ja, ich verstehe.«

»Ich glaube, sie ist Ihre Tochter. Sie sagt mir, dass sie eine von zweien ist.«

Alissas Augen weiteten sich vor Erstaunen.

»Sagt Ihnen der Name Marcy oder Marcia etwas?«

»Ja. Oh, mein Gott, Sie haben tatsächlich Kontakt mit meinem Schatz. Meine Kleine ist da!«, rief Alissa aus. »O danke, lieber Gott. Ist sie bei ihrem Großvater?«

Ich sandte diesen Gedanken an Marcia.

»Ihre Tochter sagt, dass sie mit jemand anderem zusammen ist. Er heißt Burt. Sie sagt mir, sie geht wieder zur Schule.«

»Ja. Burt war ihr Spielgefährte, als sie noch klein war. Er starb sehr jung. Er war mit dem Fahrrad unterwegs, als er von einem Auto angefahren wurde.«

»Ihre Tochter sagt mir, dass sie glücklich ist. Es tut ihr Leid, dass sie Ihnen so viel Kummer gemacht hat, während sie auf der High School war.«

Die Mutter nahm diese Information auf und wartete neugierig auf das, was ich weiter erzählen würde. In der Folge tauchte nicht nur ihre Tochter auf, sondern auch Alissas Vater, Montgomery, und verschiedene andere Verwandte. Erst am Ende der Sitzung aber kam der wirklich wichtige Teil.

»Sagt Ihnen der Name ›Christy‹ etwas?«, fragte ich.

»Wie war der Name?«, fragte Alissa zurück.

»Ihre Tochter spricht von einer gewissen Christy. Sie bittet Sie, sie anzuhören.«

Hier sagte mir schon Alissas Gesichtsausdruck, dass sie sich mit diesem Thema nicht ganz wohl fühlte. Doch Marcia bestand darauf, über ihre Freundin Christy zu sprechen.

»Marcia sagt, dass sie in einem tiefen Konflikt gesteckt hat. Sie hat sehr darunter gelitten«, erklärte ich.

»O ja, das ist wahr. Für sie war das alles sehr schmerzhaft.«

»Ihre Tochter sagt, sie habe sich selbst damals nicht gekannt. Sie hat ein schrecklich schlechtes Bild von sich selbst gehabt. Sie spricht von ihren Dämonen und wie Christy sie beeinflusst habe.«

Alissa schrie auf: »Ich weiß! Ich weiß das doch! Ich wusste, dass das nicht meine Tochter war. Ich habe sie ja gar nicht mehr wieder erkannt. Sie hatte sich vollkommen verändert.«

»Sie sagt mir, es täte ihr Leid, dass sie zu Ihnen nicht netter gewesen sei. Sie lässt mich wissen, dass sie einfach nicht stark genug war, gegen Christys Einfluss anzukämpfen. Marcia sagte, dass Christy lauter schreckliche Situationen in ihrer beider Leben brachte. Christy lebte von Drogen, Dunkelheit und Macht.«

Alissa akzeptierte das und erklärte, dass Christy seit dem 14. Lebensjahr heroinabhängig gewesen ist.

»Kennen Sie jemanden mit Namen Sam?«, fragte ich.

Alissa war sprachlos. Sie öffnete den Mund, brachte aber kein Wort heraus. Schließlich antwortete sie nach ein paar Minuten des Schweigens: »Sam. Ja. Ich weiß, worum es geht. O Darling, ich weiß, dass du es nicht wolltest. Oh, mein Gott.«

Wort für Wort berichtete ich nun, was Marcia sagte: »Oh, Mom, ich wollte es gar nicht tun. Wirklich nicht. Ich war nicht bei mir. Du musst mir glauben. Es war Christy. Ich tat nur, was sie mir befahl. Und es tut mir so unendlich Leid.«

Das Reading ging noch weiter; ich entnahm den Informationen, dass Christy Marcias beste Freundin war. Sie war ein sehr negatives Wesen, das Kontakt zu niedrigen Energien hielt. Diese Astralwesen kontrollierten ihr ganzes Leben und kamen so auch mit Marcia in Berührung. An diesem Punkt erzählte Marcia uns, wie Christy ihr dauernd schreckliche Lügen über einen Mann namens Sam erzählte.

»Ihre Tochter sagt, dass sie Sam töten wollte, weil er ihrer Freundin so viel Schmerz bereitet hatte«, erklärte ich. »Sie sagt, dass sie benutzt wurde.«

Alissa saß ruhig da, als ich ihr die Botschaft ihrer gequälten Tochter übermittelte. Marcias Visionen zeigten mir die grausigen Details des Plans, den die beiden ausgeheckt hatten. Sie zeigte mir, wie sie eines Nachts Posten hinter einem Busch an der Eingangstür zu Sams Wohnhaus bezogen hatte. Als er nach Hause kam, nahm sie eine Pistole aus ihrer Tasche und hielt die Waffe an seinen Kopf. Als er weglief, erschoss sie ihn. Dann richtete sie die Waffe gegen sich selbst und drückte ab.

»Sie weiß jetzt, wie falsch das war«, teilte sie Alissa mit, deren Gesicht nass von Tränen war. »Und sie weiß jetzt, wie wichtig es ist, sich selbst treu zu sein. Es tut ihr sehr Leid, dass sie so schwach war, dass Christy Kontrolle über sie gewinnen konnte. Sie sagt, sie habe einfach nicht die Kraft besessen, sich diesem Einfluss zu entziehen. Sie hat Christys Leben gelebt, nicht ihr eigenes. Und sie wünscht sich, dass sie sich mehr gemocht hätte.«

Marcia musste auf schreckliche Weise lernen, welche Konsequenzen es hat, wenn wir das Leben anderer Menschen führen. In diesem Fall zerstört man nicht nur das eigene Leben, sondern häufig auch das anderer.

Wie man sich selbst schützt

Die beste Art, sich vor unerwünschten Gedanken, negativen Energien und Energievampiren zu schützen, ist eine starke Aura. Stellen Sie sich die Aura wie einen leuchtenden Schutzschild um sich vor, der alles abprallen lässt, was in Ihren Raum einzudringen versucht. Und vergessen Sie nicht, dass Sie spirituelle Helfer in Form von Engeln und Geistführern haben, die

Ihnen jederzeit beistehen. Wenn Sie sich eine starke Aura aufbauen wollen, die Sie vor negativen Energien behütet, sollten Sie:

- für genügend erholsamen Schlaf sorgen
- auf Ihre Träume achten
- dauerhaft für körperliche Bewegung, Entspannung und gesunde Ernährung sorgen. Ein schwacher Körper ist ein verwundbarer Körper; ein gesunder Körper hingegen ist unser bester Schutz
- sich selbst und andere mit Liebe und Mitgefühl betrachten. Wut, Hass und Ärger tun uns nicht gut
- Orte meiden, die negative Energien besitzen oder anziehen
- hasserfüllten, finsteren, zornigen und angstbesessenen Menschen aus dem Weg gehen
- viel Zeit in der freien Natur verbringen. Das hat eine sehr positive Wirkung auf Ihr Energiefeld
- Ihr Heim und Ihren Arbeitsplatz sauber halten, denn: physischer Schmutz zieht medialen Müll an
- harsche Selbstkritik und zu hohe Ansprüche an sich selbst sein lassen
- sich selbst für alles vergeben und anderen Menschen ebenfalls
- so oft als möglich lachen; lachen bricht die Fesseln der Negativität
- den Menschen segnen, der Sie Ihrer Ansicht nach verletzen möchte
- Ihre Engel und Geistführer bitten, Sie zu beschützen
- vor allem anderen aber: sich selbst mit der Energie des *Gottesfunkens* füllen, und zwar mit jedem Atemzug. Beten Sie darum, dass nur die Energie, die Ihr höchstes Gut stärkt, in Ihren Körper und Ihre Aura eingehen möge

Denken Sie daran: Die besten Mittel, um sich zu schützen, sind Gebet und Meditation. Wenn Sie sich körperlich, seelisch und mental auf den Kontakt mit der Geistwelt vorbereiten, sollten Sie wissen, wie Sie unerwünschte Energien abweisen können. Stärken Sie Ihre Aura. Folgen Sie der Führung Ihres höheren Selbst und Ihrer spirituellen Führer. Dann werden Sie weise mit Menschen, Orten und Ereignissen umgehen und das Gute vom Schlechten unterscheiden können.

7
Jeden Tag ein Wunder

Die außergewöhnlichen Erfahrungen ganz gewöhnlicher Menschen

Als ich anfing, mich mit geistigen Themen und paranormalen Erfahrungen zu beschäftigen, las ich Hunderte von Büchern zu diesem Thema. Ich studierte Meditationsanweisungen, machte Workshops zum Thema »Selbstbewusstsein« und arbeitete gleichzeitig an der Entwicklung meiner medialen Fähigkeiten. Je mehr Bücher ich las, desto klarer wurde mir, dass sie alle durch einen roten Faden verbunden waren – die Vorstellung nämlich, dass Veränderungen zuerst im Geist geschehen.

Erwarten Sie jeden Tag ein Wunder!

Seit ich diesen Appell vor etwa zwanzig Jahren zum ersten Mal vernahm, habe ich ihn zu meinem Glaubensbekenntnis gemacht. Ich habe festgestellt, dass wirkliche Wunder geschehen können, wenn ich meine Gedanken positiv nutze. Was ich erschaffen kann, wird nur durch die Mauern in meinem Geist begrenzt.

Einmal wohnte ich einer sonntäglichen Zusammenkunft in der *Hollywood Church for Religious Science* bei, deren Glaubensvorstellungen mir unbekannt waren. Bald jedoch wurde mir klar, dass sie sich mit meinen Überzeugungen deckten. Diese

Glaubensgemeinschaft wurde 1920 von Dr. Ernest Holmes gegründet. Die Menschen dort glauben an eine einzige Quelle göttlicher Energie, die sich in der gesamten Schöpfung zeigt. Man geht davon aus, dass alle menschlichen Wesen durch ihre Gedanken und Intuitionen miteinander verbunden sind. Der Geistliche erklärte in seiner Predigt, dass wir alle für unser Leben verantwortlich sind und dass unser Denken unsere Zukunft bestimmt. Als ich diese Worte hörte, erkannte ich, dass sie für mich wahr sind.

Ich sah, dass das Leben wie ein Wandteppich von außergewöhnlicher Schönheit ist. All unsere Bedürfnisse, Wünsche und Gebete sind in ihm verwoben. Mit jedem Atemzug, jedem Schritt in unserem Leben erzeugen wir einen neuen Faden. Wie wir die Geschenke des Lebens in den Teppich weben, das liegt jedoch allein an uns. Wenn wir unser Herz und unseren Geist öffnen und uns von der unleugbaren Quelle aller Kraft führen lassen, die jeden Aspekt des Lebens durchströmt, geschehen wahre Wunder. Wenn wir in Einklang stehen mit unserer göttlichen Seele, bezeugt schon der kleinste schöpferische Akt – sei es nun das Aufgehen der Sonne im Osten oder der Flug eines Vogels am Himmel –, dass jeden Tag ein Wunder darauf wartet, geboren zu werden.

Was ist ein Wunder?

Schaffen wir unsere Wunder selbst oder handelt es sich dabei um unerwartete göttliche Gaben, die direkt vom Himmel kommen? Müssen wir um Wunder beten oder werden diese einfach jenen zuteil, die sie wirklich brauchen? Ist die Heilung einer Krebsgeschwulst ein größeres Wunder als eine blühende Rose?

Ein Wunder ist ein Geschehnis, das sich in den natürlichen Fluss der Ereignisse fügt, obwohl es nicht den physikalischen Gesetzen gehorcht, wie wir sie kennen. Häufig wird es mit dem Glauben in Verbindung gebracht oder mit der Manifestation übernatürlicher Kräfte. Doch in Wirklichkeit ist es weit mehr. Ein hellseherisch veranlagter Mensch wie ich betrachtet Wunder als Schrittfolgen im kosmischen Tanz. Sie sind Resultat unseres Denkens und der grundlegenden Offenheit gegenüber den Energien, die uns umgeben. Wenn wir diese aufmerksam pflegen, werden die von uns ausgesäten Samen aufgehen. Wunder sind ein aktives Lebensprinzip. Der deutsche Mystiker Jakob Böhme nannte sie »die Sprache des Geistes«. In der Kabbala zählen sie zu den zehn spirituellen Energien, aus denen die Welt (das heißt der Lebensbaum) besteht. Die alten jüdischen Mystiker nannten dieses Prinzip *kether*, die Krone des Lebens.

Darüber hinaus stellt sich natürlich die Frage, ob Wunder nur denen begegnen, die an Gott glauben. Oder vielleicht nur den »besseren Menschen«? Die Antwort ist Nein. Wir müssen nicht an Gott glauben, um Wunder zu erleben. Gott ist schließlich kein Einzelwesen, sondern die allumfassende Liebe. Und diese Liebe, der *Gottesfunken*, wohnt in jedem von uns. Jeder hat also die Möglichkeit, ein Wunder geschehen zu sehen. Die einzige Vorbedingung ist, dass wir dafür offen sein müssen.

So kann man meinen Kontakt zur Himmelswelt getrost als Wunder bezeichnen. Dass es die Fähigkeit gibt, als Brücke zwischen zwei Welten zu dienen und vollkommen vom Geist erfüllt zu werden, hat mich zu der Überzeugung gebracht, dass jeder Mensch unendliche Möglichkeiten hat. Stellen Sie sich nur einmal vor, wie wunderbar es ist, bereits hier auf Erden Einblick in den Himmel zu erhalten! Ich wurde viele Male mit Wundern gesegnet und war Zeuge, wie diese Ereignisse das Leben von Menschen von Grund auf veränderten. Jede Botschaft aus der Geistwelt, die uns das menschliche Leben aus einer einzigartigen Perspektive zeigt, wird von unendlicher Freude begleitet. Das Wissen, dass wir in Wahrheit grenzenlose geistige Wesen sind, kann nicht einfach ignoriert werden.

Die Geistwesen sprechen häufig von »der Macht Gottes«, die jedem Einzelnen innewohnt. Wie aber können wir diese erkennen? Am schnellsten geht es, so teilen sie uns mit, wenn wir die Mauern der Selbstkritik abtragen und uns selbst mit Liebe begegnen. Wenn wir das tun, gehen wir ein in das Reich der Möglichkeiten, in dem Wunder beheimatet sind. Wenn wir uns selbst lieben, leben wir im Zustand des göttlichen Bewusstseins. Wir leben also im Himmel, obwohl wir noch auf der Erde sind. Das Leben aus dem Bewusstsein dieser allumfassenden Liebe heraus öffnet unseren Geist für die unendlichen Möglichkeiten, die das Leben für uns bereithält. Auf diese Weise ernten wir die Früchte unseres geistigen Erbes, die man auch »Wunder« nennt.

Sei dir treu

Vor vielen Jahren kam eine Klientin namens Joanne zu mir, weil sie ein Reading wollte. Die Geister zeigten mir gleich, dass Joanne ein sehr schweres Leben gehabt hatte. Sie war als Kind missbraucht worden und ging seitdem jeder Beziehung aus dem Weg. Sie schien damals immer noch auf der Suche nach ihrer wahren Identität zu sein.

»Hier ist eine Frau mit dunklen Haaren«, sagte ich zu ihr. »Sie scheint eine Bibel in der Hand zu halten. Können Sie damit etwas anfangen?«

Joanne zögerte: »Ich bin nicht ganz sicher.«

»Sie zeigt mir das Bild einer Kirche. Nun öffnet sie die Tür und tritt ein. Der Raum ist voller Menschen. Sie stehen und halten die Hände über den Kopf. Es sieht aus wie eine Art Messeritual.«

»O ja. Sicher. Das ist meine Freundin Rose. Sie half mir, mein Leben zu ändern, als ich noch auf der Straße lebte.«

»Sie sagt, sie wacht über sie.«

Joanne erzählte mir von ihrer Beziehung zu diesem Geistwesen. »Rose ist eine Art Missionarin gewesen. Sie suchte in
den Straßen nach verlorenen Seelen wie mir. Mich fand sie, als
es mir furchtbar schlecht ging. Sie gab mir zu essen, sorgte für
neue Kleidung und las mir Geschichten aus der Bibel vor.
Wenn sie nicht gewesen wäre ...« Joanne brach in Tränen
aus.

Ich saß ruhig dabei, bis sie sich wieder gefasst hatte.

»Ich wurde in Christus wiedergeboren und widmete von da
an mein ganzes Leben dem Dienst an Jesus«, fuhr Joanne fort.
»Das war vor mehr als zwanzig Jahren.«

»Rose sagt, dass Sie immer noch nach Antworten suchen. Sie
zeigt auf eine Staffelei mit einem Bild darauf. Sagt Ihnen das
etwas?«

Joanne erzählte, dass sie schon als kleines Mädchen gern
gemalt und gezeichnet hatte. Sie habe sich dabei immer so
lebendig gefühlt. »Aber ich hatte immer das Gefühl, unbegabt
zu sein. Außerdem musste ich ja für meinen Lebensunterhalt
sorgen«, erklärte sie.

Ich sagte zu Joanne: »Fangen Sie wieder an zu malen. Rose
wird Ihnen mit Inspiration zur Seite stehen.«

Diese Information brachte Joanne dazu, sich von neuem
ihrer Kunst zu widmen.

Nach Jahren hörte ich von einem Workshop-Teilnehmer
von einer Frau namens Joanne, die sich als dieselbe herausstell-
te, die bei mir gewesen war. Ich erfuhr, dass sie Kunsttherapeu-
tin geworden war und so wahre Wunder wirkte. Offenkundig
war sie dem Rat ihrer Geistfreundin Rose gefolgt. Heute hilft
Joanne anderen, ihr wahres Selbst zu finden, so wie ihr einst
geholfen worden war.

Alle Erfahrungen, auch wenn sie schmerzhaft und er-
schreckend sind wie diejenigen von Missbrauchs- oder
Suchtopfern, spielen bei der Entwicklung unserer Seele eine
Rolle. So wie die Geistwelt Joanne geholfen hatte, ihre ge-

heimsten Sehnsüchte umzusetzen und ihr schwaches Selbstwertgefühl loszulassen, können wir alle lernen, unser Leben mit Mitgefühl, Vergebung, Hilfsbereitschaft und Geduld zu leben. Die Botschaften des Himmels helfen uns dabei, ob es nun um die Erfordernisse des Alltags geht (den freien Parkplatz zum Beispiel) oder darum, unseren wahren Wert zu erkennen.

Zeit für Wunder

Die meisten Menschen wollen immer wissen, wann etwas geschehen wird. Und meine Antwort überrascht sie häufig: »Würden Sie Nein sagen, wenn Gott Ja sagt?« Wir sind meist so sehr auf schnelle Lösungen fixiert, dass wir die zahllosen Möglichkeiten übersehen, die sich uns Tag für Tag bieten. Wunder geschehen, wenn es Zeit dafür ist. Das ist nun einmal nicht zu ändern. Setzen Sie mit einem schöpferischen Einfall die Energie in Bewegung, so wird das zugehörige Wunder sich dann einstellen, wenn Sie reif dafür sind. Aber wer weiß schon im Voraus, wann das der Fall ist? Heute, morgen, dieses Jahr, nächstes Jahr, in zehn Jahren oder erst im nächsten Leben? Die universellen Gesetze, welche die Reifung unserer Seele steuern, sind völlig anders als die der materiellen Welt. Im Kosmos gibt es eben einfach keine »Zeit«, wie wir sie kennen.

Stattdessen gibt es den großen, rhythmischen Energiestrom des Lebens und der Schöpfung. Alles fließt, alles verändert sich ständig ... es ist wie Ebbe und Flut. Im Universum wird sich Fülle immer mit Kargheit abwechseln, Tun auf Nichts-Tun folgen. Das ist ein Naturgesetz, so wie auf Einatmen immer Ausatmen folgt. Die hermetischen Meister kannten dieses Gesetz und lernten, wie sie den unvermeidlichen Abschwüngen gegensteuern konnten. Sie lösten sich von den Forderungen ihres Ich und gaben eventuellen negativen Gedanken oder Gefühlen erst gar nicht nach. So glichen sie den Rückschwung des Pendels aus. In anderen Worten: Wenn Sie ein Wunder brauchen, verlassen Sie sich darauf, dass es sich ereignen wird. Je stärker Sie daran glauben, je reiner Ihr Anliegen ist, desto schneller wird die Energie sich in die gewünschte Richtung bewegen.

Loslassen

Einerseits also wünschen wir uns ein bestimmtes Ergebnis. Andererseits müssen wir auch lernen, uns davon zu lösen und die Geistwelt wirken zu lassen. Das bedeutet nicht, dass wir nichts tun. Wir bewegen uns auf Treu und Glauben in einem Universum, das auf die Erfüllung all unserer Bedürfnisse und Wünsche ausgerichtet ist. Wie das funktioniert, soll Ihnen die folgende Geschichte zeigen:

Vor einigen Jahren kam eine Frau namens Rebecca wegen eines Readings zu mir. Ihre gegenwärtigen Lebensumstände schienen sie tief zu deprimieren. Sie hatte Übergewicht, keinen Job und war drauf und dran, ihr Haus zu verlieren. Sie bewarb sich bei mehreren Firmen, doch nichts schien für sie zu passen.

»Ich würde alles tun, um einen Job zu bekommen, aber ich habe das Gefühl, ständig gegen eine Wand anzurennen. Können Sie mir helfen?«

Ich betrachtete ihre Aura genauer und sah, dass nach allen Seiten Funken flogen. Das zeigte, dass sie schon lange Zeit verbissen darum kämpfte, dass ihre Wünsche endlich in Erfüllung gingen. Ich sagte zu ihr: »Ich denke, Sie brauchen zunächst einmal einen Tapetenwechsel. Manchmal muss man einfach loslassen, damit Gott seine Arbeit tun kann. Verstehen Sie, was ich meine?«

Einen Augenblick lang schien Rebecca verwirrt. Dann gab

sie zurück: »Gut, ich habe eine Schwester im Nordwesten der USA. Vielleicht sollte ich sie mal besuchen?«

Wir begannen mit dem Reading und der Geist, der zu uns durchdrang, ermutigte Rebecca, ihre Schwester zu besuchen und sich dort ein wenig Frieden zu gönnen.

»Aber ich habe doch noch immer keine Arbeit«, widersprach sie. »Und die Hypothek auf mein Haus wurde gekündigt. Ich sollte etwas tun, um das alles zu beheben.«

Rebecca war ein Dickkopf. Sie versuchte, das Leben zu kontrollieren, um ihre Ansichten nicht ändern zu müssen.

»Ich verstehe«, antwortete ich. »Aber ich habe das Gefühl, dass etwas auf Sie wartet, wenn Sie nur lernen, auf Ihr göttliches Selbst zu vertrauen.«

Als sie ging, umarmte Rebecca mich.

»Lassen Sie doch bitte wieder von sich hören«, sagte ich.

Zwei Jahre später rief Rebecca in meinem Büro an. »Ich muss kommen und Sie sehen. Ich habe unglaubliche Neuigkeiten.«

Als Rebecca vor meiner Tür stand, war ich baff. Sie hatte etwa fünfzig Kilogramm verloren und sah aus wie ein völlig neuer Mensch. »Mein Gott!«, rief ich, mir fiel meine Kinnlade nach unten.

Und sie stand vor mir, mit einem Lächeln so breit wie das eines Buddha.

»Was ist denn nur geschehen?«

»Ich habe meine Schwester in Oregon besucht. Anfangs war es wirklich schwierig. Sie war nicht mehr daran gewöhnt, mit einem anderen Menschen zusammenzuwohnen, nachdem ihre Kinder das Haus verlassen hatten. Und ich hatte noch nie mit jemandem zusammengelebt. Wir mussten uns also alle beide an das neue Arrangement gewöhnen. Ich bekam einen Job in einem örtlichen Naturkostladen und nahm regelmäßig deren Nahrungsergänzungsmittel ein. Ich lernte viel über Ernährung und übers Fasten. Wir lebten auf dem Land, so konnte ich lange

Spaziergänge in der freien Natur machen. Schließlich nahm ich ab und fühlte mich gleich viel besser. Eines Tages rief jemand an und wollte von mir etwas über eine Trickfilm-Firma wissen, für die ich vor Jahren einmal gearbeitet hatte. Einen Monat später kam dieser Mann nach Oregon, weil er dort zu tun hatte. Er rief mich an und wir verabredeten uns zum Abendessen. Und bei diesem Abendessen fragte er mich, ob ich interessiert wäre, die Produktionsleitung für einen Trickfilm zu übernehmen, den seine Firma finanzierte. Nun, jetzt bin ich auf dem Weg nach Italien. Ich habe einen Zweijahresvertrag und die Firma zahlt mir sogar Italienisch-Unterricht.«

Ich saß still da, mein Mund war vor Staunen weit geöffnet.

»Wissen Sie, James, ich habe mir immer gesagt: ›Irgendwann einmal kommst du nach Italien und gehst in der Toskana wandern‹, aber ich hatte nie genügend Geld. Und außerdem machte ich mir viel zu viele Sorgen wegen meines Gewichts, also versuchte ich es erst gar nicht. Das war vor etwa zehn Jahren. Und heute! Wer hätte gedacht, dass so etwas passieren würde?«

Ich spürte, dass Rebecca gelernt hatte, den Dingen ihren Lauf zu lassen, so dass die Geistwelt ihre Wünsche so erfüllen konnte, wie es für sie richtig war – und zur richtigen Zeit.

Die Kunst der Manifestation

Alles, was in der materiellen Welt erscheint, ist nichts weiter als eine Manifestation des Geistes. In der medialen Welt vereint sich unser Geist mit dem großen Geist des Universums. Unsere Aufgabe ist es, zu lernen, wie wir diese unglaubliche Energiequelle in uns und um uns anzapfen können. Das Universum gibt uns alles, was wir möchten, wir müssen nur vorsichtig sein mit unseren Wünschen. Wenn wir ins Restaurant gehen und Hühnchen bestellen, können wir wohl kaum ein Steak erwarten. Das Gesetz der Gleichheit garantiert, dass wir das anziehen, was wir in unserem Kopf gespeichert haben. Wenn wir Krankheit, Armut oder Unglück wollen, genügt es, wenn wir uns darauf konzentrieren, schon treten sie in unser Leben. Wir erschaffen diese Umstände wirklich in unserem Geist.

Menschen, die von Furcht getrieben werden (und davon gibt es viele), betrachten die Welt aus einem falschen Blickwinkel. Furcht erzeugt Unsicherheit und Begrenztheit, daher bringt sie viele negative Situationen mit sich. Wenn wir Angst haben, fühlen wir uns allein und von der Welt getrennt. So beschränken wir selbst unsere Stärke. Wir müssen aufhören, die Welt mit einem »Armutsbewusstsein« zu betrachten. Wir sind die einzigen, die die Fülle, welche das Leben für uns bereithält, von uns abwenden können.

Sie erschaffen ein Wunder in vier einfachen Schritten:

1. Formulieren Sie Ihr Ziel.
2. Seien Sie dabei so genau wie möglich.
3. Glauben Sie daran, dass Ihr Wunsch wahr wird.
4. Leben Sie so, als sei das bereits geschehen.

Wenn wir uns ein Ziel setzen und dieses aufrichtig und reinen Herzens verfolgen, lebt dieser Wunsch ohne die Beschränkungen der Furcht, die den Prozess nur bremsen würden. »Aufrichtig und reinen Herzens« bedeutet, dass unsere Zielvorstellung nicht vom Ich oder von unseren kritischen Gedanken getrieben ist und dass wir nicht an einem bestimmten Ergebnis hängen. Wenn Ihre Zielvorstellung vom Ich abhängig ist, gibt es automatisch Probleme, weil damit auch der ängstliche, ergebnisfixierte Teil unseres Selbst in den Prozess verwickelt wird.

Erst kürzlich habe ich mich mit einem Freund über Menschen mit Kontrollzwang unterhalten, die wir kennen. Kontrolle ist das zweite Gesicht der Angst. Wenn Sie alles kontrollieren wollen, schicken Sie die Botschaft ans Universum, dass etwas innerhalb bestimmter Grenzen geschehen *muss*, weil Sie glauben, dass es so am besten ist. Ihr Geist kann beispielsweise so sehr auf die Ansammlung von Reichtum ausgerichtet sein, dass Sie jeden Pfennig umdrehen. Auf diese Weise verfehlen Sie dann vielleicht die Gelegenheit, Millionen zu verdienen. Wenn Sie nicht loslassen können, verpassen Sie das größte Geschenk des Universums. Machen Sie sich bewusst, dass Sie alles verdienen, was das Universum Ihnen zu bieten hat, und dass es Ihnen immer alles schenkt, was Sie brauchen.

Ich beende jeden Vortrag mit einer Reihe von kraftspendenden Affirmationen. Eine davon ist:»Ich bin gesund, glücklich und heilig. So ist es.« Ich möchte, dass die Menschen ihr Leben mit erhöhter Bewusstheit leben. Jede Minute meines Lebens wird von folgendem Motto geprägt:»Ich bin ein vollkommenes, gesundes, glückliches und gesegnetes Wesen.«

Natürlich können wir diese Worte nicht einfach vor uns hin sagen und dann – schwuppdiwupp – erwarten, dass sie Wirklichkeit werden. Wir müssen in dem Bewusstsein leben, dass das Universum der Hort der Fülle ist und uns jeden Wunsch, jedes Verlangen erfüllen kann. Wenn Sie gern vollkommen gesund, glücklich und gesegnet sein möchten, müssen Sie Gesundheit, Glück und Segen in jeder Sekunde Ihres Lebens sehen. Und nicht nur, wenn es Ihnen gerade in den Kram passt. Wenn Sie so denken, ziehen Sie alles an, was Ihren Wunsch Realität werden lässt.

Öffnen wir unseren Geist für das unglaubliche, grenzenlose Universum. Dann nehmen wir Teil am aktiven und endlosen Energiefluss, den das Leben für uns bereithält. Wir beginnen, in einem größeren Rahmen zu leben. Wir lieben das Leben. Wenn unsere Bewusstheit zunimmt, erfahren wir Aspekte unseres Lebens auf der Erde, die uns helfen, all unsere Hoffnungen, ja unser Schicksal zu erfüllen. Gehen wir dagegen von einem begrenzten Bewusstsein aus, das Furcht und Mangel im Vordergrund sieht, so wird alles Nicht-Alltägliche unglaubhaft.

Sind wir uns jedoch der Macht und Magie des Universums, ja des Lebens bewusst, dann erscheinen auch die außergewöhnlichsten Dinge plötzlich ganz natürlich.

Sie bekommen, worum Sie bitten

In den langen Jahren meiner Arbeit sind viele Menschen zu mir gekommen, weil sie den vollkommenen Partner finden wollten. Tammy war eine davon. Sie rief mich häufig an und schließlich wurden wir Freunde. Immer wieder sagte sie zu mir: »Ich bin so einsam. Ich möchte doch nur jemanden haben, den ich lieben kann. Ich will nicht allein sein.«

Tammy hatte ein schwaches Selbstwertgefühl. Sie hatte Probleme, irgendetwas an sich liebenswert zu finden. Wie sollte sie dann erst jemand anders lieben können?

»Sie müssen sich selbst mögen, wie Sie sind«, erklärte ich ihr. »So öffnen Sie Ihr Herz und wirken anziehend auf andere Menschen.«

Ich bat Tammy, all das aufzuschreiben, was sie sich von einem Lebenspartner wünschte. So konnte sie zum einen ihre Wünsche klären, zum anderen aber würde sie endlich darüber nachdenken, was sie selbst Positives zu geben hatte. Doch irgendwie schien sie es nie zu schaffen, diese Liste zu machen. Mit der Zeit schlugen wir unterschiedliche Lebenswege ein und sahen uns eine Weile nicht mehr. Nach einigen Jahren traf ich sie in einem Café. »Wie geht es dir denn?«, wollte ich wissen.

In der nächsten halben Stunde erzählte sie mir, dass sie mehrmals den Job gewechselt habe, dass ihre Mutter gestorben und sie deshalb sehr traurig sei. »Und ich suche immer noch nach der großen Liebe«, fügte sie hinzu. »Ich nehme mal an, das Universum hat mich vergessen. Ich habe keinen Freund.«

»Hast du denn jemals die Liste mit den Eigenschaften deines Wunschpartners gemacht, wie ich es dir gesagt habe?«

»Nein, das habe ich nie fertig bekommen. Das Universum weiß doch, was ich will.«

Ich erklärte ihr, dass es so einfach nun wieder nicht sei. »Du musst schließlich wissen, was du willst, damit du in diesem Bewusstsein leben kannst.«

Tammy lächelte nur und sagte: »Nun, wahrscheinlich werde ich für den Rest meines Lebens mit meinem Kater zusammen sein und das war's dann.«

Ich fragte sie: »Seit wann hast du denn einen Kater?«

»Oh, meine Nachbarin zog weg und da ich den Kater wirklich mochte, habe ich ihr gesagt, ich würde mich um ihn kümmern. Ich liebe Whiskers. Er ist ein richtiger Schatz. Und ein ausgesprochen guter Gesellschafter. Nun habe ich doch jemanden, mit dem ich mein Leben teilen kann.«

Da sah ich ihr in die Augen und sagte: »Dann wurde dein Wunsch ja erfüllt.«

»Wovon sprichst du eigentlich?«, gab sie zurück.

»Du hast mir vor Jahren gesagt, du wünschtest dir jemanden, den du lieb haben kannst, weil du nicht allein leben willst. Und jetzt rate mal, was passiert ist? Das Universum hat dir gegeben, was du wolltest.«

Für mich war klar, dass Tammy immer noch nicht gelernt hatte, sich selbst zu mögen. Ich erklärte ihr, dass Tiere die wahren Lehrmeister in Sachen bedingungsloser Liebe seien. »Vielleicht hat das Universum dir Whiskers geschickt, um deine Ängste und Zweifel zu lindern.«

Tammy sah traurig zu Boden: »Wahrscheinlich hast du Recht.«

Es reicht nicht, sich irgendetwas zu wünschen. Sie müssen auch glauben, dass Sie es bekommen werden. Je klarer Sie also Ihr Ziel formulieren, desto passender wird die Manifestation dieses Wunsches dann sein.

Synchronizität oder Zufall?

Als ich vor kurzem in Kanada einen Vortrag über mediales Gewahrsein hielt, bat ich das Publikum, sich paarweise zusammenzutun und eine psychometrische Übung mitzumachen. Einer der Partner sollte ein Objekt in der Hand halten, das dem anderen gehörte, und einfach sehen, was passiert. Das Ziel war, Informationen über den anderen Menschen zu erspüren, und zwar allein mit Hilfe der Energie dieses Objektes. Nach fünf Minuten sollten die Testpersonen dem Partner Ihre Eindrücke erläutern. Dann bat ich die Paare, ihre Erfahrungen mitzuteilen. Eine Gruppe von vier Frauen hob die Hand.

Eine von ihnen stand auf und berichtete:»Ich denke, wir haben Ihnen etwas höchst Merkwürdiges mitzuteilen. Meine Schwester und ich haben die Übung mit den beiden Damen vor uns gemacht. Auch sie sind Schwestern. Alle vier haben wir einen Nachnamen, der mit C beginnt. Letzte Woche gingen wir alle vier am selben Tag auf denselben Friedhof, um dort das Grab unserer Großeltern zu besuchen. Wir haben herausgefunden, dass wir nur zwei Stunden nach den beiden Damen dort ankamen. Und wir haben entdeckt, dass unsere Großeltern sogar in derselben Grabreihe beerdigt wurden. Können Sie mir sagen, was das bedeuten soll?«

War es ein Zufall, dass diese vier Frauen in einem Publikum von etwa 1 200 Personen so nah beieinander saßen? Oder haben sie sich gegenseitig angezogen, weil sie so vieles gemeinsam hatten? War dabei gar ein kosmischer Plan am Werk? Wie viele »Zufälle« begegnen Ihnen in Ihrem Alltag? Ich meinerseits glaube schon lange nicht mehr an den Zufall.

In dem Sommer, als ich achtzehn Jahre alt wurde, reisten mein High-School-Freund Scott und ich per Anhalter durch die Vereinigten Staaten. Als wir San Francisco erreichten, aßen wir im berühmten *Fisherman's Wharf* zu Mittag, wo wir vier andere Tramper mit ihren Rucksäcken bemerkten. Wir machten uns miteinander bekannt und erfuhren, dass die vier aus Deutschland waren und Ferien machten wie wir. Am nächsten Tag wollten sie nach San Antonio, Texas. Da wir auf unserem Weg nach Westen durch Texas gekommen waren, konnten wir ihnen ein paar nützliche Tipps geben, für die sie sehr dankbar waren. Als wir uns verabschiedeten, wünschten wir uns Glück und dachten, wir würden uns nie wieder sehen.

In der nächsten Woche trampten Scott und ich zur Ostküste zurück. Ein Pärchen nahm uns mit, das uns irgendwo auf einer Landstraße in Arizona absetzte. Wir waren mehrere Meilen von allen Highways entfernt und hatten total die Orientierung verloren. Scott und ich wanderten langsam die Straße hinauf in der Hoffnung, auf eine Kreuzung zu stoßen, wo es mehr Verkehr gab. Als wir eine fanden, erkannten wir vier Gestalten, die ihre Köpfe über eine Karte neigten. Wir fragten uns, wer außer uns denn wohl hier, mitten im Nirgendwo, gestrandet sein konnte. Als wir näher kamen, erkannten wir die Jungs aus Deutschland. Erleichtert seufzten wir auf, denn nachdem wir sie begrüßt hatten, zeigten uns die vier mit Hilfe ihrer Straßenkarte den Weg zur Hauptverkehrsstraße.

Ist so ein Zusammentreffen aus irgendeinem Grund, den wir nicht kennen, vom Kosmos vorgesehen? Offenkundig ging da etwas vor sich … in diesem Fall wusch eine Hand die andere. Wenn wir alle Energie sind, dann senden wir auf medialem Weg bestimmte Schwingungen aus, welche die Energie unseres elektromagnetischen Feldes auf eine bestimmte Weise beeinflussen. Verbindungen wie die oben geschilderte sind Beispiele dafür, wie die Wirklichkeit einzelner Menschen miteinander verschmilzt. Das geschieht auf eine Weise, welcher die physikalischen Gesetze von Zeit und dreidimensionalem Raum nicht gerecht werden.

Vergessen wir nicht, dass alles durch die Kraft der Gedanken entsteht. Die äußere Welt der Ereignisse wird von der inneren Welt des Geistes geformt. In Wirklichkeit ist das, was wir für

Synchronizitäten oder unglaubliche Zufälle halten, das Werk göttlicher Intelligenz, die unsere Gedanken beeinflusst. Ich habe Hunderte von Geschichten gehört, in denen »urplötzlich« alles kam wie gewünscht, ohne dass dazu auch nur die geringste Anstrengung nötig gewesen wäre. Meist lautet der Kommentar der Betroffenen: »Absichtlich hätte ich das nie so hingekriegt.« Eben das gilt auch für die nächste Geschichte.

Ich bürge für ihn

In meinen Anfangsjahren als Medium brauchte ich ein zuverlässiges Auto, hatte aber nicht viel Geld. In Los Angeles war es einfach nicht möglich, ohne Auto zu leben. Nach einigen Wochen intensiver Suche wurde klar, dass die Art von Auto, die ich brauchte, für mich einfach nicht bezahlbar war. Eines Abends lud ein Freund mich zu einem Open-Air-Musical ein. Während ich noch auf den Beginn der Vorführung wartete wie alle anderen, spürte ich plötzlich, dass mir jemand auf die Schulter klopfte. Ich drehte mich um, und da saß ein anderer Freund von mir. »Ich höre, du suchst ein Auto?«, fragte er mich. »Hast du schon eines?«

»Nein«, gab ich zur Antwort. »Alles, was ich mir leisten kann, wird bei dem täglichen Verkehr in der Stadt schnell kaputt gehen.«

Er fragte mich: »Hättest du gern einen Mercedes?« Er war Leiter einer Mercedes-Geschäftsstelle und hatte gerade einen Gebrauchtwagen in tadellosem Zustand hereinbekommen.

Ich sagte, dass ich mir den Wagen gern ansehen würde. Das Gefährt war ein echter Traum, aber die Finanzierung bereitete mir allerhand Probleme. In der Bank sah die Kreditsachbearbeiterin mich mitfühlend an und meinte: »Wenn Sie noch zwei- oder dreitausend Dollar drauflegen, können wir es machen.« Die andere Möglichkeit waren höhere monatliche

Raten, doch auch diese überstiegen mein Budget. Die Bank finanzierte Gebrauchtwagen nur durch Kredite mit einer Laufzeit von höchstens 36 Monaten. Ich aber hätte fünf Jahre gebraucht, um den Wagen abzuzahlen. Da die Dame wusste, dass ich mit dem Autohändler befreundet war, kam sie mir noch weiter entgegen: »Ich rufe den Manager der Bank an. Vielleicht können wir ja doch etwas für Sie tun.«

Als er endlich am Telefon war und zu sprechen begann, wurde am anderen Ende das Gespräch unterbrochen. Ein paar Minuten lang hörte sie zu, dann stotterte sie verwirrt: »Ja, Sir. Ja, es ist schön, wieder von Ihnen zu hören. ... Mir geht es sehr gut, danke. ... Oh, es geht um ein Darlehen für ein gebrauchtes Auto. Der Kunde ist ein junger Mann, der einen Kredit mit fünf Jahren Laufzeit bräuchte. ... Sein Name? James van Praagh. ... Wie bitte? ... O ja, danke sehr, Sir. Auch Ihnen einen wunderschönen Tag!«

Als sie den Hörer auflegte, sah sie mich ungläubig an: »Wer zum Teufel sind Sie?« Sie erzählte, dass während ihres Gesprächs mit dem Manager der Vorstandsvorsitzende der Bank hereingekommen sei und diesem das Telefon aus der Hand genommen habe. »Er wollte wissen, weshalb ich anrufe. Dann fragte er nach Ihrem Namen. Und schließlich befahl er mir, Ihnen alles zu geben, was Sie brauchen. Er sagte: ›Ich bürge für ihn.‹«

Ich war baff.

»Sind Sie mit ihm befreundet?«

»Nein«, antwortete ich. »Nicht dass ich wüsste.«

So bekam ich meinen Wagen. Die Geschichte mit dem Vorsitzenden der Bank versetzte mich selbst in Erstaunen. Woher kannte er mich? Schließlich fand ich heraus, dass vor einem Jahr ein Freund seines Freundes den Freund eines meiner Freunde angerufen hatte, weil er dringend Hilfe brauchte. Auf Umwegen kam er dann zu mir und ich machte ein Reading für seine Frau. Sie war nach dem Tod ihrer Tochter in tiefe Depression verfallen. Nach dem Reading zeigte sie mir den

Abschiedsbrief, den sie schon fertig geschrieben hatte – sie hatte sich das Leben nehmen wollen. Doch ihr Kontakt mit der Geistwelt und vor allem mit ihrer Tochter gab ihr neuen Lebensmut.

In meinen kühnsten Träumen hätte ich mir ein solches Zusammentreffen nicht ausmalen können. Ein Mensch, den ich nie persönlich kennen gelernt hatte, half mir, als ich es nötig brauchte, weil ich jemand anderem geholfen hatte. Das ist ein schönes Beispiel für ein Wunder und ich dankte dem Universum, das es mir geschenkt hatte.

Big Al

Wenn ich einem Wunder oder – wie ich das nenne – dem »Segen des Geistes« beiwohnen darf, fühle ich mich stets besonders beschenkt. Die folgende Geschichte zeigt zum einen, wie sich die Wahrnehmung eines Geistes verändern kann, wenn er ins Licht geht, zum anderen, dass wir die Botschaften aus der Geistwelt häufig erst später richtig begreifen:

David kam zu mir, um mit seiner Mutter Kontakt aufzunehmen, die vor einigen Jahren gestorben war. Er sagte, dass sie sein Leben entscheidend geprägt hätte, und wollte wissen, ob sie noch immer ein Auge auf ihn habe. Manchmal, wenn ich mich für einen anderen Menschen der geistigen Welt öffne, kommt das Geistwesen, das er sucht, nicht durch. Normalerweise nimmt der Geist die Kommunikation auf, der am stärksten wünscht, eine Botschaft zu übermitteln. Das war auch bei David der Fall.

»Da ist ein Geist, der sich anmeldet, aber es ist nicht Ihre Mutter. Er sagt mir, dass er und Sie jahrelang gute Bekannte waren. Er ist fast kahl ... mit einem grauen Haarkranz. Außerdem trägt er einen sehr gut geschnittenen Anzug«, sagte ich.

»Kennen Sie seinen Namen?«, fragte David zurück.

»Wenn er mir einen Namen mitteilt, werde ich ihn nennen. In der Zwischenzeit zündet er sich eine Zigarre an und bläst mir den Rauch direkt in die Nase.«

Auch das sagte David nichts. Ich bat den Geist mental um mehr Information. »Er zeigt mir Las Vegas. Und gibt mir den Namen ›Betsy‹ durch. Jetzt lächelt er. Er sagt, dass er nicht immer nett war und dass er jetzt als Geist einiges davon wieder in Ordnung bringen möchte. Er spricht von jemandem namens Jill. Können Sie damit etwas anfangen?«

»Ja. Jill ist meine Frau. Ist er mit ihr verwandt?«

David gab sich wirklich Mühe, die Botschaft dieses Geistes zu verstehen.

»Jetzt zeigt er mir eine Kanone auf Rädern. Seltsam. Es sieht aus, als wäre sie aus Gold. Hat das Sinn für Sie?«

»Nein, ich verstehe es einfach nicht, James. Sind Sie sicher, dass dieses Wesen meinetwegen hier ist? Ich habe keinen solchen Verwandten. Und mit der Kanone kann ich auch nichts anfangen. Tut mir Leid. Ist noch jemand anders da?«

Langsam war auch ich ein wenig frustriert, obwohl ich wusste, dass Geister häufig auf diese Weise arbeiten. Ich wusste ja, dass das, was ich hörte, real wahr. David mochte diesen Mann im Augenblick nicht gerufen haben, trotzdem war er für seine Zukunft wichtig. Und zwar so wichtig, dass außer seiner Energie keine andere durchkam. Es war klar, dass der kahle Mann entschlossen die Bühne beherrschte. Ich konnte nur zuhören und die Botschaft weitergeben.

»Er teilt mir den Namen ›Steven‹ mit und zeigt mir eine Corvette«, sagte ich.

Wieder schüttelte David den Kopf. Ich fuhr trotzdem fort: »Nun, dann merken Sie sich einfach alles, was kommt. Vielleicht können Sie es eines Tages gebrauchen. Der kahlköpfige Mann sagt, Sie könnten nicht schlafen, weil Sie immer Arbeit mit nach Hause nehmen. Jetzt zeigt er mir einen Reißverschluss. Er will ihn schließen. Sieht aus, als wäre er kaputt. Ich verstehe das alles nicht. Sie vielleicht?«

»Nun, heute habe ich ein Paar Hosen angezogen und der Reißverschluss war kaputt. Kann es das sein?«

»Ja, kann sein, aber ich weiß es nicht genau. Er spricht über den Reißverschluss, der nicht funktioniert. Sagt Ihnen der Name ›Dorman‹ etwas?«, fragte ich.

Endlich eine Information, die David einordnen konnte. Er strahlte übers ganze Gesicht. »Ja, mein Chef heißt Paul Dorman. Vielleicht ist der Knabe ja ein Verwandter von ihm?«

»Ja, er könnte ihn kennen. Jetzt, sagt er, müsse er lachen. Er lacht laut und herzhaft. Der Mann sagt, er sei nicht ganz ehrlich zu Ihnen gewesen und er entschuldigt sich dafür. Er sagt, er habe nicht gewusst, was für ein anständiger Kerl Sie sind. Er fühlt sich schuldig für etwas, das er Ihnen angetan hat«, berichtete ich David.

»Ich verstehe es einfach nicht.«

Ich beschloss, eine Pause einzulegen. Nach ein paar Minuten versuchte ich erneut, etwas aufzunehmen. Nun erhielt ich das Bild eines Fahrrads mit einem bestimmten Lenker, wie es in den 60ern ziemlich modern gewesen war. Dann sah ich den Buchstaben A.

»Er ist immer noch hier und zeigt mir ein großes A. Können Sie damit etwas anfangen?«

»Ich muss erst einmal darüber nachdenken. Tut mir Leid, James.«

»Noch etwas. Der Mann sagt, dass er Ihnen geholfen hat. Er hat Sie angeblich an einen Ort gebracht, wo Sie immer schon hin wollten. Und er teilt mir den Namen ›Wesley‹ mit.«

Nach ein paar Minuten des Nachdenkens sagte David: »Ja, ich habe mit einem Wesley zusammengearbeitet. Aber das ist schon ziemlich lange her.«

Dann teilte ich ihm noch mit, dass der kahlköpfige Mann die goldene Kanone als Schlüsselanhänger trug. »Er entschuldigt sich noch einmal bei Ihnen. Er sagt, dass er auf Erden ein unangenehmer Typ gewesen sei und dass er seine Taten wieder gutmachen wolle. Er möchte Ihnen helfen.«

Doch David verstand immer noch nicht, wer das Wesen war oder weshalb es Verbindung zu ihm aufgenommen hatte. Ich schaltete den Kassettenrekorder aus, mit dem ich die Sitzung aufgezeichnet hatte, und gab David die Kassette mit. »Hören Sie sich das nach ein paar Wochen nochmals an. Vielleicht fällt Ihnen dann etwas dazu ein.«

Ich wusste, dass David schwer enttäuscht war, weil seine Mutter nicht aufgetaucht war.

»Tut mir Leid. Vielleicht kommt sie ja ein andermal. Der Mann – wer immer er auch sein mag – hat an Ihnen etwas gutzumachen.«

Etwa einen Monat später kam ich in mein Büro. Ich war auf Vortragsreise im Osten gewesen und war gerade erst wieder zurückgekehrt. Ich hörte die Nachrichten auf dem Anrufbeantworter ab und erkannte Davids Stimme. Er klang fast hysterisch. »Ich muss Sie sofort sehen!«, war alles, was er sagte. Also rief ich ihn zurück und verabredete mich mit ihm noch für denselben Abend zum Essen.

Als ich ins Restaurant kam, war David schon da. »Danke, dass Sie gekommen sind, James«, sagte er. Und die nächste Stunde sprach nur er: »Nach unserem Reading ging ich nach Hause und sagte meiner Frau Jill, dass nichts passiert sei. Das Band legte ich in eine Küchenschublade. Eine Woche später wartete Jill auf mich, als ich von der Arbeit nach Hause kam. Sie hatte sich das Band angehört und sagte mir, wer der kahle Mann war. Ich konnte kaum glauben, dass ich so vernagelt gewesen bin. Ich hätte es sofort wissen müssen. Bitte verzeihen Sie mir.«

»Das ist schon in Ordnung. Machen Sie sich deshalb keine Sorgen. Das gehört einfach zum Kommunikationsprozess. Die Verständigung funktioniert nicht immer und sofort so klar, wie wir uns das wünschen.«

»James, alles, was Sie gesagt haben, hatte Sinn. Als ich in den 60er Jahren zum ersten Mal nach Kalifornien ging, bekam ich dort einen Job bei einer Bekleidungsfirma. Mein Chef war ein kahlköpfiger, kleiner Mann, den wir ›Big Al‹ nannten. Das meinte er mit dem A.«

Ich lächelte. David war offensichtlich sehr aufgeregt.

»Big Al war ein richtiges Arschloch. Ich machte seine Spielchen mit und er versprach mir, dass er sich um mich kümmern würde. Vor allem log ich für ihn, wenn seine Frau anrief. Al hatte bei einer Konferenz in Las Vegas eine andere Frau namens Betsy kennen gelernt, mit der er etwa zwei Jahre lang eine Affäre hatte. Als Weihnachten kam, war er so verrückt nach ihr, dass er sogar vergaß, seiner Tochter ein Weihnachtsgeschenk zu kaufen. Also ging ich los und kaufte ihr ein Fahrrad. Genauso eines, wie Sie es beschrieben haben. Ich sagte ihr, es sei von ihrem Vater.«

»Unglaublich!«, gab ich zurück.

»Und der Reißverschluss. Wie konnte ich das nur vergessen? Ich habe in der Bekleidungsindustrie gearbeitet. Wir hatten einen Slogan, der hieß: ›Unsere Reißverschlüsse klemmen niemals.‹ Sobald meine Frau den Namen ›Big Al‹ aussprach, ergab plötzlich alles Sinn. Ich glaube, ich wollte mich einfach nicht erinnern. Auch nicht an Wesley und die Corvette. Wesley war ein Großkunde aus Chicago, den Al unbedingt beeindrucken wollte. Er wusste, dass Wesley eine Leidenschaft für dieses Auto hatte, also besorgte ich ihm eine gut erhaltene, voll getankte Corvette als Geschenk von der Firma. Wir bekamen die Rechnung und Big Al strich das Lob ein.«

Ich saß einfach nur da und hörte zu.

»Fünfzehn Jahre lang arbeitete ich für Al. Er versprach mir eine Beförderung. Ich sollte ins Management mit einem richtig tollen Büro im obersten Stock, das rundherum Fenster hatte. Das war es, was er mir für all die harte Arbeit versprochen hatte. Aber natürlich hatte er gelogen. Stattdessen stellte er einen Neuen ein, einen jungen Mann namens Steven. Als ich in sein Büro ging, um mit ihm darüber zu sprechen, saß er hinter seinem Schreibtisch und paffte seine Zigarre. Er sagte: ›Du musst einfach härter und schneller arbeiten, dann klappt's vielleicht beim nächsten Mal.‹ Ich war so sauer, dass ich kündigte.«

»Das ist ja eine unglaubliche Geschichte, David. Danke, dass Sie sie mir erzählt haben. Ich bin so froh, dass für Sie endlich alles begreiflich geworden ist.«

»Warten Sie. Das ist noch nicht alles. Jetzt wird's erst richtig seltsam.«

»Wieso?«, fragte ich.

»Letzten Monat hat mein Chef, Paul Dorman, mich befördert. Und raten Sie mal, was ich bekommen habe! Ein neues Büro im obersten Stock des Gebäudes mit Panoramablick über die Stadt. Das, was ich mir immer gewünscht habe. Als ich in den Schreibtisch sah, weil ich nach den Schlüsseln für die Aktenschränke suchte, entdeckte ich dort einen Schlüsselbund mit einer goldenen Kanone als Schlüsselanhänger.«

»Wahnsinn!« Mehr brachte ich nicht heraus.

»Und ich bin immer noch nicht fertig! Vor ein paar Tagen bin ich mit meinem Boss die Konten durchgegangen. Dabei fragte ich ihn, weshalb er mich eingestellt habe. Paul sagte mir, dass mein Fachwissen und meine Erfahrung ihn beeindruckt hatten. Er hatte meine früheren Arbeitgeber angerufen, alle – außer die Bekleidungsfirma, weil sie mittlerweile nicht mehr im Geschäft war. Er sagte, er habe die Wahl gehabt zwischen mir und einem anderen Kandidaten, als ihn einer meiner früheren Arbeitgeber anrief und ihm sagte, ich sei der Beste im Geschäft. Ich fragte ihn, wer das denn gewesen sei, und er antwortete mir: ›Er hat sich Big Al genannt.‹«

In diesem Moment wurde Davids Gesicht bleich. Er sah mich mit riesengroßen Augen an. »Wissen Sie, James. Big Al ist seit fünf Jahren tot.«

Der Geist wirkt auf wunderbare Weise und so überrascht mich das in den meisten Fällen nicht mehr. Ich habe schon oft erlebt, dass die Geister sich in unseren Alltag eingemischt und uns ohne unser Wissen zu mehr Wachstum verholfen haben. Sie wachen über uns, bewahren uns vor Gefahren und negativen Einflüssen. Das Wichtigste, was ich als Medium gelernt habe, ist die Tatsache, dass wir alle letztlich Geist sind. Ob wir hier auf der Erde in unseren materiellen Körpern leben oder uns blitzartig, so schnell wie ein Gedanke, von einem geistigen Reich zum anderen bewegen, wir sind alle miteinander verbunden. Der Geist sorgt für die Wunder des Lebens, wenn wir den Raum schaffen, in dem sie sich ereignen können. Es ist ein starker Glaube nötig, um die Tore zum göttlichen Eingreifen zu öffnen. Wir beweisen Mut, wenn wir die Kontrolle aufgeben, die Vorstellung, allein und getrennt zu sein. Wir sind frei, auf alles, was das Leben uns bringt, so zu reagieren, wie es für uns richtig ist. Mit einem Herzen voller Vergebung fällt es uns leicht, Gott sein Werk tun zu lassen.

8
Sie haben die »spirituelle Wahl«

Wie man Alltagsprobleme mit geistiger Hilfe bewältigt

Die vorhergehenden Kapitel sollten Ihnen zeigen, dass wir alle die Fähigkeit besitzen, unsere inneren Quellen anzuzapfen. Engel, Geistführer und liebe Menschen auf der anderen Seite warten nur darauf, uns zu Hilfe zu eilen. Und natürlich wollen Sie jetzt wissen, was Sie tun müssen, um Ihr geistiges Gewahrsein täglich zu üben. Dabei ist es wichtig zu wissen, dass die verschiedenen Methoden nicht immer gleich wirken. Doch mit der Zeit werden Sie, wenn Sie genügend Vertrauen entwickeln, leicht herausfinden, welche Praxis wann angebracht ist. Und ich verspreche Ihnen: Ihre übersinnlichen Fähigkeiten werden Ihnen helfen, Probleme zu lösen, wie immer das Hindernis aussehen mag. Es ist mein innigster Wunsch, dass Sie lernen, Ihre außersinnliche Wahrnehmung für Ihre täglichen Entscheidungen einzusetzen. Ich nenne das »die spirituelle Wahl haben«.

Was ist das nun, eine »spirituelle Wahl«? Unsere Entscheidungen aus spiritueller Perspektive zu treffen bedeutet, dass wir unsere Probleme aus einem ganzheitlichen Blickwinkel betrachten. Wir beziehen die physischen, emotionalen, psychologischen und – was vielleicht am wichtigsten ist – die geistigen Aspekte unseres Handelns mit ein. Eine »spirituelle Wahl« wird nicht vom Ich getroffen, das ja doch nur auf Grund seiner Ängste agiert. »Spirituell« handeln wir, wenn wir in diesem

Leben keine karmischen Schulden mehr ansammeln, die wir in einem anderen Leben wieder ausgleichen müssen.

Die richtige Entscheidung zu treffen ist mitunter ein schmerzhafter Prozess. Wenn wir in der Außenwelt nach Lösungen suchen, geraten wir unvermeidlich ins Stolpern. So kann es geschehen, dass Ihr Nachbar sich ein Auto kauft und Sie denken:»Wenn der das kann, kann ich das auch.« Nach dem Kauf aber stellen Sie fest, dass Sie sich finanziell hoffnungslos übernommen und so den wirtschaftlichen Druck auf Sie und Ihre Familie nur erhöht haben. Ein anderes Beispiel: Sie nehmen eine Arbeit an, die Ihnen wirklich nicht liegt. Doch Sie verdienen gut, also reden Sie sich ein, dass Sie sich mit der Zeit schon mit dem Job anfreunden werden. Unglücklicherweise ist das nicht so und der ungeliebte Arbeitsplatz trägt Ihnen eine Menge Stress ein statt der erwarteten Zufriedenheit. Oder: Sie heiraten, weil man von außen Druck auf Sie ausübt. Die Eltern wollen endlich Enkelkinder, all Ihre Freunde sind schon längst verheiratet. Und am Ende stellt sich heraus, dass Sie und Ihr Partner nur miteinander streiten, weil Sie aus den falschen Gründen die falsche Entscheidung getroffen haben. Solche Entscheidungen schaden Ihnen selbst und anderen Menschen. Das bedeutet, dass man sie rückgängig machen muss, was meist nicht einfach ist. Es gibt nun mal keine Abkürzungen im Leben!

Eine »spirituelle Wahl« hingegen ist eine Entscheidung, die Sie im Geist der Achtsamkeit treffen. Sie achten sorgfältig darauf, welche Folgen Ihr Tun für andere Menschen haben mag. Das bedeutet nicht, dass Sie sich so entscheiden, wie die anderen es gern hätten. Es geht nicht darum, Ihre Bedürfnisse hintan zu stellen, weil jemand anders vielleicht ein Anliegen hat, das noch berechtigter ist als Ihres. Wenn wir Märtyrer spielen, bleibt immer eine gewisse Bitterkeit in uns zurück. Lassen wir unser Ich entscheiden, wird immer jemand unter unserer Wahl zu leiden haben.

Ich bin der Überzeugung, dass wir uns selbst treu sind, wenn wir tun, was für uns richtig ist, ohne anderen zu schaden. Vielleicht gefällt das Ihrer Umgebung nicht, aber eben das kann der Grund sein, weshalb Sie sich dort inkarniert haben. Möglicherweise sollen Sie andere Menschen lehren, flexibler zu sein. Oder Sie sollen zeigen, wie man sich treu sein kann. Denn wenn Sie sich selbst belügen, sind Sie vermutlich auch zu anderen Menschen unehrlich.

Das Leben scheint manchmal ein Kampf zu sein und wir fragen uns hin und wieder, welchen Sinn unsere Existenz überhaupt hat: Wenn es Gott gibt, warum macht er seine Sache dann nicht besser und unterstützt uns? Weshalb werden wir krank? Warum schießen unsere Kinder in den Schulen wild um sich? Weshalb sind es immer die »bösen Jungs«, denen man am meisten Aufmerksamkeit schenkt? – Ich glaube, dass die schwierigsten Zeiten in unserem Leben in Wahrheit Zeiten des verborgenen Segens sind. Sie geben uns Gelegenheit, tief in uns zu gehen und unser Licht zu entdecken. Statt hilflos rhetorische Fragen zu stellen, sollten wir uns bemühen, eine wahrhaft spirituelle Entscheidung zu treffen, welche die Spannung aus der aktuellen Situation nimmt und sie uns als das annehmen lässt, was sie ist: der Weg zur Lösung.

Ich fand Gott

Vor einigen Jahren war ich auf einer Benefiz-Veranstaltung für die Umweltorganisation *Greenpeace*. Ich weiß, dass sich das eigenartig anhört, aber ich bin im Grunde ein schüchterner Mensch. Daher verbrachte ich fast den ganzen Abend abseits und beobachtete die Menschen. Hin und wieder tauchte ich in die Menge ein, um mir etwas zu essen zu holen. Plötzlich, als ich die Hand nach einem Spinatpastetchen ausstreckte, traf ich auf eine andere Hand, deren Besitzer offenkundig dieselbe Idee gehabt hatte. Ich sah auf und mein Blick fiel auf ein bekanntes Gesicht.

»Mark!«, rief ich erstaunt.

Mark sah ein wenig weiser und sehr viel reifer aus als früher. Ich war erstaunt, ihn hier zu treffen. Meines Wissens hatte er sich nie für Umweltbelange interessiert. Er war einmal mein Klient gewesen. Mark kam auf den Rat seines Therapeuten zu mir, der dachte, er könne vielleicht die alten Probleme mit seiner Mutter lösen, wenn er Verbindung zu ihr im Jenseits aufnehmen könne. Das Reading war erfolgreich. Marks Mutter kam zu uns durch. Doch zu jener Zeit war Mark noch nicht in der Lage, ihr zu vergeben.

Mark hatte eine harte Kindheit gehabt. Sein Bruder wurde vor seinen Augen kaltblütig ermordet. Sein Vater war Alkoholiker und seine Mutter schwer drogensüchtig. So wanderte er von einer Pflegemutter zur nächsten und lernte nie, was es bedeutet, eine Familie zu haben. Als er in die neunte Klasse kam, konnte er die boshaften Kommentare seiner Mitschüler nicht mehr ertragen und brach die Schule ab. In der nächsten Zeit lebte er bei seinem Onkel und seiner Tante, wo er sexuell missbraucht wurde. Also lief er weg und teilte sich mit einem Freund eine kleine Wohnung. Als ich ihn zum letzten Mal sah, arbeitete er in einer Videothek.

An diesem Abend luden wir uns den Teller mit Pastetchen voll und gingen hinaus auf die Terrasse, wo wir uns ungestört unterhalten konnten. Und ich kann mich noch gut daran erinnern, wie ich damals dachte, dass ich Marks Geschichte gern jemandem erzählen würde.

Marks Bericht begann folgendermaßen: »In der Videothek bin ich nicht lang geblieben. Der Besitzer glaubte, ich hätte in die Kasse gegriffen, was nicht stimmte. Nachdem ich meinen Job verloren hatte, konnte ich natürlich auch die Miete nicht mehr bezahlen. Und das war der Anfang von meinem Abstieg in die Hölle.«

Wie seine Mutter begann auch Mark, Drogen zu nehmen. »Ich war so abhängig, dass ich mich wirklich frage, wie ich es geschafft habe, heute lebendig neben Ihnen zu sitzen.«

»Und wie sind Sie davon losgekommen?«, fragte ich.

Mark sah verlegen auf seinen Teller, dann wandte er sich mir zu und sagte: »Nun, ich habe Gott gefunden …«

Ich dachte: ›Ach du liebe Zeit, gleich fängt er an zu predigen.‹

Mark aber unterbrach meinen Gedankengang und vollendete seinen Satz: »… in mir.«

Ich verstand nicht gleich, was er meinte, bis er mir erklärte: »Ich war buchstäblich in der Gosse gelandet. Ich lag im Rinnstein und starrte auf eine Reklametafel, auf der für irgendeinen Tom-Hanks-Film Werbung gemacht wurde. Ich weiß noch, wie ich dachte: ›Der Junge ist doch wirklich nichts Besonderes, einfach ein Schauspieler, der einen Film gemacht hat. Wo liegt bloß der Unterschied zwischen ihm und mir? Ich kann das auch! Die Leute könnten auch zu mir aufblicken und wissen, wer ich bin.‹ In diesem Augenblick, als mir dieser Gedanke durch den Kopf ging, fuhr ein Auto über meinen Fuß. Eine Frau stieg aus. Sie sah mich und war richtig geschockt. Ich war vollkommen zugedröhnt, aber irgendwie hat sie es geschafft, mich ins Krankenhaus zu bringen.«

»Das war aber sehr nett von ihr«, sagte ich.

»Sie war ein Engel, den Gott mir geschickt hat. Im Krankenhaus habe ich eine Entziehungskur gemacht. Und ich machte mich auf Entdeckungsreise in die Tiefen meiner Seele. Ich musste einfach aufhören, mir selbst im Weg zu stehen, dann würde Gott – oder welche Macht auch immer – das Ganze schon in Ordnung bringen. Ich erkannte, dass nur ich selbst die Verantwortung trug für meine Misere – also musste ich sie auch für meine Zukunft selbst übernehmen und mir eingestehen, dass ich Hilfe brauchte. Genau darum geht es im Leben.«

Ich konnte kaum glauben, dass dies derselbe junge Mann war, den ich vor acht Jahren gekannt hatte.

»Die Frau, die mir über den Fuß gefahren war, half mir weiter. Sie gab mir den Glauben an mich selbst zurück. Sie wollte mir helfen, ich war ihr wichtig. Sie sagte, sie könne das Licht in meinen Augen sehen. Also stellte sie mich einem Freund vor, der eine Glasfabrik besaß. Ich fing an, für Roger zu arbeiten, und schließlich hatte ich eine Idee, wie wir das Glas farblich gestalten könnten. Das war der Anfang. Roger ließ mich meine eigenen Stücke schaffen und verkaufen. Heute ist mein Design in der ganzen Welt bekannt.«

»Das ist ja unglaublich!«, rief ich aus. »Und was geschah mit der Dame?«

»Da drüben steht sie«, Mark deutete auf eine schwangere Frau, die aussah wie Gwyneth Paltrow.

Ich drehte mich zu Mark um und sagte: »Aber sie ist ja schwanger?«

»Ja. Wir erwarten unser erstes Kind im Juni. Wir wissen, dass es ein Mädchen ist, und wir liegen uns gerade in den Haaren, ob wir sie Angeline, also ›Engelchen‹, oder Violet nennen sollen.«

Ich lächelte. Diese Geschichte erwärmte einem buchstäblich das Herz. Das war wirklich ein Grund zum Feiern: Ein Leben sollte geboren werden, ein anderes hatte eine zweite Chance bekommen.

»Ich gratuliere«, sagte ich, als Mark mich seiner großherzigen Frau vorstellte.

Hier war ein junger Mann, der im Leben vor gewaltigen Hindernissen gestanden hatte. Doch mit Bewusstheit, innerer Stärke, Entschlossenheit und Selbsterkenntnis ist er fähig gewesen, mehr zu vollbringen, als irgendjemand je erwartet hätte. Sein Lebensweg ist ein wahres Wunder, das die Macht der freien Wahl unterstreicht. Und wenn ich heute in den verschiedenen Läden Marks wunderschöne Teller und Schalen aus Glas sehe, kann ich nicht umhin, das Leben wunderbar zu finden.

Verantwortung

Die meisten Menschen lassen das Leben einfach geschehen, statt ihre Chance zu nutzen und es aktiv zu gestalten. Dabei haben wir alle die Wahl wie Mark. Auch er hätte in der Gosse bleiben können, aber er entschied sich dafür, sich auf den Weg zu machen. Die Menschen vergessen häufig, dass sie immer die Wahl haben, auch in einer schwierigen Situation.

Die Freiheit der Wahl bedeutet aber gleichzeitig, dass wir für uns selbst verantwortlich sind, was nicht jeder gern hört. Es ist viel leichter, zu glauben, dass die Welt uns übel mitgespielt hat und wir ihr Mitleid verdienen. Statt die Verantwortung zu übernehmen, was bedeutet, dass wir uns der Kritik aussetzen, deuten wir mit dem Finger auf andere Menschen und geben ihnen die Schuld. Eltern, Lehrer, ja die Gesellschaft als Ganzes geben für all jene, die für sich keine Verantwortung übernehmen wollen,»gute« Sündenböcke ab. Dieses Opferbewusstsein aber entspringt dem Ich, nicht dem Geist. Wenn wir die Verantwortung für unser Leben nicht übernehmen, werden wir es nicht weit bringen.

Andererseits gibt es auch Menschen, die unter einem übergroßen Verantwortungsgefühl leiden. Bereitwillig übernehmen sie auch für das Leben anderer Menschen die Verantwortung. Weil sie ihre Aufmerksamkeit aber immer auf andere konzentrieren, übersehen sie ganz, was sie aus ihrem eigenen Leben machen könnten. Historisch gesehen sind es vor allem Frauen, die dazu erzogen wurden, sich zu Opfern der Bedürfnisse anderer Menschen zu machen:»Wie kann ich tun, was ich will, wo ich doch eine alternde Mutter habe, um die ich mich kümmern muss, und kleine Kinder, die mich brauchen?« Es ist schwierig, die Programmierungen zu durchbrechen, mit denen wir erzogen wurden, doch es ist möglich. Ich war bereits des Öfteren Zeuge eines solchen Befreiungsprozesses.

Die Opfermentalität beruht auf Furcht, die uns wiederum

unserer Kräfte beraubt und uns die Kontrolle über unser Leben verlieren lässt. Wenn wir anderen die Schuld für unser Unglück geben, ist es, als würden wir sagen: »Ich habe in meinem Leben nichts zu melden. Du bist es, der die Kommandos gibt.« Zum Opfer werden wir nur, wenn wir es zulassen. Die Bereitschaft, selbst Verantwortung zu übernehmen, ist ein gewaltiger Schritt vorwärts auf dem Weg zu einem spirituell ausgeglichenen Leben.

Auch wenn wir es erst einmal nicht glauben können: Nichts geschieht je ohne unser Einverständnis. Wie das sein kann? Viele Menschen antworten mir darauf: »Ich wollte sicher nie Krebs bekommen.« Auf einer bestimmten Bewusstseinsebene ist das aber der Fall. Achtung: Fühlen Sie sich jetzt nicht schuldig, weil Sie eine lebensbedrohliche Krankheit haben!

Vergessen Sie nicht: Unser Daseinszweck ist die Entwicklung unserer Seele. Ihre Krankheit, Ihr Verlust, Ihre Zwangslage ist Teil des Wachstumsprozesses Ihrer Seele. Sie sind die Summe Ihrer früheren Leben. Was Sie lernen, wovon Sie genesen, welche Aufgaben Sie erfüllen wollen, haben Sie selbst entschieden. »Karmische Verpflichtungen« gehören zu diesem Prozess dazu. Wenn es Ihr Karma ist, in diesem Leben eine Beziehung zu Ende zu bringen, die Sie in einem früheren Leben offen gelassen hatten, können Sie diesem Schicksal nicht entgehen.

Krankheit, der Verlust eines geliebten Menschen und Unglück jeder Art geben uns die Möglichkeit, Demut, Hingabe und Glauben zu entwickeln. Ihre Krankheit verschafft anderen Menschen vielleicht die Gelegenheit, mehr zu lieben. Ihre Probleme lehren andere möglicherweise, für ihre Rechte einzutreten. Ihr Verlust kann anderen Menschen helfen, welche die gleiche Tragödie hinter sich haben. Wir sind mehrdimensionale Wesen aus Licht. Sinn und Zweck unserer Existenz geht weit über unser physisches Leben hinaus. Schließlich sind wir alle hier, um lieben zu lernen. Nicht auf romantische Art, sondern ganz und bedingungslos. Und das Geschenk der Liebe verbirgt sich manchmal unter einer Schicht von Leid.

Am schwierigsten sind Entscheidungen, wenn sie andere verletzen. Eine unbefriedigende Beziehung hinter sich lassen; einem Angestellten kündigen, der seinen Teil der Arbeit nicht erledigt; einem Freund eine unangenehme Wahrheit sagen – solche Dinge bereiten uns meist Kummer. Doch auf lange Sicht kann so etwas sehr befreiend wirken. Ihre Entscheidung bringt den anderen Menschen vielleicht dazu, sein Leben grundlegend zu überdenken und zu erkennen, was an seiner jetzigen Situation nicht stimmt. Ihre Wahl, diese Beziehung aufzukündigen, mag dem anderen helfen, diese Schwachstelle in seinem Leben zu »reparieren«. Manchmal ist es sehr schmerzhaft, einen Prozess in Gang zu setzen, der ein ganzes Leben verändert.

Spirituelle Führung von der Großmutter

Wie Sie nun wissen, stehe ich auf Grund meiner Arbeit in ständigem Kontakt mit meinen Geistführern. Ich habe gelernt, ihrer Führung und Unterstützung zu vertrauen und profitiere davon. Eigentlich ist das bei allen Menschen so.

Eines Tages kam ein junger Mann namens Tony zu einem Reading zu mir. Als die Sitzung vorüber war, unterhielten wir uns noch kurz. Er sagte, dass er eine wichtige Entscheidung zu treffen habe, sich aber nicht ganz sicher sei, was er tun solle. »Mir wurde in einer neuen Firma eine Stelle angeboten. Nehme ich sie an, muss ich umziehen und zurück an die Ostküste gehen. Ich weiß aber nicht, ob das gut für mich ist. Ich habe einige meiner Freunde gefragt und sie drängen mich natürlich zu bleiben. Sie nehmen wohl an, ich wäre ohne sie und ohne meine Familie ziemlich einsam. Damit könnten sie Recht haben.«

»Und was denken Sie?«, fragte ich ihn.

»Ich weiß nicht. Beruflich ist der neue Job eine Herausforderung und es würde sich auch finanziell lohnen.«

»Sich zwischen Herz und Kopf entscheiden zu müssen ist meistens schwierig«, meinte ich.

»Ja, es ist ziemlich verwirrend. Ich möchte keinen Fehler machen. Ich dachte, dass mir das Reading vielleicht eine Antwort geben würde.«

»Nun, vielleicht hat es das ja auch.«

»Was meinen Sie damit?«, meinte Tony und sah mich ratlos an.

»Nun, zumindest haben Sie den Kontakt zur Geistwelt hergestellt. Sie wissen jetzt, dass es im Leben mehr gibt als nur unsere physische Existenz. Vertrauen Sie auf die andere Welt, dann werden Kopf und Herz schon das Richtige tun.«

Ich gab ihm seine Kassette mit und riet ihm, zu Hause zu meditieren. »Gehen Sie in sich und sprechen Sie mit den Geistern Ihrer Verstorbenen. Bitten Sie diese, Sie in Ihrer Entscheidung zu unterstützen. Und lassen Sie mich wissen, wie es weitergeht.«

Eine Woche später rief Tony an und erstattete Bericht: »Ich saß in meinem Schlafzimmer, zündete eine Kerze an und betete. Ich bat um Hilfe bei dieser Entscheidung, wie Sie es mir gesagt haben. Nach einer gewissen Zeit spürte ich eine Wärme in meinem Körper. Ich wurde vollkommen ruhig. Ich konnte die Stimme meiner Großmutter hören. Zuerst dachte ich, dass ich mir das nur einbilde. Dann hörte ich sie etwas sagen, das sie mir immer gesagt hatte: ›Schalt den Fernseher aus und geh raus an die frische Luft!‹ Ich hatte den Eindruck, sie wolle mir sagen, ich solle aufhören, auf andere zu hören, und die neue Stelle annehmen. Dort würde ich nämlich an einem Ort leben, an dem ich sicher mehr draußen wäre als hier … draußen an der frischen Luft.«

»Hört sich an, als würden Sie bald umziehen«, gab ich zurück.

»Ja, aber den Ausschlag gab etwas anderes. Als ich aufstand und mein Zimmer verließ, hörte ich, wie unten der Fernseher lief. Als ich ging, um ihn auszuschalten, sah ich auf dem Schirm ein Bild von der Stadt, in die ich ziehen sollte. Das war für mich die Bestätigung, dass ich die richtige Entscheidung getroffen hatte.«

Wir können unsere Schutzengel um Hilfe bitten, unsere Geistführer, die Erzengel oder unsere Anverwandten. Ihre Signale empfangen wir auf den unterschiedlichsten »Kanälen«. Unsere Aufgabe ist es, unseren Geist und unser Ich zu beruhigen, unser Herz zu öffnen und zuzuhören.

Ein Quantensprung in Sachen Glauben

Eileen ist eine Freundin. Vor einigen Jahren eröffnete sich ihr die Möglichkeit, ein eigenes Geschäft zu gründen. Wie sie selbst sagte: »Es war immer schon mein Traum, mein eigener Chef zu sein.« Draufgängerisch, wie sie war, wollte sie sofort loslegen. Sie sah sich nach Büroräumen um und fand schließlich etwas, das scheinbar perfekt war. Also begann sie, mit dem Makler die Bedingung für den Mietvertrag auszuhandeln.

Sie erzählte mir: »Ich war überglücklich und sicher, dass ich damit den nächsten Schritt hin zum eigenen Unternehmen tat.«

Doch als der Tag näher kam, an dem sie den Vertrag unterschreiben sollte, fühlte Eileen sich immer unwohler. »In meinem Hinterkopf kamen plötzlich Gedanken auf, dass die Räume vielleicht zu teuer sein könnten. Ich verspürte das dringende Bedürfnis, den Termin zu verschieben, andererseits hatte ich Angst, diese tolle Gelegenheit zu verpassen«, erklärte sie.

»Was hast du dann gemacht?«, fragte ich.

»Mir ist einfach kein Grund eingefallen, das Treffen mit dem

Vermieter aufzuschieben. Eigentlich war ich ja nur nervös. Trotzdem sagte ich ab, ich wollte vor ihm nicht dastehen wie eine Verrückte. In dieses Treffen musste ich mit Kampfgeist gehen, als die Geschäftsfrau, die ich sein wollte.« Eileen vertraute ihrer Intuition und verschob den Termin.

»Ich hatte solche Angst, damit diese unglaubliche Gelegenheit zu verpassen, dass sich in meinem Kopf ständig diese zwei Stimmen stritten.«

»Und was geschah dann?«, hakte ich nach.

»Drei Tage später rief der Makler an und sagte, dass der Vermieter im Preis heruntergegangen sei, weil er die Räume unbedingt an mich vermieten wollte und Angst hatte, ich würde mich anderswo umsehen.«

Eileen war außer sich vor Freude und mietete das Büro an. Sie lernte, immer stärker auf ihre Intuition zu vertrauen. Da sie den Termin verschoben hatte, konnte sie wesentlich bessere Konditionen aushandeln. Und genau das war es, was ihr neues Geschäft brauchte.

Glauben Sie an sich selbst, wie meine Freundin Eileen es tat, dann vertrauen Sie in Wirklichkeit auf Ihre enge Bindung zur Wahrheit. Die Energie, die nötig ist, um Ihren Wunsch Wirklichkeit werden zu lassen, kann nicht frei fließen, wenn Sie Angst vor dem Ergebnis haben. Bei spirituellen Entscheidungen aber hat Furcht keinen Platz. Letztendlich müssen Sie darauf vertrauen, dass es keine falschen Entscheidungen gibt. Jeder Entschluss führt Sie zu mehr Wachstum, zu neuen Bewusstseinsebenen. Das kann eine große Herausforderung sein, aber mit der Zeit wird der Prozess einfacher.

Innere Schätze

Wenn wir uns in schrecklichen Situationen wiederfinden, fragen wir uns meist, wie um Himmels willen wir den Mut aufbringen sollen, uns selbst nicht im Weg zu stehen, damit die göttliche Kraft das Steuer übernehmen kann. Das folgende Reading zeigt, welche Schwierigkeiten man mitunter hat, das eigene Potenzial zu verwirklichen.

Ich war in Chicago und hielt einen Vortrag vor 600 Menschen. Ein Geist namens Hal gab mir seine Gedanken durch. Er war ein ausgesprochen netter Mann. Ich hatte den Eindruck, mit einem Professor zu sprechen. Und wie ich gleich erfahren sollte, hatte er zu Lebzeiten tatsächlich an der Universität gelehrt. Hal wies mich an, auf eine Frau zuzugehen, die im Hintergrund des Raumes an der Wand lehnte. Ich war nicht sicher, ob diese Frau zu den Gästen gehörte oder zum Personal des Hotels, in dem der Vortrag stattfand. Doch dieser Geist wollte mit ihr sprechen und mit niemandem sonst.

Also deutete ich mit dem Finger auf sie und sagte: »Ich würde gern zu Ihnen kommen. Hier bei mir ist ein Mann namens Hal. Er möchte mit Ihnen Kontakt aufnehmen.«

»Ja, ich kannte ihn. Hal war mein bester Freund.«

»Ich weiß nicht, warum er mir das zeigt. Im Moment sehe ich ein Bild von Hänsel und Gretel. Wissen Sie, was das bedeuten soll?«, fragte ich.

»Nun … mein Name ist Greta«, antwortete sie.

»Er hört sich an, als ob er ein Lehrer wäre. Er möchte, dass alles, was er sagt, ganz genau verstanden wird.«

Greta berichtete, dass ihr Freund Kunstprofessor an der Northwestern University gewesen sei. »Er hat bei Vorlesungen immer sehr, sehr deutlich gesprochen«, fügte sie hinzu.

»Greta, dieser Mann erzählt mir etwas über eine Person namens Richie oder Richard und sagt, dass sie ihm nichts mehr schuldig seien.«

Greta sah zu Boden und antwortete nicht. Offensichtlich hatte ich einen Nerv getroffen. Sie wollte nicht darüber sprechen, Hal hingegen schon.

»Er sagt, er habe Sie in Bezug auf Richie gewarnt. Und er

sagt mir etwas über Lukas, den Evangelisten. Können Sie damit etwas anfangen?«

Die Frau nickte und wollte offenkundig nichts mehr dazu sagen. Es gibt Momente bei solch öffentlichen Vorträgen, in denen es hilfreicher ist, wenn man das Gespräch nach dem Vortrag oder in der Pause weiterführt. Also dankte ich Greta und bat in der Pause eine meiner Assistentinnen, sie zu finden und zu mir zu bringen. Greta kam also hinter die Bühne, wo wir einen Termin vereinbarten, an dem sie die ganze Botschaft Hals hören sollte. Einer meiner Führer teilte mir mit, dass dieses Treffen sehr schwierig sein würde, dass es aber nichtsdestotrotz nötig sei.

Zwei Tage später saß Greta in meinem Hotelzimmer vor mir. Wir schlossen die Augen und ich sprach mein Eröffnungsgebet. Fast unmittelbar darauf zeigten sich um sie herum mehrere Geister.

»Ein Mann steht links von Ihnen. Eine väterliche Figur, eher groß. Außerdem raucht er eine Zigarette. Bevor er starb, hatte er Probleme mit dem Sprechen. Er zeigt mit dem Finger auf seinen Hals. Hatte sein Tod etwas mit seiner Kehle zu tun?«

»Ja. Er starb an Kehlkopfkrebs«, sagte Greta.

»An seiner Seite steht eine Frau. Sie ist seine Mutter. Sie gibt mir den Namen ›Nell‹ durch und zeigt mir ein Kornfeld und eine Farm.«

»Ja, das ist richtig. Meine Großmutter lebte auf einer Farm in Iowa. Ich habe sie nicht gekannt«, fügte Greta hinzu.

»Das ist in Ordnung. Sie möchte sich nur vorstellen und Ihnen mitteilen, dass sie bei Ihrem Vater ist. Rechts von Ihnen steht eine weitere Frau. Es ist merkwürdig, aber sie sagt, sie wolle sie nicht erschrecken. Ich habe das Gefühl, als beinhalte ihr Name ›Ca‹ oder ›Ke‹. Sie kommt sehr schwach durch. Eigentlich möchte sie gar nicht hier sein. Ihre Schwingung ist sehr dünn. Sie ist mit Ihrem Vater wohl durch eine Ehe verbunden, weil sie mir einen Ring zeigt«, sagte ich zu Greta.

Ich konnte sehen, dass sie über dieses Thema nicht sprechen wollte, trotzdem war es nötig.

»Ja, das ist meine Mutter. Ich verstehe schon. Fahren Sie fort.«

»Diese Dame war sehr krank, bevor sie hinüberging. Hatte sie eine Krankenschwester?«

Peinlich berührt sah Greta auf den Boden. Sie zögerte, doch dann antwortete sie:»Ich … äh … habe mich um sie gekümmert. Zumindest habe ich das versucht. Sie war schwierig. Sie hatte viel Übergewicht und so war das alles harte Arbeit. Ich wollte nicht …«Von ihren Gefühlen überwältigt geriet Greta ins Stocken.»Ich wollte sie nicht allein lassen. Ich ging nur in den Laden, um ein paar Dinge zu holen.« Dann fing sie an zu weinen.

»Hatte Ihre Mutter Schwierigkeiten beim Gehen?«, fragte ich.

»Ja, sie konnte nicht laufen. Ich musste ihr immer aus dem Bett helfen. Sie war nicht sicher auf den Beinen.«

»Ihrer Mutter geht es jetzt gut. Sie sagt, ihr Tod sei nicht Ihre Schuld gewesen. Sie sollten all das jetzt hinter sich lassen und sich keine Vorwürfe machen, das sei nicht richtig. Sie wird Ihnen helfen, so wie Sie ihr geholfen haben.«

Daraufhin weinte Greta so bitterlich, dass ich das Reading für kurze Zeit unterbrechen musste, bis sie sich wieder beruhigt hatte. Dann kam der Geist zu uns, der sich schon beim Vortrag gemeldet hatte.

»Hier ist wieder Hal. Er sagt mir, dass er Ihnen verschiedene Kunstmuseen in New York gezeigt hat.«

»Ja, das hat er. Ich liebe dich, Hal! Vielen Dank für alles«, sagte Greta glücklich.

Hal sprach weiter über ihre Freundschaft und ihre gemeinsamen Erlebnisse.

Unvermittelt sah Greta mich an und fragte:»Kann ich Hal etwas fragen?«

»Aber natürlich. Fragen Sie ruhig!«, gab ich zur Antwort. Greta richtete den Blick über meinen Kopf und urplötzlich brach es aus ihr heraus: »Hilf mir, Hal! Bitte, hilf mir. Ich weiß nicht, was ich tun soll. Ich ertrage das nicht länger.«

Verblüfft sah ich sie an. Eine derart heftige Reaktion hatte ich nicht erwartet. So saß ich einige Minuten lang still, um Hals Antwort abzuwarten, die mich allerdings ebenfalls verblüffte.

»Er sagt, Sie sollen *umziehen*. Er möchte, dass Sie den Wohnort wechseln. Und er meint, dass er Ihnen das schon öfter nahe gelegt habe, Sie aber hätten nicht auf ihn gehört. Und er zweifelt auch daran, dass Sie das jetzt tun werden.«

Ich konnte die Qual in Gretas Gesicht deutlich sehen. Ich wünschte, ich hätte ihr helfen können, doch das war etwas, was sie allein durchstehen musste. Hal sagte ihr wieder und wieder, sie solle umziehen, und das war alles, was für den Rest der Sitzung aus ihm herauszubekommen war.

Ich war Gretas wegen traurig. Es war klar, dass sie nach einer Antwort suchte, und wie die meisten Menschen hatte sie erwartet, dass die andere Welt ihren Zauberstab über ihr schwingen würde und dass dann auf magische Weise alle Probleme gelöst wären. Nun, so funktioniert das leider nicht. Darüber hinaus wäre es für Gretas geistiges Wachstum sehr schlecht, wenn sie *nicht* die Verantwortung für ihre Entscheidungen übernehmen müsste.

Mehr als einmal erwähnte Hal Lukas, den Evangelisten, wie er es schon beim Vortrag getan hatte. Greta nahm es zur Kenntnis. Mir war klar, wie schwierig diese Sitzung für sie sein musste. Gleichzeitig aber konnte sie zum Wendepunkt ihres Lebens werden. Also fuhr ich mit dem Reading fort.

»Ihr Vater sagt, Sie müssten Rich verlassen. Sie sollten endlich zur Ruhe kommen.«

»Das ist nicht einfach. Ich weiß nicht, was ich tun soll. Ich fühle mich, als säße ich in der Falle. Kann Paps mir denn nicht helfen?«

»Ihr Vater sagt, diesen Weg müssten Sie allein gehen. Doch er
wird Ihnen helfen, wenn Sie sich selbst helfen.«
Greta dachte über diese Worte nach.
»Er erzählt von Ihrem fünften Geburtstag und spricht über
ein Karussell.«
»Ich weiß nicht, was er damit meint.«
»Er zeigt mir eine Schachtel mit Fotos in einer Schublade im
Schlafzimmer. Suchen Sie danach. Sie finden dort ein Foto mit
einem Karussell. Wenn Sie dieses Foto sehen, wird Ihnen alles
klar werden.«
»Ich erinnere mich nicht an ein solches Foto«, meinte
Greta.
Nachdem das Reading vorüber war, bat ich Greta, sich die
Kassette in ein paar Tagen nochmals anzuhören.
»Vielleicht verstehen Sie dann mehr.« Und ich bat sie, nach
der Fotografie zu suchen, die ihr Vater erwähnt hatte.
Sie nickte. »Ich halte Sie auf dem Laufenden.«
Eine Woche verging und ich hörte nichts von Greta.
Tatsächlich sollte ich erst drei Jahre später wieder von ihr
hören. Ich war in meinem Büro und sah die Post durch, als ein
Brief zu Boden fiel. Ich hob ihn auf und öffnete ihn. Er war
von Greta und lautete:

Lieber Herr van Praagh,
ich habe Sie vor drei Jahren bei einem Workshop in Chicago kennen gelernt. Sie haben mich mit meinem Freund Hal
in Kontakt gebracht. Später war ich privat zu einer Sitzung
bei Ihnen. Ich wollte Ihnen schreiben und Ihnen danken,
weil Sie mein Leben verändert haben. Sie haben mir die
Verbindung mit meiner Familie ermöglicht, die mir erlaub-
te, mich so zu sehen, wie ich wirklich bin.
Erst vor kurzem habe ich die Kassette von unserer Sitzung
wieder gefunden und abgespielt. Ich war erstaunt, wie viel
von der Information, die ich erhalten habe, sich mittlerweile

als wahr herausgestellt hat. Es tut mir Leid, dass ich damals so gar nichts von mir mitgeteilt habe, doch ich war einfach zu peinlich berührt. Daher schreibe ich Ihnen heute diesen Brief.

Zuerst einmal war ich fünfzehn Jahre lang mit einem Alkoholiker und Drogensüchtigen verheiratet. Er war gewalttätig und schlug mich häufig. Ich habe mir dieses Verhalten gefallen lassen, weil ich immer Angst hatte, er würde mich umbringen, wenn ich ihn verließe. Von mir selbst hatte ich keine sehr hohe Meinung, also unternahm ich nichts.

Wenn Sie sich erinnern, so erwähnte mein Freund Hal mehrmals das Lukas-Krankenhaus. Dort holte er mich einmal ab, nachdem Richard wieder einen seiner Exzesse hatte, und brachte mich nach Hause. Er war mein Held, doch ich hörte nie auf ihn, wenn er mich anflehte, Rich zu verlassen.

Auf der Kassette sagt Keri, meine Mutter, es sei nicht mein Fehler gewesen, dass sie gestorben sei. Nun, Herr van Praagh, ich habe mir deswegen jahrelang Vorwürfe gemacht. Am einzigen Tag, an dem ich sie je allein ließ, um einkaufen zu gehen, fiel sie aus dem Bett, verletzte sich am Kopf und starb. Ich dachte immer, dass dies nie geschehen wäre, wenn ich sie nicht allein gelassen hätte.

Wie auch immer, ein Jahr nach unserem Treffen hatte ich einen wundervollen Traum, in dem meine Mutter, mein Vater und Hal bei mir waren. Ich war ein kleines Kind und sie sangen »Happy Birthday« für mich. Ich erinnere mich, dass alle zu mir sagten, ich solle mir etwas wünschen und dann die Kerzen ausblasen. Mein Wunsch war es, den Menschen zu helfen.

Der Traum schien auf seltsame Weise real zu sein. Er zeigte mir, dass ich nicht das Leben führte, das ich mir wünschte. Während mein Mann bei der Arbeit war, packte ich meine Sachen und verließ ihn. Ich ging zu einer Freundin. Das Letzte, was ich einpackte, war die Schachtel mit den Fotos, von der Sie gesprochen hatten. Als ich sie in eine Tüte steckte, fiel ein Bild heraus. Als ich es betrachtete, blieb mir vor Staunen der Mund offen stehen. Es war an meinem fünften Geburtstag aufgenommen worden und ich trug das Geschenk meiner Eltern. Ich lege das Bild bei, sehen Sie selbst. Nun bin ich seit einem Jahr geschieden. Ich lebe in meinem eigenen Apartment und nächste Woche bin ich ausgebildete Krankenschwester. Nach 35 Lebensjahren habe ich nun endlich das Gefühl, meinen Lebensinhalt gefunden zu haben. Ich fühle mich vollkommen frei – ich bin ich selbst. Ich weiß nicht, was ich Ihnen sagen soll. Ein einfaches Dankeschön scheint mir kaum genug dafür, dass Sie mir mein Leben wiedergegeben haben. Wahrscheinlich war es ja immer da, aber ich konnte es einfach nicht sehen.

In Liebe
Greta Straub

P.S.: Mein Ex-Mann geht zu den »Anonymen Alkoholikern«. Er ist seit mehr als acht Monaten trocken.

Dem Brief lag das Foto von einem kleinen Mädchen bei, das ein Krankenschwesternkostüm trug und vor einem Kinderkarussell stand. Ist das nicht ein wunderbares Beispiel für eine wirklich schwierige Entscheidung, die einem Menschen neue Kraft und neuen Lebensmut gab? Diese Geschichte erinnert mich immer daran, dass es keinen Sinn hat, den Erwartungen anderer gerecht werden zu wollen. Wir müssen unserer eigenen Wahrheit folgen.

Tu es aus Liebe!

Wenn wir unsere Entscheidungen nur vom Ich her treffen,

leitet uns das gewöhnlich auf den falschen Pfad. Gerade unsere Gesellschaft führt uns immer wieder den erfolgreichen, begabten und reichen Menschen als Vorbild vor. Wir sehen dabei natürlich nur die äußeren Umstände und denken:»So möchte ich auch sein.« Es ist ganz in Ordnung, wenn der Erfolg anderer Menschen uns inspiriert. Doch wenn wir dann ans Werk gehen, müssen wir es aus Liebe tun und nicht, weil wir unseren egoistischen Zwecken genügen wollen.

Genau dasselbe sagte ich einem meiner Klienten bei einem Reading. Als Peter an meiner Tür läutete, trug er ein leuchtend blaues Hemd und elegante schwarze Hosen von einem Schneider. Er sah aus, als sei er gerade einem Modemagazin entstiegen. Ich fragte ihn:»Sind Sie etwa Model?«

»Nein«, antwortete er lächelnd.»Aber die meisten Menschen glauben das.«

Dann begann ich mit dem Reading.»Ich sehe eine Frau mit langem, dunklem Haar hinter Ihnen stehen. Sie hat einen Stock in der Hand und klopft damit in die Handfläche der anderen Hand. Können Sie damit etwas anfangen?«

»O ja«, meinte Peter.

»Nun zeigt sie mir einen Raum mit Spiegeln. Es sieht dort aus wie im Foyer eines Theaters. Jetzt erscheinen Kinder, die vor einer an der Wand befestigten Stange stehen. Es ist ein Raum, in dem Kinder Ballettunterricht bekommen.«

»Ja, sie ist meine Tanzlehrerin aus der Kindheit.«

»Sind Sie Tänzer?«, fragte ich.

»Ja.«

»Diese Frau zeigt mir die Buchstaben ›PIA‹. Sagt Ihnen das etwas?«

»Ihr Name ist Sophia.«

»Nun zeigt sie mir einen jungen Mann, der tanzt und tanzt. Er reist von einer Stadt zur anderen.«

»Ja. Ich hatte bereits viele Vorstellungen. Ich möchte gern ein berühmter Balletttänzer werden.«

»Nun schwenkt der Geist wie wild den Stock. Sie spricht wie eine sehr strenge Lehrerin. Sie sollen Geld und Ruhm vergessen, sagt sie.«

Ich wandte meinen Kopf zur Seite. Der Geist schrie fast in mein Ohr. Ich bat sie, doch etwas leiser zu sprechen. Das Reading dauerte noch etwa eine halbe Stunde. Dabei wurde Peter die meiste Zeit gescholten. Ich hatte Schwierigkeiten, diese Art von Energie aufrechtzuerhalten. Als wir das Reading beendet hatten, fragte ich Peter: »Warum war sie so wütend auf Sie?«

»Ich glaube, mein Tanz gefällt ihr nicht, und das kann ich ihr nicht einmal übel nehmen«, sagte er. »Ich war so damit beschäftigt, ein berühmter Tänzer zu werden, dass ich mehr Zeit damit verbracht habe, um die richtigen Leute herumzuscharwenzeln, als zu trainieren.«

»Vielleicht möchten Sie Ihre Entscheidung, berühmt zu werden, ja noch einmal überdenken. Möglicherweise ist es besser für Sie, wenn Sie sich darauf konzentrieren, im Tanz Ihr Bestes zu geben«, riet ich ihm.

»In der letzten Zeit habe ich nicht besonders getanzt. Ich hatte ein paar schlechte Kritiken. Für Sophia war der Ausdruck wichtig. Ich bin einfach nicht in Form zurzeit. Ich bin zu angespannt und das sieht man. Ich tanze nicht mehr mit derselben Freude und Begeisterung wie früher.«

»Nun, Ruhm ist eben kein gutes Motiv«, bestätigte ich. »Tatsächlich verhindert das Streben nach Ruhm meist den Erfolg.«

Hilflos und frustriert sah er mich an. »Ich weiß nicht, ob ich die Leidenschaft meiner früheren Tage wieder erreichen kann.«

»Fangen Sie damit an, ganz im Augenblick zu leben«, trug ich ihm auf. »Ich bin sicher, dass Sophia Ihnen dabei helfen wird. Sie glaubt an Ihr Talent. Haben Sie Freude am Tanz. Wenn Sie sich zu sehr von Ihrem Ziel leiten lassen, kommen Sie nicht vorwärts. Ändern Sie Ihre Motivation, dann wird sich auch die Energie wandeln, mit der Sie tanzen, und Ihre Liebe zum Tanz kehrt zurück.«

Wenn wir wie Peter ein bestimmtes Ziel verfolgen, sollten wir uns nicht zu sehr darauf fixieren. Damit schüren wir nur die Furcht, es nicht zu erreichen, und versuchen vergeblich, die Situation zu kontrollieren. Dann aber hat die geistige Welt keine Möglichkeit mehr, einzugreifen. Die Energie, die gebraucht wird, um Wünsche Wirklichkeit werden zu lassen, kann nicht frei fließen, wenn wir uns zu viele Gedanken über materielle Ergebnisse machen. Bitten Sie um etwas, so tun Sie es mit dem Gedanken daran, dass es zum »höchsten Guten« für Sie und die Welt sein möge. Und dann lassen Sie los, damit Gott übernehmen kann.

Lassen Sie Ihr Licht leuchten

Wenn Sie also die richtigen Entscheidungen treffen wollen, müssen Sie sich zuerst selbst erkennen. Viele Menschen, mit denen ich zu tun hatte, hatten ein ziemlich begrenztes Bild von sich selbst. Sie finden es viel leichter, sich zu kritisieren, als sich selbst eine gewisse Wertschätzung entgegenzubringen. Häufig fühlen wir uns im Leben völlig allein − zu einem gewissen Grad sind wir das auch, zumindest teilweise. Unsere Emotionen blenden uns, unsere Gedanken verwirren uns. Wenn wir uns zu stark auf unsere persönlichen Verluste konzentrieren, uns von unseren Sorgen und Ängsten auffressen lassen, ist kein Raum mehr für das Licht, das uns erfüllen könnte. Sind wir engherzig und ist unser Geist auf Kritik ausgerichtet, so kann das Licht nicht zu uns kommen. Treffen Sie aber Ihre Entscheidungen mit Hilfe Ihres medialen Gewahrseins, dann hilft es Ihnen, Ihr Inneres zur Basis Ihrer Entschlüsse zu machen, statt ewig äußeren Zielen hinterherzulaufen.

Und vergessen Sie nicht: Auch andere haben das Recht, sich

frei zu entscheiden. Selbst wenn wir mit ihren Entscheidungen nicht einverstanden sind, müssen wir anderen ihre Wahl zugestehen. Können Sie den Willen anderer Menschen akzeptieren, ohne sie zu verurteilen? Dann erst handeln Sie aus unbedingter Liebe. Toleranz lässt andere Menschen sein, wie sie sind, so dass sie ihrer inneren Wahrheit folgen können. Wir können nicht wissen, was für das spirituelle Wachstum anderer Menschen von Bedeutung ist. Falls Sie nicht wissen, was Sie tun sollen, bitten Sie um ein Zeichen. Wir sind von Zeichen aus der Geistwelt umgeben. Alles spricht zu uns, wenn wir nur unsere Antennen ausfahren. Ich selbst sage häufig zu meinen Geistführern:»Gebt mir ein Zeichen, dass dies die beste Wahl ist und dass ich auf dem richtigen Weg bin.« Stoße ich ständig auf Hindernisse, kommt es bei einem bestimmten Projekt zu dauernden Verzögerungen oder Schwierigkeiten, so nehme ich das als Zeichen der Geistwelt, dass ich auf dem falschen Weg bin. Meine Freundin Dorothea, ein begabtes Medium, drückt das häufig so aus: »Manchmal ist es das größte Geschenk, wenn wir nicht bekommen, was wir wollen.«

Eine andere Möglichkeit, die richtigen Entscheidungen zu treffen, ist es, über die möglichen Folgen jeder Alternative nachzudenken. Achten Sie auf Ihre Gefühle, wenn Sie die verschiedenen Szenarien überdenken. Freude ist ein ausgezeichneter Indikator dafür, dass Sie das Richtige getroffen haben. Zeichnen wir uns in allem, was wir tun, durch Mitgefühl, Frieden und Würde aus, dann sind wir zum lebendigen Ausdruck des Geistes geworden. Der Geist drückt sich durch unser Handeln, unsere Gedanken und Gefühle aus. Er inspiriert uns zu Höchstleistungen, Individualität und Hingabe. Versuchen Sie, seine Stärke, seine Fähigkeiten, seinen Willen und seinen Mut in alles einfließen zu lassen, was Sie tun. Dann wird das Licht des Geistes Ihnen für immer scheinen.

9
Methoden zur Entwicklung Ihrer intuitiven Fähigkeiten

Wie Sie mediale Kontakte herstellen

Wir alle treffen unsere Entscheidungen auf Grund unserer Erfahrungen, Vorurteile und fixen Ideen. Allzu oft behindert diese Tatsache die Entwicklung unserer Seele. Wenn wir unseren Geist jedoch darin üben, in der Gegenwart zu leben, öffnen wir unser Leben für neue Möglichkeiten. Die Methoden in diesem Kapitel sind hilfreicher, wenn Sie sie unvoreingenommen und offenen Geistes anwenden. Sie werden beginnen, das Leben anders zu sehen. Denken Sie daran, wenn Sie die folgenden Übungen machen, die Sie entweder allein oder mit anderen Menschen gemeinsam durchführen können.

Sie können mehr oder weniger üben – je nachdem, wie stark Ihr Interesse an medialen Erfahrungen ist. Vielleicht möchten Sie täglich Ihre Aura reinigen, andere Übungen aber höchstens zweimal pro Woche machen, wieder andere Rituale werden einfach bei Bedarf gemacht (dazu gehört beispielsweise das Ritual »Den Raum festlegen und reinigen – zu Hause oder am Arbeitsplatz«). Wollen Sie mit Traumarbeit oder automatischem Schreiben Ergebnisse erzielen, dann müssen Sie allerdings regelmäßig üben. Wenn Sie wirklich weiterkommen möchten, sollten Sie sich einem medialen Arbeitskreis anschließen. Wollen Sie im Ernstfall auf Ihre medialen Fähigkeiten bauen, so sollten Sie alle hier geschilderten Methoden beherrschen.

Grundübung zum Zentrieren

Alles, was wir tun, erfordert gewisse Vorbereitungen, ob es sich nun um eine Reparatur, das Malen eines Bildes oder eine Reise handelt. Das Entwickeln der eigenen Intuition macht hier keine Ausnahme. Sie sollten sich also gründlich vorbereiten. Nehmen Sie sich für die folgende Übung mindestens fünf bis zehn Minuten Zeit und gehen Sie erst danach zu anderen Techniken über, sonst werden Ihre Ergebnisse vielleicht nicht ganz eindeutig sein.

Setzen Sie sich mit geradem Rücken bequem hin. Nur wenn Sie ganz aufrecht sitzen, kann die Energie im Körper frei nach oben und unten fließen. Stellen Sie sich vor, dass ein Draht am Scheitelpunkt Ihres Kopfes befestigt ist und ihn nach oben zieht. Schließen Sie nun die Augen und atmen Sie mehrmals tief ein und aus. Sehen Sie, wie mit jedem Atemzug goldenes Licht in Sie einströmt. Dieses Licht fließt in jede Zelle, in jedes Organ, in jeden Muskel. Mit jedem Atemzug fühlen Sie sich erfrischter. Visualisieren Sie, wie ein grauer Nebel beim Ausatmen Ihren Körper verlässt. Mit ihm fließen Angst, Nervosität, Spannung und überschüssige Energie ab.

Als Nächstes stellen Sie sich nun vor, dass Sie sich in der Mitte Ihres Körpers befinden und durch einen Punkt zwischen den Augenbrauen aus Ihrem Körper hinausschauen. Das ist Ihr drittes Auge. Zu guter Letzt imaginieren Sie drei verschiedene Leinen bzw. Seile. Eine davon ist am unteren Ende der Wirbelsäule befestigt, die anderen beiden an je einem Fußknöchel. Diese Leinen verankern Sie tief im Zentrum der Erde. Stellen Sie sich dort drei gewaltige Felsen vor. Um jeden ist eines Ihrer Ankerseile geschlungen. Jetzt lassen Sie überschüssige Energie in Ihrem energetischen Raum durch diese Seile in die Erde abfließen. Gleichzeitig fühlen Sie, wie die Energie von Mutter Erde durch die Seile in Sie einströmt; sie heilt und bindet Sie weiter an die Erde. Nun sind Sie richtig verankert und gut zentriert, so dass Sie mit Ihrer Arbeit beginnen können. Denken Sie daran: Seien Sie geduldig, haben Sie Vertrauen und vergessen Sie auch die Freude nicht.

Die fünf Sinne entwickeln

Ziel der nächsten Übungen ist es, Sie mit Ihrer Umwelt vertraut zu machen. Wenn Sie Ihre fünf Sinne auf diese Weise nutzen lernen, sind Sie auch in der Lage, sie zum Empfang von medialen Botschaften einzusetzen. Machen Sie auf jeden Fall vorher die »Grundübung zum Zentrieren«. Legen Sie ein Notizheft bereit, in dem Sie Ihre Eindrücke festhalten können.

Das Sehen
Die meisten von uns halten ihr Augenlicht für etwas Selbstverständliches. Daher setzen wir es meist so ein, dass wir sehen, was wir sehen wollen, und alles andere ausblenden. Diese Übung wird Ihnen helfen, »mehr« zu sehen.

Nehmen Sie eine große Blume und stellen Sie diese in eine Vase in der Mitte eines Tisches. Schließen Sie Ihre Augen und atmen Sie mehrmals tief ein … und aus. Öffnen Sie nun die Augen und betrachten Sie die Blume so, als sähen Sie sie durch ein Vergrößerungsglas. Stellen Sie sich vor, Sie könnten durch die Blume hindurch sehen. Nehmen Sie so viel Information wie möglich von der Blume auf: Welche Farben zeigt sie? Welche Formen? Sind einige Stellen heller, andere dunkler? Was sehen Sie? Beschreiben Sie, was Sie wahrnehmen. Schreiben Sie all ihre erkennbaren Eigenschaften nieder.

Sobald Sie damit fertig sind, schließen Sie die Augen und atmen wieder ein paar Mal tief durch … um sich zu zentrieren. Öffnen Sie die Augen und betrachten Sie die Blume erneut. Dieses Mal versuchen Sie, sich in ihre Persönlichkeit einzufühlen. Sie ist ein lebendes Wesen. Machen Sie sich das bewusst. Welche Züge sehen Sie jetzt in ihr? Erinnert Sie sie an etwas oder jemanden? Erweckt sie in Ihnen Gefühle? Wenn ja, welche? Und auch jetzt schreiben Sie alles, was Sie erspüren, in Ihr Notizbuch. Vergleichen Sie die beiden Einträge. Sie werden überrascht sein, wie viel Sie erkennen konnten. Doch vergessen Sie eines nicht: In diesen Übungen ist kein Platz für Kritik. Tadeln Sie sich nicht für das, was Sie erkannt oder nicht erkannt haben. Genießen Sie diese Erfahrung einfach.

Das Hören
Ordnen Sie auf einem Tisch mehrere Objekte aus demselben Stoff an. Zum Beispiel einen Holzlöffel und ein Stück Holz sowie einen Metalllöffel und eine Zinnschale. Diese Übung soll Ihnen helfen, die Unterschiede zwischen ähnlichen, aber nicht gleichen Lauten zu erkennen. Um Ihre Bewusstheit auf einer Sinnesebene zu steigern, ist es mitunter sinnvoll, die anderen auszuschließen; das trifft vor allem für das Gehör zu. Verbinden Sie Ihre Augen mit einem Tuch und setzen Sie sich einige Sekunden lang still hin. Gewöhnen Sie sich an die Geräusche im Raum.

Als Nächstes nehmen Sie den Holzlöffel und klopfen damit auf den Tisch. Dann nehmen Sie das Stück Holz und tun damit dasselbe. Achten Sie ganz genau auf die Nuancen jedes Lautes. Hören Sie den Unterschied? Jetzt tun Sie dasselbe mit den Metallgegenständen. Wechseln Sie immer wieder zwischen den beiden Gegenständen hin und her, um die Unterschiede besser zu hören.

Lassen Sie die Augen noch etwa zehn Minuten verbunden und vertiefen Sie sich in jedes Geräusch, das Sie in der Umgebung wahrnehmen. Welches sind die höchsten, welches die tiefsten Töne? Diese Übung können Sie überall machen. Schließen Sie einfach die Augen und hören Sie zu – Sie werden erstaunt sein, wie scharf Ihr Gehör wird.

Das Tasten

Nehmen Sie sich Gegenstände mit unterschiedlicher Oberflächenbeschaffenheit, einen Pullover zum Beispiel, einen Schwamm und einen Stein. Verbinden Sie Ihre Augen erneut mit einem Tuch. Wenn möglich, benutzen Sie für diese Übung auch Ohrstöpsel, um die Bandbreite Ihrer möglichen Sinneseindrücke noch weiter einzuschränken.

Beginnen Sie nun damit, jeden Gegenstand mit Fingern und Handflächen zu betasten: Wie fühlt sich die Oberfläche an? Erweckt sie in Ihnen Gedanken oder Gefühle? Wie würden Sie das, was Sie jetzt empfinden, beschreiben? Wie unterscheiden sich die einzelnen Objekte? Halten Sie Ihre Beobachtungen schriftlich fest.

Im nächsten Schritt gehen Sie bitte hinaus und spazieren ein paar Schritte durch den Garten oder einen nahen Park. Suchen Sie sich ein Plätzchen mit verschiedenen Bäumen, Sträuchern und Blumen. Schließen Sie die Augen und berühren Sie einen Baum. Nehmen Sie dieses Gefühl in allen Einzelheiten wahr, damit es in Ihrem Gedächtnis gespeichert wird. Tun Sie danach dasselbe mit den Blumen und Sträuchern. Ertasten Sie die Blätter der Pflanzen. Versuchen Sie, Informationen nur über Ihren Tastsinn aufzunehmen.

Öffnen Sie, während Sie in der freien Natur sind, die Handflächen. Spüren Sie den Wind darauf? Das ist eine besonders feine Empfindung. Je besser Sie die Feinheiten des Lebens erspüren können, desto geschickter werden Sie im Kontakt mit der Geistwelt und desto mehr Freude erfahren Sie.

Das Schmecken

Obwohl der Geschmackssinn bei der Entwicklung medialer Fähigkeiten gewöhnlich wenig Beachtung erfährt, ist er von Bedeutung. Die folgende Übung lieben alle Menschen. Wenn Sie die einzelnen Geschmacksrichtungen vollkommen klar erkennen wollen, sollten Sie sich vielleicht zwischen den einzelnen Versuchsgängen den Mund mit klarem Wasser ausspülen.

Nehmen Sie für diese Übung eine Zitronenscheibe, ein Stück Schokolade, eine Tasse kalten Kaffee und ein Pfefferminzbonbon. Außerdem brauchen Sie auch hier ein Tuch, um die Augen zu verbinden, und Ohrstöpsel. Dann kosten Sie jedes einzelne Objekt. Achten Sie dabei vor allem auf Ihre emotionalen Reaktionen: Mögen Sie den Geschmack oder nicht? Ist Ihnen die Beschaffenheit des Gekosteten angenehm?

Ich bin sicher, Sie kennen die Redewendung »einen schalen Geschmack hinterlassen«. Dieser bildhafte Ausdruck zeigt sehr schön, was unsere geschmackliche Intuition uns sagen kann. Daher ist es wirklich wichtig, den Geschmackssinn ausreichend zu entwickeln – denn nicht selten erreichen uns mediale Eindrücke über ihn.

Das Riechen
Auf den Geruchssinn verlassen wir uns gewöhnlich häufiger, als uns bewusst ist. Tragen Sie zuerst ein paar »Duftobjekte« zusammen: Parfüm, Rasierwasser, eine wohlriechende Rose, Weihrauch und ein paar frische Kräuter wie Lavendel oder Rosmarin. Auch hier benutzen Sie ein Tuch, um die Augen zu verbinden, und Ohrstöpsel. Führen Sie jedes Objekt an die Nase und erschnuppern Sie sich seinen Duft: Wie reagieren Sie auf diesen speziellen Geruch? Erinnert er Sie an etwas? Häufig sind Düfte mit bestimmten Erinnerungen verbunden. Mögen Sie den Geruch oder nicht?

Eine weitere Methode, den Geruchssinn zu schärfen, ist es, sich einen Tag vollkommen auf die Eindrücke unserer Nase zu konzentrieren. Beschreiben Sie, falls möglich, Ihre Eindrücke in Ihrem Notizheft. Halten Sie auch die Gedanken und Emotionen fest, die bestimmte Düfte in Ihnen heraufbeschwören. Sie werden überrascht sein, was Sie alles mit der Nase wahrnehmen können. Häufig nehmen unsere Lieben Kontakt mit uns auf, indem sie uns bestimmte Düfte übermitteln.

Auch die Aromatherapie ist ein gutes Mittel, unsere Riechfähigkeit auszuweiten. Ich benutze zur Meditation verschiedene Duftessenzen, manchmal auch Räucherwerk. Vor allem zur Reinigung und zum Schutz des eigenen Raumes ist das sehr hilfreich. Die Aromatherapie setzt auf die Heilkräfte von natürlichen Düften verschiedener Hölzer, Kräuter und Blüten. Jeder Duft hat eine bestimmte Frequenz, mit der er schwingt. Wenn sie richtig eingesetzt werden, können diese aromatischen Essenzen unser Energieniveau erhöhen. Sie versetzen uns in einen meditativen Zustand und schützen uns.

So wird Weihrauch seit Jahrtausenden zum Gebet eingesetzt. Die Indianer Amerikas »räuchern« ihre Umgebung mit glimmenden Bündeln von Präriesalbei, um negative Schwingungen daraus zu verbannen und ihre Aura zu reinigen. Der aufsteigende Rauch steht für unsere Gebete, die sich zum Himmel erheben, um dort erhört zu werden. Viele religiöse Traditionen nutzen Weihrauch und anderes Räucherwerk, um die Orte zu reinigen, an denen heilige Zeremonien abgehalten werden.

Einen veränderten Bewusstseinszustand herbeiführen

Machen Sie zuerst die »Grundübung zum Zentrieren«. Danach lockern Sie Ihren Körper: Spannen Sie jede einzelne Muskelgruppe an, um sie dann wieder loszulassen. Beginnen Sie mit den Zehen und arbeiten Sie sich nach oben bis zum Kopf. Wenn die Muskeln sich lösen, werden Sie spüren, wie der Stress langsam von Ihnen abfällt und Ihr Körper sich mehr und mehr entspannt.

Im nächsten Schritt beziehen Sie den Atem ein. Bei jedem Einatmen entspannen Sie sich ein bisschen mehr … beim Ausatmen lassen Sie alle Fragen und Sorgen dieses Tages los, bis Sie ganz losgelassen haben und einfach da sind.

Atmen Sie weiter … und stellen Sie sich vor, Sie würden ganz oben auf einer Treppe stehen. Mit jeder Stufe, die Sie nach unten gehen, entspannen Sie sich ein wenig mehr. Sagen Sie bei jedem Schritt ein positives Wort wie *Liebe* oder *Freude* oder *Frieden*. Nehmen Sie dieses Wort ganz bewusst in Ihren energetischen Raum und Ihren Selbstausdruck auf: Wie fühlen Sie sich, wenn Sie dieses Wort aussprechen? Lassen Sie zu, dass Ihr Geist sich ganz mit diesem Wort füllt. Immer wenn er versucht, sich etwas anderem zuzuwenden, holen Sie ihn sanft zu diesem Wort zurück. Erkennen Sie, wie das Wort Ihr Bewusstsein erweitert? Währenddessen steigen Sie immer weiter die Stufen hinab und werden immer entspannter. Unten angekommen, befinden Sie sich in einem absolut sicheren und heiligen Raum, von dem aus Sie Ihre Forschungsarbeit starten können.

Die Energie eines Raumes erspüren

Auch diese Übung beginnen Sie wieder mit der »Grundübung zum Zentrieren«. Bleiben Sie in Ihrem eigenen Raum zentriert, schließen Sie Ihre Augen und öffnen Sie die Handflächen. Mit ihnen erfühlen Sie nun die Energie des Raumes, in dem Sie sich befinden. Vermutlich empfangen Sie sofort einen intuitiven Eindruck auf emotionaler, mentaler oder körperlicher Ebene. Vielleicht »hören« Sie die Energie auch.

Lassen Sie sich nun von einer Ecke des Raumes anziehen. Spüren Sie, wie die Energie sich verändert, während Sie langsam näher kommen: Fühlt sie sich dicht an? Leicht? Spüren Sie Farben oder Formen? Hat diese Energie mit einer Person zu tun? Nehmen Sie vielleicht einen Temperaturwechsel wahr? Welchen allgemeinen Eindruck hinterlässt dieser Raum bei

Ihnen? Gehen Sie so durch alle Räume des Hauses: Welche verschiedenen Empfindungen lösen sie bei Ihnen aus?

Wenn Sie die Energie eines Raumes verändern wollen, begeben Sie sich in dessen Mitte. Schließen Sie die Augen und stellen Sie sich vor, wie eine gewaltige goldene Sonne den Raum erleuchtet. Die Sonnenstrahlen erfüllen ihn mit einem liebevollen, freudigen Licht. Achten Sie darauf, wie sich die Energie im Raum verändert hat, wenn Sie mit der Übung fertig sind.

Geistigen und emotionalen Ballast abwerfen

Die gedankliche und emotionale Energie unserer täglichen Erfahrungen bleibt erst einmal in uns gespeichert, bis wir sie ablegen. Auf diese Weise nehmen wir Energie von Familienmitgliedern, Freunden und Fremden auf. Je sensibler Sie sind, desto leichter sind Sie für den Abfall anderer Menschen empfänglich. Wenn Sie diese Energie in Ihrem persönlichen Raum behalten, kann sie Störungen verursachen. Daher sollten Sie jeden Tag daran denken, Ihren Energiehaushalt auszugleichen und alles, was Sie nicht brauchen, hinauszuwerfen. Das ist ein wichtiger Schritt bei der Entwicklung unserer medialen Aufnahmefähigkeit.

Zunächst machen Sie die »Grundübung zum Zentrieren«. Dann setzen Sie sich mit aufrechtem Rücken bequem hin. Schließen Sie die Augen und atmen Sie tief ein … und aus. Sie entspannen sich mit jedem Atemzug mehr. Richten Sie Ihre Aufmerksamkeit auf die Energie, die Sie umgibt. Beginnen Sie mit dem Bereich etwa acht bis zehn Zentimeter um Sie herum, dann dehnen Sie diese Zone allmählich aus. Erweitern Sie Ihre Bewusstheit dieses Raumes Schritt für Schritt. »Lesen« Sie jedes Detail darin. Nun versuchen Sie herauszufinden, ob Sie irgendeine fremde Energie in diesem Raum spüren können. Welche Emotionen sind dort gespeichert? Sind es Ihre eigenen? Oder die einer anderen Person? Wenn diese Emotionen nicht zu Ihnen gehören, umhüllen Sie sie mit goldenem Licht und schicken Sie sie im Geiste an ihren Absender zurück. Lassen Sie nur die Energien in Ihrem Raum, die Ihnen und Ihrer spirituellen Entwicklung förderlich sind. Dann bitten Sie darum, dass all die Energie, die Sie im Laufe des Tages an andere abgegeben haben, zu Ihnen zurückkehren möge.

Tägliche Affirmation

Versuchen Sie jeden Tag als Fest des Lebens zu begehen. Bevor Sie am Morgen aufstehen, können Sie sich eine Minute Zeit nehmen, um der großen Schöpferkraft dafür zu danken, dass Sie die fantastischen Wunder des Lebens ein weiteres Mal erfahren dürfen. Ich spreche bei dieser Gelegenheit immer folgendes Gebet:

Danke, lieber Gott, dass Du mir einen neuen Lebenstag geschenkt hast. Möge er mir alle Erfahrungen bringen, die nötig sind, um meine Seele lernen und wachsen zu lassen – im Licht Deiner Liebe und all dessen, was gut ist.

Diese Affirmation schenkt dem Tag gleich ein freundliches Gesicht.

Mit dem Atem schwingen

Je mehr Sie mit Ihrer Intuition arbeiten, desto intensiver wird Ihre Praxis. Diese Übung soll Ihnen helfen, tiefer in die Schätze Ihrer Natur einzutauchen. In meinen Arbeitskreisen gebe ich diese Übung allen Teilnehmern – quasi als Hausaufgabe.

Alles beginnt und endet mit dem Atem. Der Atem bringt Prana, die Energie des Lebens, in unseren Körper. Da der Atem das Leben erhält, sollten wir lernen, welche Bedeutung er hat, wie wir ihn einsetzen können und wie wir ihm unsere Ehrerbietung erweisen können. Benutzen Sie ihn, um die Tore zur unsichtbaren Welt weit aufzustoßen. Achtsamkeit im Hinblick auf den Atem zu entwickeln ist eine grundlegende Praxis, die wir unbedingt meistern müssen.

Setzen Sie sich bequem hin und schließen Sie die Augen. Während Sie ein- ... und ausatmen, beobachten Sie jeden Atemzug. Versuchen Sie nicht, ihn zu verändern oder irgendwie zu lenken. Nur ganz langsam lassen wir zuerst das Einatmen, dann das Ausatmen länger werden. Fahren Sie damit ein paar Minuten lang fort. Dann atmen Sie wieder ganz normal. Sie werden bald feststellen, dass der Atem seinen eigenen Rhythmus hat – wie Ebbe und Flut. Versuchen Sie nicht, in diesen natürlichen Ablauf einzugreifen, lassen Sie einfach nur geschehen.

Meditation für geistige und emotionale Harmonie

Wenn Sie Kontakt mit der Geistwelt herstellen und das höchste aller geistigen Reiche erlangen wollen, müssen Sie dafür sorgen, dass Sie emotional, mental und körperlich ausgeglichen sind. Sie sollten sich ständig darum bemühen, Körper und Geist im Gleichgewicht zu halten. In der Folge finden Sie eine Meditation, die genau das unterstützt.

Machen Sie zuerst die »Grundübung zum Zentrieren«. Nun achten Sie darauf, dass Ihr Atemrhythmus möglichst gleichmäßig bleibt. Ihr Körper entspannt sich mit jedem Ausatmen ein Stück mehr ... Richten Sie Ihre Aufmerksamkeit jetzt auf das Zentrum des höheren Wissens zwischen Ihren Augenbrauen, das dritte Auge. Fühlen Sie den energetischen Raum um Sie herum, zuerst über und unter Ihnen und im Anschluss vor Ihnen und hinter Ihnen und an den Seiten. Machen Sie sich mit Ihrer eigenen Energie vertraut.

Vor Ihrem geistigen Auge erscheint jetzt eine große rosafarbene Rose. Betrachten Sie diese, während sie sich langsam öffnet, Blütenblatt um Blütenblatt. Nun benutzen Sie die Rose, um jeden Teil Ihres energetischen Raumes abzutasten. Beginnen Sie mit Kopf und Schultern. Steigen dabei irgendwelche Bilder in Ihnen auf? Hören oder spüren Sie etwas? Sind Ihre Eindrücke mit Liebe, Glück und Wohlbefinden verbunden? Oder empfangen Sie vielmehr Zorn, Trauer bzw. Angst? Wenn Sie Angst verspüren, nehmen Sie die Person, Situation oder gedankliche Vorstellung und legen Sie sie in die Mitte Ihrer Rosenblüte. Sehen Sie zu, wie die Rose diese Energie in sich aufsaugt, bis die entsprechenden Gefühle verschwunden sind.

Wiederholen Sie diesen Prozess für Ihren gesamten energetischen Raum. Die Rose wird immer dicker, je mehr sie in sich aufnimmt. Wenn Sie Ihren Schutzmantel ganz durchgegangen sind, lassen Sie die Rose sich ausdehnen … weiter und weiter, bis sie in tausend kleine Stücke zerspringt. Die von ihr aufgenommene Energie kehrt zu ihrer Quelle zurück.

Stellen Sie sich jetzt ein wunderschönes grünes Licht vor, das Ihren Raum ganz durchdringt. Das Licht schenkt Ihnen Ausgeglichenheit, inneren Frieden und Harmonie. Am Ende ziehen Sie mit der weißen Rose der Stärke, des Schutzes und der Ruhe die Grenzen Ihres energetischen Raumes ab. Die Energie der Rose füllt neu Ihren Raum. Und Sie sind bereit für die nächsten Schritte.

Die energetischen Tore öffnen

Wenn wir unsere übersinnlichen Fähigkeiten erweitern wollen, ist es wichtig, die sieben Haupt-Energiezentren oder Chakren besser kennen zu lernen: Chakren sind Energiewirbel. Wenn sie zu viel oder zu wenig benutzt werden, wird ihre Schwingung langsamer oder kommt ganz zum Stillstand. Führen Sie die folgende Übung einmal pro Woche durch, so bleiben Ihre Zentren rein und arbeiten gut zusammen. Und wenn Sie die Farben der Chakren wahrnehmen können, sind Sie auf dem besten Weg, die Farbigkeit der Aura zu erkennen.

Setzen Sie sich aufrecht hin. Stellen Sie die Fußsohlen fest auf dem Boden auf. Nehmen Sie sich für die »Grundübung zum Zentrieren« heute ein wenig mehr Zeit. Schließen Sie die Augen und richten Sie Ihre Aufmerksamkeit auf das untere Ende der Wirbelsäule. Das ist die Basis der Energie, die wir unter dem Namen *Kundalini* kennen. Stellen Sie sich dort ein Tor vor und konzentrieren Sie sich darauf. Sehen Sie, wie das Tor sich öffnet und strahlend rotes Licht austritt. Betrachten Sie dieses Zentrum wie den Durchgang zu einem hell lodernden Schmelzofen. Je länger Sie hineinsehen, desto energiegeladener wird das Rot. Das ist Ihr »Bunker«, das Zentrum, in dem Sie sich sicher fühlen können.

Nun wandert Ihre Aufmerksamkeit zu einem Punkt etwa fünf Zentimeter unterhalb des Nabels. Auch dort öffnet sich ein weites Tor, aus dem Licht in hellem Orange dringt. Dieser Bereich steht für unsere Sexualität. Die Farbe löst alle unterdrückten Schuldgefühle und Emotionen, die dort gespeichert sein mögen, einfach auf.

Sie gehen weiter zum Magen und zum Solarplexus. Öffnen Sie das Tor, das sich dort befindet, und stellen Sie sich einen Lichtstrahl in leuchtendem Gelb vor. Hier haben Macht und Instinkt ihren Sitz. Spüren Sie Ihre innere Kraft, während die Farbe Gelb dieses Zentrum regelrecht überflutet.

Nun steigen Sie empor bis in die Herzgegend und stellen sich ein weiteres Tor vor. Grünes Licht dringt heraus und heilt alle Verletzungen, jede Traurigkeit. Das funkelnde Grün trägt Liebe in jeden Teil Ihres Körpers.

Durch das Tor, das sich im Halsbereich öffnet, bricht ein strahlend blaues Licht. Dieses Chakra ist das Zentrum unseres Selbstausdrucks. Die Farbe erinnert uns an einen klaren blauen Himmel und unterstützt unsere Kreativität.

Gehen Sie weiter bis zu dem Bereich zwischen den Augenbrauen, wo sich eine weitere Tür öffnet. Das sich dort öffnende Tor setzt ein schimmerndes Indigo frei. Die intensiv leuchtende Farbe stärkt unsere Intuition.

Schließlich gelangen wir zum Scheitelpunkt. Das Tor an dieser Stelle entlässt einen kräftigen violetten Lichtstrahl. Es ist Ihr spiritueller »Draht« zum Universum; mit diesem Licht fühlen Sie sich erleuchtet.

Betrachten Sie nun all Ihre geöffneten Energiezentren: Sehen Sie, wie die Farben im Gleichklang fließen und sich miteinander vermischen? Stellen Sie sich jetzt ein goldenes Licht vor, das Sie ganz einhüllt und schützt. Ich hoffe, Sie fühlen sich nun energiegeladen, ausgeglichen und inspiriert. Lassen Sie sich bei dieser Übung so viel Zeit, wie Sie brauchen, um das Energiebad richtig genießen zu können.

Intuition und mediales Gewahrsein entwickeln

Je häufiger Sie die »Grundübung zum Zentrieren« machen, desto geläufiger wird sie Ihnen. Wenn sie Ihnen so richtig vertraut ist, können Sie zu den folgenden Meditationen übergehen. Zentrieren Sie sich dabei und richten Sie Ihre Aufmerksamkeit auf den Bereich hinter dem dritten Auge. Seien Sie sich Ihres Körpers voll bewusst. Spüren Sie die Energie, die in der Wirbelsäule auf- und absteigt. Die oben beschriebene Chakra-Übung wird Ihnen dabei helfen.

Die erste Übung ist eine einfache Visualisierung. Verankern Sie sich wie bekannt. Wenn Sie entspannt genug sind, sehen Sie, wie Sie friedlich da sitzen und etwa einen Meter über

Ihrem Kopf eine duftige weiße Wolke schwebt. Ein Band zieht Sie aus Ihrem Kopf heraus nach oben. Spüren Sie, wie Sie Ihren Körper verlassen, in die Wolke eingehen und sich von dort aus umsehen. Aus dieser Höhe können Sie die Welt unten und die Energien, die sich um sie herum befinden, besser erkennen. Welche Gefühle und Eindrücke tauchen auf, während Sie in der Wolke sitzen?

Auch die zweite Übung beginnt mit der »Grundübung zum Zentrieren«. Nachdem Sie Ihre Energie in Ihrer Mitte konzentriert haben, stellen Sie sich vor, Sie trügen in sich einen Knopf und eine Art Skala wie bei einem alten Radio. Während Sie das Radio einschalten und mit dem Knopf langsam zu den höheren Frequenzen gelangen, steigern Sie gleichzeitig Ihre Schwingungsfrequenz. Auf dieser höheren Ebene können Sie nun Ihre Eindrücke, Gedanken und Gefühle besser einschätzen.

Der mediale Arbeitskreis

Ziel

Das Ziel des medialen Arbeitskreises ist es, Gleichgesinnte zu versammeln, die gemeinsam ihre natürlichen medialen Fähigkeiten stärken und Verbindung zu den geistigen Reichen aufnehmen wollen. Die Geistwelt schwingt auf einer wesentlich höheren Frequenz als die unsere. Daher müssen die Teilnehmer eines solchen Zirkels ihre individuelle Schwingungsfrequenz erhöhen, um die Gedanken, Gefühle, Worte und Sichtweisen der Geistwesen überhaupt wahrnehmen zu können. Der mediale Arbeitskreis unterstützt uns bei dieser Form der Bewusstseinserweiterung.

Die meisten übersinnlichen Eindrücke werden durch die Kommunikation von Geist zu Geist vermittelt. Die Geistwesen senden nur so viel Information, wie das Medium empfangen kann. Allerdings können auch in diesem Fall die Signale falsch interpretiert werden. Mitunter dringt die Botschaft auch nur bruchstückhaft durch oder bleibt ungenau. An diesem Punkt kommt die besondere Qualität der Arbeitskreise (die im Amerikanischen *development circles*, also »Entwicklungskreise« heißen) zum Tragen. Wenn Sie sich regelmäßig in diesem Kreis zusammenfinden, lernt der Einzelne mit Hilfe der anderen zwischen den eigenen, häufig unbewussten Gedanken und den Botschaften aus der anderen Welt zu unterscheiden.

Rahmenbedingungen

Ein medialer Arbeitskreis sollte aus mindestens vier Menschen bestehen und nicht mehr als zwölf umfassen. Die Beteiligten sollten sich gut verstehen, damit eine harmonische Arbeit möglich ist. Um die Energie der Gruppe zu stärken, ist es günstig, sich einmal die Woche zu treffen. Ein neues Mitglied sollte nur in Ausnahmefällen, wenn überhaupt, aufgenommen werden.

Die Teilnehmer eines solchen Arbeitskreises müssen innerlich ausgeglichen und durch den gemeinsamen Wunsch verbunden sein, mit dem in diesem Kreis erworbenen Wissen und Gewahrsein der Menschheit helfen zu wollen. Wer seine intuitiven Fähigkeiten nur zum eigenen Vorteil ausbauen will, ist in einer solchen Runde fehl am Platz. Die Treffen sollten jede Woche am selben Ort und möglichst auch im selben Raum stattfinden. Nutzen Sie bitte den Raum, in dem Sie Ihre Sitzungen abhalten, nicht anderweitig, soweit möglich. Während der Sitzungen sollten die einzelnen Teilnehmer immer denselben Platz einnehmen. Auf diese Weise helfen wir den Geistwesen, die mediale Energie der Gruppe zu fördern. Der mediale Arbeitskreis sollte sich mindestens sechs Monate lang regelmäßig treffen.

Die Vorbereitung des Raumes

Den Raum für die einzelnen Sitzungen vorzubereiten macht Spaß und tut gut. Das sollte, wenn möglich, etwa zwei Stunden vorher geschehen. Stellen Sie sicher, dass gut gelüftet wurde und die Raumtemperatur angenehm ist. Vielleicht zünden Sie ein paar Kerzen oder Räucherstäbchen an, diese erhöhen nämlich die Schwingungsfrequenz im Raum. Vor und während der Sitzung können Sie leise Musik im Hintergrund laufen lassen. Die Musik sollte Sie jedoch nicht ablenken. Schließlich wollen Sie ja den eigentlichen Prozess unterstützen, nicht behindern. Stellen Sie die Stühle im Kreis auf, so dass die Gruppenmitglieder einander ins Gesicht sehen. Die Stühle sollten eine feste Lehne haben, ansonsten aber bequem sein. Es ist nicht nötig, dass die Knie sich berühren oder die Teilnehmer sich an den Händen halten. Sie können während der Sitzung das Licht dämpfen, aber auch vollkommen im Dunkeln sitzen. Letzteres ist vorzuziehen, wenn Sie materielle Manifestationen erwarten.

Die individuelle Vorbereitung
Denken Sie daran, dass Ihr Geist sich bei der Sitzung mit dem der anderen verbindet. Achten Sie also tagsüber darauf, dass Ihre Gedanken liebevoll und friedlich sind. Am Tag der Sitzung sollten Sie nichts tun, was Sie körperlich stark belastet. Gönnen Sie sich, wenn möglich, einen Tag der Ruhe und des In-sich-Gehens.

Außerdem gibt es ein paar wichtige Ernährungsregeln, die Sie unbedingt befolgen sollten: 24 Stunden vor der Sitzung sollten Sie kein rotes Fleisch essen. Fleisch macht uns undurchlässiger und für die Geister ist es besser, wenn wir weniger »Dichte« aufweisen. Das ist vor allem deshalb von Bedeutung, weil die Geistwesen auf unseren Solarplexus einwirken. Ist aber unser Verdauungssystem mit etwas anderem beschäftigt, dann wird dieser Prozess erschwert. Essen Sie daher am Tag des Treffens nur leicht Verdauliches. Und zwei Stunden vor der Sitzung stellen Sie das Essen vollkommen ein. Außerdem sollten Sie in den 24 Stunden zuvor auf Alkohol verzichten. Wasser hingegen ist sehr hilfreich, nicht nur, weil es uns mit der nötigen Flüssigkeit versorgt, sondern auch, weil es medialen Abfall ausschwemmt, der sich in unserem System abgelagert hat. Trinken Sie möglichst viel davon. Tragen Sie möglichst nur Kleidung aus Naturfasern wie Baumwolle. Unbequeme oder eng anliegende Sachen sind tabu. Wenn unsere Kleidung locker fällt, erleichtert das die energetische Arbeit der medialen Ärzte und Chemiker. Außerdem wollen Sie ja schließlich durch die Befindlichkeiten Ihres Körpers nicht abgelenkt werden, oder?

Den Kreis leiten
Jeder mediale Arbeitskreis braucht einen Gruppenleiter. Wählen Sie jemanden aus, der bereits Erfahrung mit Arbeitskreisen und dem Aufbau übersinnlicher Kontakte hat. Solche Menschen wissen meist, wie sie die Energie der einzelnen Gruppenmitglieder wecken können und an welchem Platz im Kreis sie am besten stehen sollten. Der Gruppenleiter sollte das Energiesystem des Körpers gründlich kennen, so dass er dieses Wissen anderen vermitteln kann. Der Gruppenleiter muss den anderen Mitgliedern außerdem zeigen können, wie sie mit ihrem Geist arbeiten müssen, um Resultate zu erzielen. Meiner Ansicht nach ist es wichtig, dass der Gruppenleiter die Energie des Raumes bündelt und den Kreis zusammenbringt, indem er ein Eröffnungsgebet spricht. Etwa folgendermaßen:

Liebe Geistfreunde, wir bitten euch, uns in diesem Zirkel zu segnen. Wir bitten euch um Schutz, wenn wir unsere beiden Welten ineinander fließen lassen und im Dienste des Geistes hier zusammensitzen. Wir bitten euch, diesen Kreis mit der Energie ewigen Lichtes und ewiger Liebe zu umgeben.

Die körperliche Seite
Man fragt mich häufig, weshalb die Entwicklung der eigenen übersinnlichen Fähigkeiten ein so langwieriger und mühsa-

mer Prozess ist. Doch wir entwickeln dabei schließlich nicht nur unsere intuitiven Fähigkeiten, auch das endokrine System, das heißt all unsere Drüsen erfahren dabei eine Veränderung: Sie werden hierdurch zu vermehrter Tätigkeit angeregt, deshalb müssen wir äußerst langsam vorgehen. Eile kann den Körper schädigen. Wenn die Geist-Ärzte an den einzelnen Mitgliedern der Gruppe arbeiten, werden die Schwachstellen im Körper der Betreffenden beseitigt, um den Kontakt mit der Geistwelt zu erleichtern.

Ich konnte in meinen verschiedenen Arbeitskreisen beobachten, dass die Menschen während der ersten Monate meist emotionaler reagierten als gewöhnlich. Das liegt daran, dass ihr Emotionalkörper geheilt und mit den anderen Körpern in Einklang gebracht wird. Sie können sich das so vorstellen, als würde man die Feineinstellung eines Motors vornehmen, um das Maximum an Leistung herauszuholen. Auch aus diesem Grunde darf die Entwicklung nicht forciert werden. Geduld bringt Rosen, heißt es. Das gilt auch und gerade für die mediale Entwicklung.

Im Kreis

Nachdem der Gruppenleiter das Eröffnungsgebet gesprochen hat, sollte jedes Gruppenmitglied laut sein eigenes Gebet sprechen. So teilt jeder seine Energie mit den anderen, gleichzeitig trägt die Stimme der Einzelnen entscheidend dazu bei, das Energieniveau der gesamten Gruppe zu heben. Nachdem die Teilnehmer gebetet haben, sitzt die Gruppe still da. Ich empfehle an diesem Punkt die Übung »Mit dem Atem schwingen«, um die Gedanken der Teilnehmer auf ein höheres Ziel zu lenken. Als Affirmation für die Atemübung scheint mir das Wort »Liebe« am besten geeignet.

Zuerst verspüren Sie vielleicht einen Temperaturwechsel und ein Gefühl, als würde sich in Ihrem Körper und um ihn herum etwas bewegen. Das ist normal. Höchstwahrscheinlich arbeiten die Geistwesen an Ihrer Aura und Ihrem Energiesystem. Nach kurzer Zeit tauchen vielleicht die ersten zufällig wirkenden Gedanken auf. Vielleicht kommen Sie Ihnen völlig sinnlos vor, aber das ist nicht wichtig: Urteilen Sie nicht, lassen Sie die Gedanken kommen und gehen, ohne einzugreifen. Während der Sitzung schießen Ihnen wahrscheinlich viele Gedanken durch den Kopf. Anfangs geht es dabei noch um Alltagsprobleme, doch bald werden Sie feststellen, dass sich andere Eindrücke und Gedanken darunter mischen, die nicht aus Ihrem Kopf zu stammen scheinen, sondern offenkundig zu jemand anderem gehören. Wenn das geschieht, versuchen Sie, die Botschaften festzuhalten, die aus der anderen Welt kommen, damit Sie sie am Ende mit den Mitgliedern der Gruppe teilen können.

Der Gruppenleiter spürt, wie sich die Energie aufbaut. Er weiß, wann die Arbeit einer Sitzung getan ist. Dann wird er die Mitglieder vorsichtig und langsam ins Alltagsbewusstsein zurückführen – in den Raum und in den Körper. Danach sprechen die Gruppenmitglieder über das, was sie erlebt und erfahren haben.

Wenn der Reihe nach alle gesprochen haben, beendet der Gruppenleiter die Sitzung wieder mit einem Gebet. Er dankt den Geistern für die Arbeit, die vollbracht wurde. Auch die Mitglieder können ein abschließendes Dankgebet sprechen, wenn sie das wollen. Wenn Sie den Kreis auflösen, bringen Sie bitte das Wissen und die Einsichten, die Ihnen zuteil wurden, in Ihr Alltagsleben ein.

Die Aura lesen

Beginnen Sie immer mit der »Grundübung zum Zentrieren«. Zum Aura-Lesen sollte der Raum nur in gedämpftes Licht getaucht sein. Ihr Partner sitzt vor einer weißen oder pastellfarbenen Fläche. Sie selbst nehmen etwa zwei bis drei Meter vor dem Betreffenden Platz und bitten ihn, sich darauf zu konzentrieren, dass er Energie aus dem Scheitel aussendet.

Wenn Sie die Aura eines anderen Menschen lesen wollen, schließen Sie zunächst die Augen. Dann öffnen Sie sie wieder und stellen den Blick so ein, dass Sie Ihr Gegenüber leicht unscharf sehen. Blicken Sie ein wenig über den Kopf Ihres Partners hinweg, bis Sie die Umrisse seiner Aura erkennen können. Bitten Sie nun Ihren Übungspartner, Energie aus den anderen Teilen des Körpers ausstrahlen zu lassen: Können Sie auch diese energetischen Umrisse erkennen? Ist die Energie, die wie ein weißer Nebel erscheint, an einigen Stellen dichter als an anderen?

Wollen Sie Ihre eigene Aura sehen, setzen Sie sich vor einen großen Spiegel in einem nur schwach beleuchteten Raum. Die Lichtquelle muss hinter Ihnen liegen. Schließen Sie die Augen, um sie danach ganz langsam wieder zu öffnen. Richten Sie Ihren Blick zuerst auf den Bereich über Ihrem Scheitel und um die Schultern herum. Dann lassen Sie das Bild unscharf werden, bis Sie einen dünnen weißen Schleier sehen, der Sie umgibt. Üben Sie so lange, bis Sie den Umriss gut erkennen können. Wenn Sie bei der Sache bleiben, werden Sie die verschiedenen Energiemuster um Ihren Körper bald wahrnehmen können.

Die Aura stärken

Je gesünder wir auf körperlicher, emotionaler, mentaler und spiritueller Ebene sind, desto kräftiger ist auch das Energiefeld, das uns umgibt. Ist die Aura geschwächt, kann das folgende Ursachen haben: falsche Ernährung, zu wenig Bewegung, zu wenig Erholung, negative Emotionen, Stress und Sorgen, Drogen- und Alkoholkonsum, negatives Denken und mangelnder Schutz unseres Energiefelds gegen negative mediale Einflüsse.

Unsere Gedanken haben eine geradezu erstaunliche Aus-
wirkung auf die Aura. Wie die Farben eines Gemäldes kann ein
Gedanke deutlich hervortreten oder mehr als allgemeine Stimmung im Hintergrund wirken. Wenn Sie die folgende Übung
regelmäßig ausführen, stärken Sie damit Ihr Energiefeld:
Machen Sie zuerst die »Grundübung zum Zentrieren«. Dann
stellen Sie sich vor, Sie stünden in einem farbenprächtigen
Garten. Direkt über Ihrem Kopf leuchtet golden die Sonne.
Einer ihrer Strahlen dringt in Ihren Scheitelpunkt ein und
fließt in Ihren Körper. Er erfüllt Ihren Körper von Kopf bis
Fuß mit Energie. Spüren Sie diese Kraft und sagen Sie: »Ich bin
das Licht Gottes.« Als Nächstes stellen Sie sich vor, dass Ihr
Körper aus einem dünnen Geflecht besteht. Das Licht strömt
durch ihn hindurch, ohne auf irgendein Hindernis zu treffen.
Dabei wird es immer heller und strahlender, wenn es durch die
einzelnen Energiezentren nach unten fließt und jedes einzelne
zum Leben erweckt. Nun strömt das Licht aus Ihren Fußsohlen, ändert dort seine Richtung und fließt außen und innen
an Ihrem Körper wieder nach oben. Es umgibt den gesamten
Körper und den Raum unmittelbar darum herum mit einem
schützenden Mantel. Während es oben aus dem Kopf wieder
austritt, wiederholen Sie nochmals: »Ich bin das Licht Gottes.«
Dieses Licht stärkt Sie und gibt Ihnen Kraft. Sonnen Sie sich in
diesem Bewusstsein.

Sich vor negativen Gedanken und Gefühlen schützen

Diese Übung soll Ihnen helfen, einen Schutz vor Energievampiren und anderen »energetischen Schädlingen« in Ihrer Umgebung aufzubauen. Woher aber wissen Sie, wann diese Übung
angebracht ist? Wenn Sie erschöpfter sind als gewöhnlich, dann
mag das daran liegen, dass eine Person, die Ihnen begegnet ist,
Ihnen Energie geraubt hat. Wann immer ich spüre, dass etwas

an meinem Energiefeld zehrt, schalte ich in den von mir so genannten »Überlebensmodus« und mache die folgende Übung:

Zuerst verankere ich mich frisch in meinem Zentrum mit der entsprechenden Übung. Dann stelle ich mir einen Lichtkegel vor, der mich vollkommen einhüllt. Ich konzentriere mich ganz auf dieses Gefühl, umhüllt und gleichsam »versiegelt« zu sein; keine niedrige Energieform kann in mein Kraftfeld eindringen. Dann lenke ich meine Aufmerksamkeit auf das Licht und stelle mir vor, wie es mein Feld gegen negative Energien und Gedankenformen abschirmt. Ich stelle mir vor, dass der so entstandene Schild diese schlechten Schwingungen zurück zu ihrem Absender schickt. Wenn ich genau weiß, wer meine Energie nimmt und diese Person anwesend ist, lässt sich an ihrem Verhalten sofort eine Veränderung feststellen, sobald ich die Übung abgeschlossen habe. Er oder sie fängt vielleicht an, sich nicht mehr ganz wohl zu fühlen. Meist verlässt diese Person meinen Energieraum oder geht gar aus dem Zimmer.

Die Aura reinigen

Es gibt zwei ganz außergewöhnliche Übungen, die ich zu diesem Zweck einsetze:

Das erste Ritual nehme ich morgens vor, während ich dusche. Ich stehe unter dem Wasserstrahl und sehe, dass das Wasser ein Strahl von goldenem, heilendem, liebevollen Licht ist. Es fließt an meinem Körper herab und durch ihn hindurch und nimmt dabei all den medialen »Abfall«, alle niedrigen Energieformen, die sich in meinem Körper und meinem Energiefeld abgelagert haben, mit sich. Alles, was nicht mit mir im Gleichklang steht, wird abgewaschen und verlässt den Körper.

Die zweite, ebenso wirkungsvolle Methode ist, sich eine Mischung aus Taschenlampe und Hochleistungs-Staubsauger vorzustellen, die alles beseitigt, was nicht in unser Kraftfeld gehört. Ich zentriere mich zuerst, dann stelle ich mir vor, wie der Lichtstrahl über meine Stirn wandert und Kopf und Schultern abtastet. Während er so nach Fremdeinflüssen sucht, arbeitet er gleichzeitig als Staubsauger, der alles, was nicht zu mir gehört, in einen Sack im Innern der Taschenlampe aufnimmt. Sobald dieser voll ist, stelle ich mir vor, wie ich die Taschenlampe aufschraube. Der dort zwischengelagerte Müll strömt heraus und kehrt an seine Quelle zurück. Diese Übung lässt Ihre Aura strahlend rein zurück. Je öfter Sie die Übung wiederholen, desto besser!

Die Aura auf den Kontakt mit der Geistwelt vorbereiten

Der Großteil unserer medialen Aktivität beruht darauf, dass unsere Aura sensibel und durchlässig ist. Stellen Sie sich die Aura wie eine große Satellitenschüssel vor. Je offener wir sind, desto leichter wird es für die Geistwesen, sich uns mitzuteilen. Diese Aufnahmefähigkeit kann erheblich gesteigert werden, wenn Sie diszipliniert wie vorher beschrieben üben. Meiner Erfahrung nach ist es außerdem wesentlich einfacher, sich für die Botschaften aus der Himmelswelt zu öffnen, wenn wir ein großzügiges und offenes Herz bewahren.

Um die Aura für den Kontakt mit dieser Welt zu öffnen, zentrieren wir uns erst mit der Verankerungs-Übung, dann nutzen wir unseren Atem als Belichtungsmesser. Mit jedem Einatmen nehmen wir durch das Kronenchakra auf dem Scheitelpunkt goldenes Licht auf. Zur selben Zeit stellen wir uns einen Belichtungsmesser vor, der sich direkt vor uns befindet und dessen Skala von eins bis zehn reicht. Zehn ist die höchste Frequenz, in der wir für den Geist am aufnahmefähigsten sind. Statt eines Belichtungsmessers können Sie sich auch eine Treppe vorstellen, die in den Himmel führt. Mit jedem Schritt, den Sie tun, werden Sie durchlässiger. Auf der zehnten Stufe sehen Sie dann eine Tür. Hinter der Tür warten die Geister, die Ihnen begegnen wollen. Öffnen Sie die Tür und begrüßen Sie sie. Wie sehen sie aus? Erkennen Sie jemanden? Hören Sie zu: Hat eines oder gar mehrere der Wesen eine Botschaft für Sie? Diese Übung ist ganz besonders wirksam, wenn wir vorher die Übung zum Öffnen der Energiezentren gemacht haben.

Im Traum Kontakt herstellen

Häufig senden Geistwesen uns ihre Botschaften im Traum. Sie liefern uns wichtige Informationen über uns selbst und die Welt, in der wir leben. Wie oft haben Sie schon erlebt, dass etwas wahr wurde, das Ihnen vorher im Traum begegnet war? Träumen Sie manchmal von Ihrem Alltag? Oder haben Sie des Öfteren denselben Traum? Wiederkehrende Träume sind ganz sicher als Botschaften an Sie gedacht. Daher möchte ich Ihnen hier zwei Übungen vorstellen, mit denen Sie Ihr intuitives Träumen noch verstärken können.

Wichtig ist, dass Sie ein Traum-Tagebuch neben Ihr Bett legen oder einen Kassettenrekorder dort hinstellen, um Ihre Eindrücke unmittelbar nach dem Erwachen festzuhalten. Machen Sie, bevor Sie einschlafen, die »Grundübung zum Zentrieren«. Danach konzentrieren Sie sich auf eine Frage, die Sie von der Geistwelt beantwortet haben möchten. (Das kann auch ein Problem sein, dessen Lösung Sie suchen. Zum Beispiel: »Zeig mir, in welche Richtung meine berufliche Karriere geht« oder »Ich bitte darum, dass mir im Traum mein Geistführer gezeigt werden möge«.) Seien Sie dabei so genau wie möglich. Wiederholen Sie Ihr Anliegen still für sich, bis Sie einschlafen. Vielleicht kommt es nicht sofort am selben Abend zu den gewünschten Ergebnissen. Lassen Sie ruhig ein paar Wochen vergehen, vor allem wenn Sie noch nie mit bewusstem Träumen gearbeitet haben. Halten Sie alles, was Sie im Traum erfahren, am nächsten Morgen fest, auch wenn es nur ein Gefühl oder ein einzelnes Wort ist. Je länger Sie mit Ihren Träumen arbeiten, desto deutlicher werden die Botschaften. Und Sie werden feststellen, dass Sie für viele Alltagsprobleme die Lösung im Schlaf finden. Die zweite Übung verfolgt dasselbe Ziel. Zuerst verankern Sie sich, wie wir es gelernt haben. Dann stellen Sie sich einen wunderschönen Tempel vor, der auf dem höchsten Berggipfel der Erde steht. Erschaffen Sie ihn genau so, wie Sie ihn haben wollen. Gestalten Sie erst die Außenseite, dann die Innenseite so, wie sie am besten Ihre Persönlichkeit widerspiegelt. Es ist Ihr Traumtempel, der Ort, an dem Geistwelt und materielle Welt sich treffen. Hier treffen Sie mit Ihren Geistführern zusammen, hier werden Träume wahr. Stellen Sie sich also vor dem Einschlafen Ihren Traumtempel vor. Konzentrieren Sie sich auf jemanden, den Sie dort treffen möchten, oder auf ein Problem, für das Sie eine Lösung suchen. Während Sie schlafen, halten Sie sich in diesem Tempel auf. Auch hier liegt stets Ihr Traum-Tagebuch in Buch- oder Rekorderform bereit. Wenn Sie erwachen, halten Sie fest, was Sie erlebt haben.

Automatisches Schreiben

Geistbotschaften können auch empfangen werden, wenn wir schreiben, ohne unser Bewusstsein dabei einzuschalten. Viele große Musiker, Schriftsteller und Künstler werden auf diese Weise von der Geistwelt inspiriert. Sie können das auch! Setzen Sie sich in einem abgedunkelten Raum an einen Tisch. Legen Sie einen Notizblock und mehrere Bleistifte auf den Tisch. Verankern Sie sich in der bekannten Weise. Wenn Sie mit einem Partner arbeiten, sorgen Sie dafür, dass er Ihnen gegenüber sitzt oder eine andere Ecke des Raumes wählt. Nun schreibt Ihr Partner etwas auf ein Blatt Papier und Sie versuchen, diese Botschaft zu lesen. Oder er denkt an etwas und Sie versuchen, diese Gedanken telepathisch aufzunehmen. Setzen Sie sich mit geschlossenen oder nur leicht geöffneten Augen an den Tisch. Wenn Sie wollen, können Sie die Augen mit einem Tuch verbinden. Nehmen Sie nun einen Bleistift locker zwischen die Finger. Stellen Sie sich vor, Sie säßen am Ufer eines wunderbaren Sees, wo alles friedlich und frei ist. Sobald die Vorstellung vom Seeufer fest in Ihnen verankert ist, horchen Sie auf die Worte in Ihrem Kopf. Was Sie hören, schreiben Sie nieder. Wenn Sie allein sind, können Sie den Stift auch einfach so über das Papier führen, ohne etwas Bestimmtes zu wollen. Haben Sie das Gefühl, dass die Energie, die Sie antreibt, nachlässt und Sie nicht mehr so stark in Besitz nimmt, dann hören Sie einfach auf. Schalten Sie nun das Licht ein und vergleichen Sie das, was Sie geschrieben haben, mit der Botschaft, die Ihr Partner gesendet hat.

Zu Anfang dieses Prozesses werden die Buchstaben eher wie Gekritzel wirken und kaum lesbar sein. Machen Sie einfach weiter. Denken Sie daran, dass auch die Geistwesen sich erst daran gewöhnen müssen, Sie als ihr Instrument zu nutzen. Sie sind Ihnen ja schließlich genauso unbekannt wie umgekehrt.

Den eigenen Raum festlegen und reinigen – zu Hause oder am Arbeitsplatz

Normalerweise ist das Erste, was wir bei einem Umzug tun, dass wir die neue Wohnung reinigen: Die Wände sind frisch gestrichen, Küche und Toilette geputzt, die Teppichböden schampooniert. Vielleicht legen wir zudem die Fächer der Wandschränke mit frischem Einlegepapier aus. Warum machen wir uns all diese Arbeit? Ganz einfach. Wir wollen in der neuen Wohnung nicht im Schmutz der anderen leben. Wir wollen unsere eigene Umgebung haben, so wie sie uns gefällt.

Wenn wir also so viel Energie für die materielle Reinigung aufwenden, weshalb tun wir dann auf medialer Ebene nicht dasselbe? Es ist sehr wichtig, dass Sie sich den Raum zu eigen machen, in dem Sie leben oder arbeiten werden. Erst dann wird die Energie des Platzes mit der Ihren harmonieren. Deshalb möchte ich Ihnen eine Methode ans Herz legen, die ich immer dann anwende, wenn abzusehen ist, dass ich an einem Ort länger bleibe. Sie können diese Übung auch durchführen, wenn Sie schon länger in Ihrer Wohnung bzw. Ihrem Haus leben. Außerdem eignet sie sich für Büros oder andere Räume, die Sie von unerwünschten Energien freihalten möchten.

1. Legen Sie zuerst leise, sanfte Musik auf. Ich habe zu diesem Zweck schon alle möglichen Musikstücke benutzt, vom Gospelsong über Klassik bis hin zu Chorälen und New-Age-Musik. Wählen Sie etwas aus, in dem Sie sich wiederfinden – allerdings nichts Wildes, Lautes. Und achten Sie darauf, dass die Musik keine negativen Texte hat. Also weder Heavy Metal noch harten Rap. Schließlich wollen Sie die Atmosphäre von negativen Energien reinigen.
2. Suchen Sie die Mitte des gesamten Raumes, das heißt Ihres Hauses bzw. Ihrer Wohnung auf, egal, ob das nun Ihr Wohnzimmer oder Ihr Büro ist – es ist das Herz des Raumes. An diesem Punkt beginnen Sie. Nun sind Sie bereit, die Energie des Raumes zu erspüren und sie zu Ihrer eigenen zu machen.
3. Beginnen Sie mit der »Grundübung zum Zentrieren«. Dann konzentrieren Sie sich auf Ihre Aura. Vor Ihrem geistigen Auge sehen Sie nun, wie diese sich immer stärker ausdehnt, bis sie den gesamten Raum füllt. Ihr ureigenstes Licht fließt in jedes Zimmer des Hauses bzw. der Wohnung und schenkt ihm neue Energie. So lassen Sie Ihre Energie in den Ort eingehen. Als Nächstes stellen Sie sich vor, wie die Sonne über dem Gebäude, in dem Sie stehen, scheint.

Oder Sie lassen ein Bild vor Ihrem geistigen Auge entstehen, in dem das Gebäude im Zentrum der Sonne liegt. Die Energie der Sonne steht für das Licht Gottes, das Licht reiner Liebe, Freude und Glückseligkeit, das Licht des höchsten Friedens. Dann stellen Sie sich vor, dass das Gebäude mit gewaltigen Rohren in der Erde verankert ist. Sie reichen bis in den Erdmittelpunkt hinein. Alle negativen, schlecht unausgeglichenen, fremden, überschüssigen und unerwünschten Energien fließen durch diese Rohre ab, während das Sonnenlicht gleichzeitig weiter das Gebäude füllt. Stellen Sie sicher, dass jede Ecke im Gebäude gereinigt wird, dass alles, was dunkel und düster ist, durch diese Rohre in die Erde hineinfließt.

4. Beim nächsten Teil der Übung arbeiten wir auf der physischen Ebene. Um ein Haus bzw. eine Wohnung von unerwünschten Präsenzen zu reinigen, benutze ich Weihrauch, Salbei und eine große weiße Kerze. Zünden Sie die Kerze an. Füllen Sie den Weihrauch in ein entsprechendes Gefäß zum Räuchern oder legen Sie ihn in eine mit Sand gefüllte Schale. Die Kerze stecken Sie in eine Schale, die das herabtropfende Wachs auffängt. Dann stellen Sie sie innen vor die Eingangstür, zünden das Bündel Salbei oder Präriesalbei *(White Sage)* an und blasen es sofort wieder aus, so dass es glimmt. Der Rauch, der sich so entwickelt, neutralisiert die negativen Kräfte. Gehen Sie nun mit dem Räucherbündel in jedes Zimmer und schicken Sie die Negativität hinaus. Ich stelle mir dabei immer vor, dass ich mein eigenes Licht in den Raum sende, um andere Energien daraus zu entfernen. Treten Sie in das Zimmer und erklären Sie es zu Ihrem. Ich spreche hier gewöhnlich folgende Worte: »Mögen einzig Liebe, Schutz und Frieden durch diese Fenster und Türen kommen.« Dann gehen Sie durch den Raum und kehren dabei die dort befindlichen Energien zur Eingangstür hin, wo die Kerze steht. Stellen Sie sich vor, wie Sie

diese Energien mit dem geistigen Besen in Richtung Tür kehren. Natürlich können Sie diesen Vorgang noch verstärken, indem Sie mit dem Rauchbündel oder einfach nur mit Händen und Armen kehrende Bewegungen ausführen, als würden Sie das Zimmer säubern. Gehen Sie so durch jeden Raum. Wenn Sie zufrieden sind und alle zu reinigenden Räume abgeschritten haben, gehen Sie zu der Kerze an der Eingangstür zurück. Sie hat alles Negative und Unwillkommene aufgenommen. Blasen Sie sie aus und bringen Sie sie aus dem Haus. Werfen Sie die Kerze und alles, was von ihr übrig ist, also auch das Tropfwachs, in den Müll. So werden Sie die Energiereste anderer Wesen los, die sich in Ihren Räumen abgelagert haben mögen. Ihr Raum ist nun ganz der Ihre.

Achten Sie darauf, dass Sie diese Übungen im richtigen Geiste ausführen. Man nimmt zu den unsichtbaren Kräften nicht einfach zum Spaß Verbindung auf. Sie kommen hier mit sehr realen Energien und Wesen in Kontakt, die sich auf anderen Existenzebenen befinden. Sicher möchten Sie keine schädlichen Energien anziehen. Also seien Sie achtsam bei Ihrem Vorgehen. Umgeben Sie sich selbst mit dem goldenen Licht Gottes, bevor Sie mit den unsichtbaren Mächten arbeiten. Bleiben Sie dabei möglichst ruhig und gefestigt.

Wenn Sie bei Ihren Übungen auf eine negative astrale Wesenheit treffen, vergessen Sie nicht, dass das goldene Licht Ihr Schutzmantel ist. Fragen Sie das Wesen: »Kommst du aus dem Licht?« Wenn das nicht der Fall sein sollte, wird es nach dieser Frage Ihren Raum verlassen. Üben Sie nie, nachdem Sie sich körperlich sehr angestrengt oder Alkohol und Drogen genommen haben. Diese Dinge senken unser Energieniveau. Seien Sie achtsam und aufmerksam in Ihren Bemühungen.

10
Antworten auf Ihre Fragen

Über Ahnungen, frühere Leben, Haustiere und Seelenpartner

Jeder Mensch wählt seinen eigenen Lebensweg. Das macht uns so einzigartig. Wenn wir uns auf den geistigen Pfad begeben und Geist und Sinne für die andere Welt öffnen, verändert uns das tief greifend. Daran hege ich keinerlei Zweifel. Am Ende werden Sie für Ihre Anstrengungen belohnt werden, auch wenn Ihr Geschenk möglicherweise nicht mit Händen greifbar ist. Materieller Gewinn ist ohnehin ein sinnloser Daseinszweck, obgleich viele Menschen in unserer Gesellschaft sich mit dieser Vorstellung schwer tun. Trotzdem gibt es eine Menge ganz »normaler Menschen«, die die Welt verändern, ohne es überhaupt zu wissen. Ihre Güte, ihre positiven Gedanken, ihre hilfreiche Energie, ihre Liebe wandeln das Bewusstsein der Menschen. Mein Wunsch wäre es, dass Sie ebenfalls zu dieser Gruppe gehören möchten, dass Sie Ihren Geist und Ihre medialen Fähigkeiten so weit entwickeln, dass beides die Menschheit bereichert.

Die folgenden Fragen wurden mir während meiner Vorträge und Fernsehauftritte immer wieder gestellt. Wenn ähnliche Fragen auch Sie beschäftigen, finden Sie hier eine Antwort.

Was ist ein »veränderter Bewusstseinszustand«?
Ein Bewusstseinszustand, der sich von Ihrem normalen Wachbewusstsein unterscheidet. Sie können diesen Zustand im

Schlaf erleben, aber auch im Wachen. Ein typisches Beispiel für verändertes Bewusstsein im Wachzustand ist der innere Rückzug von der Welt, den Sie während der Meditation, der Entspannung oder während eines Tagtraumes erfahren. Es kommt auch vor, dass ein Buch Sie vollkommen fesselt oder dass Sie so sehr in Ihrer Arbeit aufgehen, dass Sie um sich herum nichts mehr wahrnehmen.

Was ist der beste Bewusstseinszustand, wenn man paranormale Erfahrungen machen möchte?
Am besten ist die Zeit kurz vor dem Einschlafen oder dem endgültigen Aufwachen. Dann empfangen wir am leichtesten intuitive Informationen. Auch Träume sind sehr bedeutsam, weil wir im Schlaf unseren Körper verlassen und unsere Geistführer treffen, die uns mit Information versorgen.

Muss man besonders klug sein, wenn man übersinnliche Fähigkeiten entwickeln möchte?
Man muss keinen hohen Intelligenzquotienten haben, um die eigene Intuition zu schärfen. Manchmal tun sich hochintelligente Menschen sogar schwerer, weil sie zu viel über ihre Erfahrungen nachdenken.

Was ist der Unterschied zwischen einem Sensitiven, einem Medium und einem Menschen, der gechannelte Informationen empfängt?
Jeder Mensch ist »sensitiv«, wenn Sie so wollen. »Sensitiv« heißt nur, dass wir unsere Intuition und unsere übersinnliche Empfänglichkeit auf ein relativ hohes Niveau gebracht haben. Ein Medium ist ein Mensch, der seine außersinnliche Wahrnehmung so weit verfeinert hat, dass er mit den Geistern in anderen Dimensionen kommunizieren kann. Es gibt verschiedene Arten von Medien. Ich bin ein geistiges Medium und kommuniziere mit den Geistwesen bei vollem Bewusstsein. Ein Trance-Medium muss zuerst einen gewissen Trancezustand er-

reichen, bevor es Botschaften von der anderen Seite aufnehmen kann. Menschen, die channeln, ähneln den Trance-Medien insofern, als dass auch sie in Trance gehen, bevor sie Informationen erhalten. Sie nehmen Kontakt auf mit anderen Ebenen der Wirklichkeit. Channeling ist in Mode gekommen. Wir erhalten dadurch Informationen von Wesen, die einst auf der Erde gelebt haben, aber auch aus völlig anderen Bereichen. Häufig übernehmen diese Wesen den Körper des Mediums total. Dr. Aldrich zum Beispiel kam auf diese Weise zu mir. [Siehe Kapitel 2]

Was ist »gechanneltes Material«? Woher kommt es?
Gechanneltes Material ist Information, die von einem Geistwesen kommt und durch ein Medium übermittelt wird. Die Materialien von Seth, die Jane Roberts gechannelt hat, sind vielleicht die bekanntesten. *Ein Kurs in Wundern* – ein Buch, dessen Original, *A course in Miracles,* das 1975 von der *Foundation for Inner Peace* veröffentlicht wurde – beinhaltet gechannelte Botschaften von Jesus.

Wohin geht das Bewusstsein des Trance-Mediums in der Trance?
Einige Medien haben keine Erinnerung daran, wo sie in der Trance waren, wenn sie wieder aufwachen. Ihr Bewusstsein scheint bei der Reise nicht beteiligt gewesen zu sein. Andere wandern durch die astrale Welt, während sie darauf warten, in ihren Körper zurückkehren zu können.

Kann auch ich ein Medium werden?
Es gibt Menschen, die dafür besonders begabt sind. Doch auch sie müssen ihre Fähigkeiten eine gewisse Zeit lang üben und entwickeln, selbst wenn der Prozess insgesamt nicht erzwungen werden kann. Medien müssen mit Energie umgehen können. Sie müssen das energetische Niveau ihres Körpers so weit erhöhen können, dass eine Kommunikation mit den Schwin-

gungen der Geistwelt möglich wird. Menschen mit erhöhter Intuition, die man auch »Sensitive« nennt, sind nicht notwendigerweise Medien. Umgekehrt aber sind alle Medien sensitiv.

Was ist der Unterschied zwischen Telepathie und Hellsehen?
Ich vergleiche Telepathie gern mit dem Verschicken eines Telegramms. Nur dass bei Telepathie die Botschaft nicht über den Draht gesendet wird. Ein telepathisch begabter Mensch schickt anderen Menschen Botschaften, normalerweise über eine gewisse Distanz hinweg. Ein Hellseher sieht Bilder von Ereignissen, Personen, Situationen, die gerade geschehen (an einem anderen Ort) oder bereits geschehen sind.

Was ist »Präkognition«?
Präkognition bedeutet, dass wir intuitiv wissen, was geschehen wird. Diese Information aus der Geistwelt kann über die Augen, die Ohren oder den Körper wahrgenommen werden.

Beziehen Präkognitionen sich grundsätzlich auf negative Ereignisse?
Normalerweise warnen sie uns vor einer Krise oder einem Unglück, das auf uns zukommt. Es gibt Fälle, in denen Menschen Flüge abgesagt haben, weil sie einen schlechten Traum oder ein ungutes Gefühl hatten, und es dann an Bord *tatsächlich* Probleme gab. Abraham Lincoln hatte ein solches Erlebnis, als er zum ersten Mal gewählt wurde. Er sah sein Gesicht zweimal im Spiegel, einmal normal, einmal bleich und todesähnlich. Ein Mensch, der solche Ahnungen hat, kann anderen wirklich von Nutzen sein. Doch nehmen Sie sich in Acht vor Menschen, die ständig schlechte Nachrichten bringen.

Bewahrheiten sich präkognitive Erfahrungen immer?
Ich glaube, dass die Geistwelt uns mit solchen Erlebnissen warnen will, damit wir eine andere Wahl treffen können. Wenn wir

zu ängstlich werden und jedes Katastrophenszenario für wahr halten, dann allerdings zieht unsere eigene Energie das negative Ereignis an.

Weshalb lehnen einige Religionen Medien und außersinnliche Wahrnehmung im Allgemeinen ab?
In allen Kulturen gab es Seher, Wahrsager und Propheten. In früherer Zeit nahmen sie die Stelle der heutigen Psychologen ein. Doch eine Verurteilung der Kommunikation mit der anderen Welt findet sich schon bei Moses. Er erklärte, es sei gegen das Gesetz seiner Zeit, mit Geistern zu kommunizieren, wenn es nicht zum Wohle Israels geschehe. Sein Urteil wurde Teil der jüdischen Gesetzgebung und fand damit auch Eingang in das christliche Verständnis der Geistwelt. Gegen Träume und prophetische Visionen hingegen hatte Moses nichts. Allerdings war es die Hauptaufgabe der alttestamentarischen Seher, Israel aus der Gefangenschaft zu führen. Ich persönlich glaube, dass die Bibel nicht wörtlich zu nehmen ist. Die »Gefangenschaft« ist in meinen Augen ein Sinnbild für den spirituellen Mangel, den das Volk litt.

Tun Frauen sich mit außersinnlicher Wahrnehmung leichter als Männer?
Frauen scheinen sich mehr dafür zu interessieren, vielleicht weil sie offener gegenüber ihren Gefühlen und Intuitionen sind. Manchmal lässt sich feststellen, dass Männer Informationen besser senden, Frauen sie besser empfangen können. Insgesamt aber können Männer ebenso wie Frauen ihre intuitiven Kräfte entwickeln.

Was kann die Empfänglichkeit für außersinnliche Botschaften herabsetzen?
Körperliche Krankheit, Müdigkeit, Stress, Nervosität, Angst oder der ständige Gedanke an das Ergebnis können unsere mediale Wahrnehmung ziemlich beeinträchtigen.

Sind kreative Menschen medial begabter als andere?
Alle Menschen sind kreativ. Maler, Komponisten, Schriftsteller und Schauspieler haben vielleicht eine bessere Ausgangsposition, weil sie bereits an veränderte Bewusstseinszustände gewöhnt sind. Doch Intuition und Inspiration stehen jedem offen. Jeder kann sich mit der unsichtbaren Welt in Verbindung setzen. Wir sind nur durch unser eigenes Denken begrenzt.

Sind Kinder empfänglicher als Erwachsene?
Kinder haben einen besseren natürlichen Draht zur anderen Welt, auch wenn sie sich dessen meist nicht bewusst sind. Unsere Gesellschaft ermutigt die Kinder nicht, man sagt ihnen: »Ach, das war doch nur ein Traum« oder »Das ist doch nur Einbildung«. Die meisten von uns können ihren Kindern nicht helfen, diese Anlagen zu entwickeln, weil wir eine so geringe Sensibilität für solche Phänomene haben. Wenn die Kinder dann älter werden, verblassen die Erinnerungen an die andere Welt langsam.

Steigert Musik unsere Empfänglichkeit für Übersinnliches?
Bei meinen Vorträgen benutze ich Musik häufig, damit die Menschen sich entspannen und ihre Alltagssorgen loslassen. Wenn die Menschen ihren Verstand beiseite lassen, kommen sie normalerweise leichter in einen veränderten Bewusstseinszustand. Musik regt außerdem den Emotionalkörper an. Dadurch kommen die Menschen in Kontakt mit ihren Gefühlen. Daher ist bestimmte Musik gut für die Entwicklung außersinnlicher Fähigkeiten.

Was ist »Spiritismus« und wie kommt es dazu?
Spiritisten kommunizieren mit Geistern, Engeln und Verstorbenen. Diese Form außersinnlicher Wahrnehmung ist schon seit dem Altertum bekannt. Schon Pythagoras, einer der größten griechischen Philosophen und Mystiker, war der Meinung,

dass es möglich sei, mit den Toten zu kommunizieren. In Amerika erfuhr der Spiritismus in der Mitte des 19. Jahrhunderts eine Renaissance. Zwei Schwestern, Katie und Margaret Fox, erklärten, dass sie in ihrem Haus Klopfgeräusche hörten. Sie behaupteten, diese Geräusche kämen von einem noch an die Erde gebundenen Wesen, das in eben jenem Haus ermordet worden war. 1857 beauftragte man drei Professoren aus Harvard mit der Untersuchung des Phänomens. Jahre später allerdings gaben die Schwestern zu, dass alles nur ein Scherz gewesen sei. Seit dieser Zeit gab es leider sehr viele Scharlatane auf diesem Gebiet, die den Spiritismus in ein schlechtes Licht rückten. 1920 erreichte die Welle der Begeisterung ihren Höhepunkt. Menschen wie der Arzt und Schriftsteller Arthur Conan Doyle und die international bekannte Modeschöpferin Elsa Schiaparelli gehörten zu den bekanntesten Spiritisten. Mitte der 60er Jahre des 20. Jahrhunderts kam es zu einem erneuten Aufflackern, als Bischof James Pike von der Episkopalkirche mit seinem Sohn kommunizierte, der Selbstmord begangen hatte. Er schrieb darüber ein Buch mit dem Titel *The Other Side.*

Arbeiten Medien immer im Dunkeln?
Die meisten nicht. Nur physische Medien brauchen die Dunkelheit. Ich bin ein geistiges Medium, daher finden meine Sitzungen immer in hellem Licht statt. Die Energie des Lichts hilft mir, die Energie des Geistwesens im Raum zu halten. Lernen Sie aber gerade erst, den Kontakt zur anderen Welt aufzunehmen, etwa in einem medialen Arbeitskreis, dann kann es hilfreich sein, das Licht aus der Außenwelt zu dämpfen. Das fördert die Konzentration. Grundsätzlich aber ist Dunkelheit für die Aktivitäten der Geistwelt nicht nötig.

Können Medien Botschaften von Menschen verstehen, die eine fremde Sprache sprechen?

Sprache ist eine Begrenzung, die ausschließlich zur materiellen Welt gehört. Die Kommunikation mit der Geistwelt geschieht durch Gedanken. Und die sind nicht an eine bestimmte Sprache gebunden.

Wie kann ich feststellen, ob ein Medium echt ist?
Wir müssen bei allem, was wir tun, eine klare Urteilskraft walten lassen. Wenn wir von einem Medium zum Nächsten wandern, in der Hoffnung, dass dieses unsere Probleme löst, werden wir Schiffbruch erleiden. Schärfen Sie Ihre Intuition, werden Sie bewusster. Lesen und studieren Sie spirituelle Texte. Gehen Sie in Kurse, in denen Sie lernen, Ihre eigenen intuitiven Fähigkeiten zu entwickeln.

Wie kann ich Geistwesen ausblenden, wenn ich ihnen nicht zuhören will?
Sie müssen Ihr Energiesystem abschirmen. Wenn ich mit der Geistwelt kommuniziere, öffne ich meine Chakren und erhöhe meine Schwingungsfrequenz, bis es der höheren Frequenz der Geistwesen entspricht. Um den Kontakt zu beenden, schließe ich die Tore meiner Chakren wieder, damit ich andere Dinge tun kann, ohne dass die Geister mich dabei stören.

Sagen Sie auch die Zukunft vorher?
Man sollte sich klar machen, dass es in der Geistwelt so etwas wie Zeit nicht gibt. Zeit ist etwas, das nur in unserer materiellen Welt existiert, die den Verlauf messen will. In der Geistwelt zählen die Geschehnisse als solche. Daher kann das, was ich übermittelt bekomme, sich auf ein vergangenes Ereignis oder auf ein zukünftiges beziehen.

Teilen Sie den Menschen, für die Sie ein Reading machen, auch unangenehme Dinge mit?
Ich bin für die Information, die durchkommt, nicht verant-

wortlich. Ich gebe sie nur weiter, ich bin quasi das Telefon. Wenn ein Geist die Information, die er übermitteln will, für wichtig hält, leite ich sie weiter, auch wenn sie unangenehm ist. Ich tue mein Bestes, um diskret zu sein. Informationen, die anderen schaden, gebe ich nicht weiter.

Wie können wir unser Urteilsvermögen schärfen?
Zuerst müssen Sie geistige Disziplin erlernen, indem Sie genau auf Ihre Gedanken achten. Wenn Sie sich dann mit Ihren Vorurteilen, fixen Ideen und übernommenen Vorstellungen auseinandersetzen und diese Stück für Stück auflösen, befreien Sie Ihren Geist von seinen Grenzen. Der nächste Schritt ist, sich seine Gefühle ehrlich einzugestehen. Machen Sie sich bewusst, weshalb Sie auf eine bestimmte Art und Weise reagieren. Erst dann können Sie problemlos zwischen Ihren eigenen Gefühlen und denen anderer unterscheiden. Mit der Zeit werden Sie Ihre Urteilskraft durch Versuch und Irrtum stärken. Lassen Sie nicht nach in Ihrem Bemühen, Fehlschläge zu Beginn sind normal. Sie streben nach Ausgewogenheit in allem, was Sie tun, daher werden Sie der Welt bald mit mehr Verständnis begegnen können. Sie werden Ihre innere Stimme erkennen und diese wird Ihnen sagen, was zu tun ist.

Was ist ein Poltergeist?
Ein Poltergeist ist ein störendes Phänomen aus der übersinnlichen Welt. Es kann durch den Raum fliegen oder Türen laut zuschlagen. Poltergeister sind erdgebundene Seelen, welche die Aufmerksamkeit der Lebenden auf sich zu ziehen versuchen. Manchmal wird das Phänomen auch von der Energie eines wenig ausgeglichenen Menschen in dem betreffenden Haus verursacht. So kommt es immer wieder vor, dass Teenager Poltergeist-Erscheinungen auslösen, weil ihr Hormonspiegel noch nicht im Gleichgewicht ist.

Warum siedeln Geister sich in bestimmten Häusern an?
Gewöhnlich kehrt ein Geist in seine frühere Umgebung zurück, vor allem wenn er die Erde plötzlich oder unter gewaltsamen Umständen verlassen musste. Dann bleiben häufig Dinge unerledigt. Opfer von Morden oder Unfällen und andere Menschen, die auf traumatische Weise ums Leben kamen, kehren häufig an den Ort ihres Todes zurück. Diese Seelen konnten sich noch nicht von der Erde lösen und haben nicht begriffen, was mit ihnen passiert ist. Menschen, die auf der Erde sehr unglücklich waren, bleiben ebenfalls häufig an ihrem früheren Wohnort. Manchmal sind Poltergeister auch Geistwesen, die aus der anderen Welt zurückkehren, um ihre Lieben vor Gefahr oder Krankheit zu warnen.

Was ist »Psychometrie«?
Dabei hält jemand ein Objekt in der Hand und nimmt Eindrücke von dem Menschen auf, dem dieses Objekt gehört. Da jeder Mensch und jedes Objekt eine bestimmte Energie haben, verraten die Schwingungen eines Objekts viel über seinen Besitzer. Psychometrie wird immer wieder eingesetzt, um Kriminalfälle zu lösen. Gute psychometrische Medien haben der Polizei schon des Öfteren geholfen, Vermisste zu finden oder Mordfälle zu klären. Sie halten einen Gegenstand in der Hand, der mit dem Tatort in Verbindung steht, und empfangen von diesem Informationen.

Wie wirken sich Drogen, Alkohol und bewusstseinserweiternde Substanzen auf unsere medialen Fähigkeiten aus?
Solche Substanzen können die eigene Empfänglichkeit verstärken und tatsächlich zu einem veränderten Bewusstseinszustand führen, in dem Visionen und Astralreisen möglich sind. Ich rate jedoch von ihrer Verwendung ab, und zwar aus verschiedenen Gründen: Zunächst einmal können Sie die Wirkung dieser Stoffe nicht kontrollieren. Man weiß nicht immer,

welcher Natur die Wesen sind, die man in solch einer Erfahrung anzieht. Außerdem ist die Entwicklung paranormaler Fähigkeiten ein Prozess, der Schritt für Schritt vor sich gehen sollte. Sie brauchen Geduld und müssen sich Ihrer intuitiven Seite öffnen. Dies sollte in einem Tempo geschehen, das weder körperliche noch seelische Probleme verursacht. Wenn Sie das Öffnen und Schließen der energetischen Zentren nicht richtig steuern können und sich nicht der richtigen Führung erfreuen (beides geht mit dem Drogenkonsum verloren), riskieren Sie einen geistigen Zusammenbruch, Schizophrenie und andere schwere geistige Störungen.

Wenn ich von jemandem träume, der gestorben ist, erscheint mir dann der Verstorbene tatsächlich im Traum?
Träume sind die meistgenutzte Eingangspforte für die Geistwesen. Wenn das Traumbild aussieht wie der Verstorbene, wie Sie ihn auf Erden kannten, wenn es auch so handelt und spricht, wenn Persönlichkeit und Charakteristika passen, ist es vielleicht wirklich der Verstorbene selbst. Ist das nicht der Fall, dann kann es sein, dass jemand aus der Astralwelt sich als der Verstorbene ausgibt. Wenn es Zweifel daran gibt, fragen Sie den Betreffenden, ob er von Gott bzw. vom Licht kommt.

Wie kann ich feststellen, ob ich einen medialen Traum hatte?
Alle Träume sind letztlich medial. Ein Traum, der lebendiger, farbiger und emotionsgeladener ist als üblich, kann allerdings eine wichtige Botschaft beinhalten. Dasselbe gilt auch, wenn Sie im Traum mehr als Beobachter denn als Handelnder agieren. In beiden Fällen kann er Sie auf zukünftige Geschehnisse hinweisen.

Hat Jesus wirklich Wunder vollbracht?
Wunder sind außergewöhnliche Ereignisse. Jesus war einer der spirituellen Meister, ein Schüler der Essener, eine hoch ent-

wickelte Seele, die jede Form von Energie transformieren konnte. Dass er Wasser in Wein verwandelte und Blinde sehend machte, kann absolut möglich sein. Trotzdem sollten wir nicht vergessen, dass die Gleichnisse der Bibel bildhaft gemeint sind. Die Wunder, die man ihm zuschrieb, haben eine geistige Bedeutung. Und wie Jesus sagte:»Was ich tue, kannst auch du tun.«

Können wir uns an vergangene Leben erinnern?

Wenn ich von vergangenen Leben spreche, denken die Menschen meist, sie seien irgendeine historisch bekannte Persönlichkeit gewesen wie Kleopatra oder Napoleon. Das ist allerdings ziemlich unwahrscheinlich. Wenn Sie wissen wollen, was Sie in Ihren früheren Leben waren, betrachten Sie einfach Ihr jetziges: Die Fähigkeiten und Begabungen, die Sie in dieses Leben mitgebracht haben, hatten Sie bereits in früheren Leben. Ihre Vorlieben und Interessen sind seit jeher in Ihrer Seele gespeichert. Wenn Sie sich weiterentwickeln, tun das Ihre Neigungen ebenfalls. Wir sind alle hier, um karmische Schulden abzutragen oder Unvollendetes aus früheren Leben zu Ende zu führen. Deutlich wird das vor allem, wenn wir jemanden kennen lernen, der uns das Gefühl vermittelt, dass wir ihn schon lange Zeit kennen. Wir haben Déjà-vu-Erlebnisse, das heißt den Eindruck, ein bestimmtes Ereignis schon einmal erlebt zu haben. Und manchmal kennen wir bestimmte Orte, obwohl wir noch nie dort gewesen sind. Je mehr wir unser Bewusstsein entwickeln und erweitern, desto durchlässiger wird der Schleier zwischen der materiellen Welt und dem grenzenlosen Universum. Dann können wir auch Szenen aus einem Leben wahrnehmen, das wir früher gelebt haben.

Weshalb ist es so schwierig, sich an ein früheres Leben zu erinnern?
Die Erinnerung an unsere früheren Leben ist im Unbewussten gespeichert. Es ist so schwierig, zu diesen Erinnerungen durchzudringen, weil dieser Teil unserer Psyche auf bewusster Ebene

nicht funktioniert. Wenn wir die Tore zu unserer natürlichen medialen Empfänglichkeit aufstoßen, zapfen wir gleichzeitig das gewaltige Reservoir des Unbewussten an. Schließlich gelingt es uns, durch stete Hingabe und Übung zu entdecken, dass die Wesenszüge und Charakteristika, die uns jetzt prägen, in unseren früheren Leben entstanden sind.

Woher weiß ich, dass Szenen aus einem früheren Leben nicht reine Einbildung sind?
Wenn Sie fest daran glauben, ein Held der Geschichte zu sein, dann ist das vermutlich Wunschdenken. Die meisten unserer vergangenen Leben sind ganz normal verlaufen, waren vielleicht sogar ein wenig langweilig. Ihr gegenwärtiges Leben gibt Ihnen Hinweise auf Ihre Vergangenheit: Die Liebe zu einem bestimmten Land oder zu einer bestimmten Sprache lässt vermuten, dass Sie dort einmal gelebt haben. Eine besondere Begabung, sei sie musikalischer oder sportlicher Natur, kann ebenfalls ein Zeichen dafür sein, dass Sie diese Fähigkeiten in einem früheren Leben erworben haben. Ängste und Phobien, für die in diesem Leben kein Grund erkennbar ist, haben ihre Wurzeln vermutlich auch in früheren Erfahrungen. Der beste Weg zu Ihren Erfahrungen aus früheren Leben ist Selbsterkenntnis in diesem.

Waren meine jetzigen Verwandten Teil meines damaligen Lebens?
Familienmitglieder sind häufig durch karmische Beziehungen aus früheren Inkarnationen miteinander verbunden. Bevor wir zur Erde kommen, entscheiden wir uns, mit welchen Personen aus früheren Leben wir diese Existenz teilen wollen. Indem wir Freud und Leid miteinander teilen, lernen wir, uns selbst und andere besser zu verstehen.

Erinnern Geistwesen sich an ihre früheren Leben auf der Erde?
Wesen, welche die Erde verlassen, erinnern sich normalerweise

an ihre letzte Existenz. Sie behalten die Persönlichkeit und die Neigungen bei, die sie in dieser physischen Form hatten. Während ein Geist im Tod seinen Ätherkörper ablegt, behält er seine Astralform bei. In dieser Geistform begreift er allmählich, dass er ein spirituelles Wesen ist, in dem die Summe aller seiner Lebenserfahrungen gespeichert ist. Dann erkennt er, dass seine vergangene Lebenszeit nur eine von vielen war. Außerdem dürfen wir nicht vergessen, dass die Erde nicht der einzige Ort ist, an dem wir das Leben erfahren können, und dass das Leben sich ja nicht nur in menschlicher Form zeigt.

Worum geht es beim Geistheilen?

Im Geistheilen werden universelle Energien genutzt, um Gleichgewicht und Harmonie zu fördern, die dann in den Prozess des Heilens einfließen. Zu den verwendeten Techniken gehören Beten, Handauflegen, Meditation, schamanische Heilmethoden, geistige Behandlungen und mediale Operationen. Der Mensch, der sich diesem Heilvorgang unterzieht, spürt in dem Körperteil, in dem die Heilung stattfindet, vielleicht ein Wärmegefühl. Manchmal kann ein Heiler auch die Krankheit eines Menschen erspüren und die Symptome aus dem Körper ziehen, wenn die kranke Energie den Körper verlässt.

Woher kommen die Botschaften beim automatischen Schreiben?

Normalerweise von einem nicht inkarnierten Geist oder aus dem Unbewussten des Schreibers. Die Botschaften können allerdings auch auf telepatischem Wege weitergegeben werden, von einem lebenden Wesen zum anderen. Häufig sind es die Geistführer, die uns durch automatisches Schreiben Mitteilungen machen. Ich denke, dass viele unserer großen Kunstwerke durch automatisches Schreiben entstanden sind.

Sind übersinnliche Fähigkeiten eine Gabe, die man sein Leben lang behält?

Übersinnliche Fähigkeiten sind ein natürlicher Teil Ihrer Existenz. Wenn man sie erkannt hat und nutzen kann, ist das eine sehr nützliche Gabe, die unser Leben bereichert. Sie ist immer dann verfügbar, wenn Sie sie brauchen. Es hängt von Ihnen ab, ob Sie sie nutzen oder ruhen lassen wollen.

Was meinen Sie, wenn Sie vom »Gesetz der Anziehung« oder davon sprechen, dass Gleiches zu Gleichem will?
Wir erschaffen unsere Umgebung mit unseren Gedanken und unseren Vorstellungen darüber, was geschehen wird, das will ich damit sagen. Das Gesetz der Anziehung ist ein Naturgesetz, um das wir nicht herumkommen. Vergessen Sie nicht, dass Sie Ihre Gedanken kontrollieren können. Wenn Sie friedvolle, liebevolle, angenehme und freudige Erfahrungen machen wollen, sollten Sie das ausstrahlen, was Sie zurückbekommen möchten. Wenn Sie grob, kritiksüchtig, gefühllos und unachtsam sind, wird Ihnen wohl niemand mit Freundlichkeit begegnen. Diejenigen Qualitäten, die Sie empfangen wollen, müssen Sie auch geben – so und nicht anders funktioniert das.

Haben Tiere ein mediales Gewahrsein?
Tiere haben ihren Instinkt, der unserem medialen Gewahrsein stark ähnelt. Wenn Tiere Menschen besonders nahe sind, entsteht zwischen ihnen eine Form übersinnlicher Kommunikation. Haustiere spüren häufig, wenn ihr »Besitzer« krank ist, im Sterben liegt oder Kummer hat. Tiere sind die größten Lehrer unbedingter Liebe im Universum. Häufig sind sie sogar verkleidete Engel.

Haben Tiere eine Seele und überleben diese den Tod wie Menschen?
Ja, natürlich. Auch sie haben Seelen, die aus Energie bestehen. Und Energie stirbt nie. Sie ändert höchstens die Form. Unsere Haustiere und andere Tiere gehen wie wir in die geistigen Reiche über. Dort treffen sie auf ihre Familienmitglieder oder

werden von Tierfreunden versorgt – von Menschen, die sich ihnen nahe fühlen.

Kann ein Tier auf geistigem Weg geheilt werden?
Ja, auf dieselbe Weise wie ein Mensch. Es gibt Fälle, in denen Tiere durch Handauflegen oder Beten geheilt wurden. Denken Sie daran: Alles ist Energie. Und die Bindung zwischen einem Haustier und seinem Besitzer gleicht der zwischen Kind und Mutter. Ihre Gedanken der Liebe haben also sehr viel Kraft. Diese positive Energie kann Ihr Tier heilen.

Woher weiß ein Tier, dass sein Frauchen oder Herrchen stirbt?
Tiere haben leichten Zugang zu geistigem Wissen, sie werden nicht durch Urteile und vorgefasste Meinungen abgelenkt wie wir. Wenn der »Besitzer« eines Tieres stirbt, benimmt dieses sich oft eigenartig. Zum Beispiel verweigert es tagelang das Futter. Ist der Betreffende krank und liegt im Bett, liegt es oft am Fußende und spendet der Person Trost. Ich habe Tiere gekannt, die so etwas sogar auf Distanz spürten. Ein Hund zum Beispiel, dessen Herr im Krankenhaus lag, fing an, wie wild zu heulen, als dieser starb.

Was ist eine außerkörperliche Erfahrung?
Wenn wir nachts schlafen, sind wir in der materiellen Welt »tot«. Wir verlassen unseren Körper durch den Scheitelpunkt, wobei wir durch eine am Solarplexus befestigte Silberschnur mit ihm verbunden bleiben. Diese Schnur kann nicht reißen. Sie erlaubt uns, in die astrale Welt zu reisen, während unser Körper im Bett liegt und schläft. Das ist bereits eine außerkörperliche Erfahrung. Dass wir beten, bevor wir einschlafen, kommt aus dem Gefühl, für diese Reisen Schutz zu brauchen. Die Astralwelt ist voller Schönheit, aber auch voller Masken. Unsere Engel und Geistführer sind immer bei uns, um uns zu beschützen. Manchmal können wir unseren Körper auch be-

wusst verlassen, wenn wir nicht schlafen. Treten wir aus unserer leiblichen Hülle aus, so reisen wir durch einen Tunnel oder werden durch den Raum gezogen. Ohne unseren Körper erfahren wir eine grenzenlose Freiheit und eine unglaubliche Bewusstheit – eine Verbindung mit allen Wesen in allen Himmelsrichtungen. Wenn wir sterben, verlässt unser Astralkörper den physischen Körper und die Silberschnur wird durchtrennt.

Verlassen Menschen ihren Körper, wenn sie operiert werden?
Ja, das kommt recht häufig vor. Wenn die Narkose wirkt, steigt der Mensch gleichsam aus seinem Körper und beobachtet ihn von der Decke. Manchmal nimmt der Betreffende sogar die Silberschnur wahr, wie sie aus dem Körper aufsteigt. Der Patient hört, was die Ärzte und Krankenschwestern im Operationssaal sagen. Deshalb gibt es heute schon Musik in den OPs, was für den Patienten positiv ist. Einige Patienten empfinden nach diesem Erlebnis überhaupt keine Lust mehr, in ihren Körper zurückzukehren, weil sie im Astralleib völlig schmerzfrei sind. Viele Menschen kehren zurück und wissen plötzlich, wie es ist, zu sterben. Von diesem Moment an haben sie nie mehr Angst vor dem Tod. Dr. Raymond Moody hat über diese Nahtod-Erfahrungen mehrere Bücher geschrieben, besonders bemerkenswert sind *Leben nach dem Tod* und *Das Licht von drüben.*

Ist es gefährlich, seinen Körper zu verlassen?
Für Menschen, die mit ihrem medialen Training erst beginnen, oder für emotional kranke, labile Menschen ist es nicht zu empfehlen. Man sollte meiner Auffassung nach keine Astralreisen unternehmen, bevor man sich nicht über alles im Klaren ist, was einem in der Astralwelt begegnen kann.

Haben Pflanzen Emotionen?
Es gibt da ein wunderbares Buch mit dem Titel *Das geheime*

Leben der Pflanzen von Peter Tompkins und Christopher Bird. Die Autoren beschreiben, wie Pflanzen sich fühlen. In Findhorn [Schottland] leben Menschen auf einem Anwesen zusammen und betreiben Landbau. Sie berichten, dass es ihnen gelungen ist, eine Beziehung zwischen ihnen und dem feinstofflichen Reich der Pflanzen aufzubauen. Wir dürfen nicht vergessen, dass Pflanzen lebendige Wesen sind. Sie haben Bewusstsein – vielleicht nicht so wie Menschen. Aber auch sie können vor Schmerz aufschreien – wie wir. Ich empfehle Ihnen, mit Ihren Pflanzen zu sprechen und ihnen dieselbe Liebe und Aufmerksamkeit zuteil werden zu lassen wie Ihren Tieren. Sie werden es Ihnen danken.

Ich möchte meine große Liebe kennen lernen. Kann ich das mit meinen medialen Fähigkeiten erreichen?

Ich rate den meisten Menschen, die Eigenschaften aufzuschreiben, die der Mensch haben sollte, mit dem sie eine Liebesbeziehung eingehen wollen. Schriftlich unsere Wünsche festzuhalten hilft uns, den Geist darauf zu konzentrieren. Außerdem müssen wir uns Gedanken darüber machen, was wir eigentlich wollen. Denken Sie daran: Eine Beziehung ist vor allem gegenseitiges Lernen. Fragen Sie sich: »Was möchte ich in dieser Situation lernen?« Vergessen Sie nicht, dass Sie diese Erfahrung zu Ihrem Besten machen möchten. Machen Sie sich keine Gedanken über das, was am Ende dabei herauskommt. Lassen Sie los, damit Gott seine Arbeit tun kann. Stellen Sie nur sicher, dass Sie wirklich das wollen, worauf Sie sich konzentrieren. Denn wenn Sie etwas durch Ihren Wunsch erschaffen, müssen Sie auch die Konsequenzen tragen.

Wie kann ich feststellen, ob ein Mensch mein »Seelenpartner« ist?

Sie haben nicht nur einen Seelengefährten. In jedem Leben gibt es viele Seelengefährten, die zu unserer »Seelengruppe« gehören. Höchstwahrscheinlich sind Sie jetzt schon von vielen

Ihrer Seelengefährten umgeben oder lernen Sie noch kennen. Seelengefährten können Freunde sein, Verwandte, Ehemänner bzw. -frauen, Kollegen und Partner in romantischen Beziehungen. Sie tauchen in unserem Leben auf, um uns durch eine Vielzahl verschiedener Lebenssituationen zu führen. Sogar in einer gestörten Beziehung kann es sein, dass Sie und Ihr Partner Seelengefährten sind, die eine gegenseitige karmische Schuld abtragen.

Angenommen, ich habe einen schwierigen Chef oder Kollegen. Wie kann ich auf medialer Ebene mit ihm umgehen?
Sie müssen sich zentrieren und die Beziehung in der Meditation klären. Sobald Sie in Ihrem inneren Raum der Ruhe angekommen sind, machen Sie sich Ihr höheres Selbst bewusst. Danach visualisieren Sie die Person, mit der Sie Probleme haben, und kommunizieren mit ihr über Ihr höheres Selbst. Sprechen Sie über die aktuelle Situation und die Probleme, die diese in Ihnen auslöst. Warten Sie, was der Betreffende sagt. Auf diese Weise wird Ihre Wahrnehmung von sich und der anderen Person auf eine neue, »höhere« Ebene gestellt. Oder Sie stellen sich vor, dass Sie die Aura der anderen Person mit dem Licht der Liebe umgeben. So fließen positive Gefühle in den Raum des anderen ein und helfen ihm, seine eigene Göttlichkeit zu erkennen. Wenn Sie das täglich tun, werden Sie sehen, dass die Situation zwischen Ihnen und der anderen Person sich verändert.

Kann man medial feststellen, ob ein anderer die Wahrheit sagt?
Ja. Sobald Sie genügend Vertrauen in Ihre innere Führung entwickelt haben, können Sie falsche Signale ganz leicht von richtigen unterscheiden.

Können wir unserem früheren Karma entkommen?
Das Leben ist vielschichtig. Ob Sie nun an frühere Leben glau-

ben oder nicht, ist eigentlich nicht wichtig. In jedem Fall sind Sie ein Wesen mit Bewusstsein. Und Ihr Bewusstsein schafft – zusammen mit Ihrem Unbewussten – Ihre Lebenserfahrung. Ich glaube, dass wir ständig wachsen und uns entwickeln, weil wir geistige Wesen sind. Und ich glaube, dass wir uns inkarnieren, um weiser zu werden. Die Erde ist also eine Art Klassenzimmer: Wir sind die Schüler. Wir entscheiden, was wir lernen wollen, und werden daraufhin mit Situationen konfrontiert, die es uns erlauben, eben diese Qualitäten zu entwickeln. Wir mögen uns fragen, weshalb guten Menschen manchmal so schreckliche Dinge geschehen. Doch ich glaube nicht, dass das Universum zufällig Menschen auswählt, um auf sie alles Schlechte dieser Erde niederregnen zu lassen, während es andere mit Reichtum und Glück segnet. Ich glaube, wir sind hier, um einen Ausgleich zu schaffen zu vergangenen Existenzen, in denen wir anderen oder uns selbst geschadet haben. Doch sollten wir im jetzigen Leben nicht deshalb gute Taten tun, um unser altes Karma auszugleichen, sondern um ein Leben zu schaffen, in dem Güte und Licht ihren Platz haben und in dem wir kein weiteres Karma ansammeln, für das wir später wieder gerade stehen müssen. Und: Die Güte, die wir heute schenken, belohnt uns sofort, nicht erst im nächsten Leben.

Empfehlen Sie das Fasten als Vorbereitung auf sensitive Arbeit?
Fasten kann uns in einen veränderten Bewusstseinszustand bringen, muss aber nicht. Ich rate Ihnen, wenig zu essen. Aber natürlich müssen Sie nicht leiden, um erleuchtet zu werden. Bevor Sie mediale Arbeit tun, sollten Sie nur leicht essen und vor allem nichts zu sich nehmen, was besonders »dicht« ist oder eine niedrige Schwingung aufweist wie etwa rotes Fleisch. Nach Ihren medialen Sitzungen kann ein Glas Wein gut sein, vorher auf keinen Fall! Trinken Sie immer möglichst viel Wasser.

Was ist das »kosmische Bewusstsein«?
Das bezieht sich auf die »Bewusstheit des ganzen Universums oder Kosmos«. Jeder von uns hat mehrere Formen des Selbst. Unser höheres Selbst zum Beispiel steht vollkommen in Einklang mit dem kosmischen Bewusstsein. Je mehr wir uns auf unser höheres Selbst einstellen, desto mehr begreifen wir, dass das Leben ein universeller Strom ist, in dem alles und alle miteinander verbunden sind.

Wie kann ich eine Obsession loswerden?
Eine Obsession liegt dann vor, wenn wir emotional auf eine Idee, eine Person oder ein Objekt fixiert sind. Dadurch wird der natürliche Fluss der Energie gestört. Wenn wir buchstäblich an einer bestimmten Vorstellung hängen, kann sie sich nicht mehr verändern. Haben Sie ein Ziel, dann erarbeiten Sie so gründlich als möglich, wie es aussehen soll, schreiben Sie das auf und lassen Sie es danach los. Das Universum wird es zur rechten Zeit und am rechten Ort Wirklichkeit werden lassen. Vertrauen Sie sich selbst und glauben Sie fest daran, dass Ihre Bedürfnisse erfüllt werden.

Wie können wir in dieser materialistischen Gesellschaft ein spirituelles Leben führen?
Indem wir uns selbst treu sind, können wir uns von den Illusionen der materiellen Welt lösen. Materieller Besitz ist etwas Wunderbares, das man ruhig genießen sollte. Er kann uns helfen, etwas über uns selbst zu lernen und Prioritäten zu setzen. Doch er zeigt uns nicht, wo wir geistig stehen. Nur der Geist in uns ist wirklich wahr. Je mehr Sie sich in jeder Situation mit dieser inneren Wahrheit identifizieren können, desto weiter kommen Sie in Ihrer Entwicklung. Die Liebe, die Sie geben, wird Sie in diesem und in allen folgenden Leben halten und stützen.

Nachwort

Was wir mit unseren fünf Sinnen erfahren, ist lediglich die Spitze des Eisbergs. Stellen Sie sich vor, Sie sähen von einem Flugzeug auf die Erde herab – aus einer Höhe von mehreren Tausend Metern. Millionen Menschen kennen diese Perspektive. Wir sehen eine Welt, die weit größer ist als die, die wir aus unseren Autofenstern kennen. Man könnte also sagen, dass die Welt sich ausgedehnt hat und trotzdem hat sich nichts verändert außer unserem Standpunkt. Dasselbe gilt für Beziehungen und Situationen, mit denen wir täglich konfrontiert sind. Das Einzige, was wir verändern können, ist unsere Sicht der Dinge. Wenn wir erkennen, dass unsere Unwissenheit, Selbstsucht, Furcht und Angriffslust uns nur negative Ergebnisse bringt, bietet sich uns die Möglichkeit, unsere Gedanken und Glaubenssätze zu ändern. Befreien wir unseren Geist von früheren Prägungen und vorgefassten Erwartungen, dann werden wir aus einer völlig neuen Perspektive auf das Leben schauen: Das Licht und der Glanz des Geistes werden alles überstrahlen. Wir werden positive Umstände schaffen, statt ständig Leid in unser Leben zu ziehen. Und wir werden uns zu liebevollen Menschen von hoher Einsicht entwickeln. Tief in unserem Herzen werden wir unser höheres Selbst finden. Wenn das geschieht, fangen wir erst richtig an zu leben. Daran glaube ich fest.

Die meisten von uns haben gelernt, das Leben in einzelne Bereiche aufgeteilt wahrzunehmen: Familie, Beruf, Geld, Beziehungen, Kreativität, Religion und so weiter. Das führt dazu, dass wir uns mehr und mehr isoliert fühlen. Doch wir sind alle ein großer Organismus, auch wenn wir uns dessen nicht bewusst sind. Sobald wir also wieder zu unseren von Gott geschenkten Instinkten zurückkehren und die Werkzeuge einsetzen, die uns mitgegeben wurden, werden wir die Verbindungen, nach denen wir so lange suchten, wiederfinden. Und wir werden in allem, was wir tun, unsere eigene Wahrheit ausstrahlen, so dass jeder Aspekt unseres Lebens von Erfüllung durchdrungen sein wird.

Denken Sie daran: Unsere Reise durchs Leben findet zwischen den Polen der illusionären materiellen Welt und der Wahrheit der Geistwelt statt. Wir sind alle geistige Wesen auf dem Pfad zur Erleuchtung. Indem wir den Schleier der Illusion zerreißen und uns die unserm Wesen innewohnende Einheit mit Gott bewusst machen, erkennen wir, dass Himmel und Erde in Wirklichkeit *eins* sind.

Der Autor

James van Praagh ist eines der bekanntesten und erfolgreichsten geistigen Medien unserer Zeit. Seine außergewöhnliche Fähigkeit, mit den Geistern Verstorbener zu kommunizieren, hat ihn in aller Welt berühmt gemacht. Seine Vorträge und Demonstrationen ziehen Tausende von Menschen an, auch im Fernsehen und in der Presse ist er ein ständiger Gast. James van Praagh lebt in der Nähe von Los Angeles. Wenn Sie mehr über ihn wissen möchten, können Sie sich auf seiner Website informieren:

www.VanPraagh.com

oder in englischer Sprache an folgende Adresse schreiben:

Spiritual Horizons, Inc.
P.O. Box 60517
Pasadena, California 91116
USA

Literaturverzeichnis

Ein Kurs in Wundern. Textbuch, Übungsbuch, Handbuch für Lehrer. Grenzhof, Gutach bei Freiburg 2001.

Moody, Dr. Raymond A.: *Leben nach dem Tod. Die Erforschung einer unerklärlichen Erfahrung.* Rowohlt, Reinbek bei Hamburg 2001.

Moody, Dr. Raymond A.: *Nachgedanken über das Leben nach dem Tod.* Rowohlt, Reinbek bei Hamburg 2002.

Moody, Dr. Raymond A., und Perry, Paul: *Blick hinter den Spiegel. Botschaften aus einer anderen Welt.* Goldmann, München 1994.

Moody, Dr. Raymond A., und Perry, Paul: *Das Licht von drüben. Neue Fragen und Antworten.* Rowohlt, Reinbek bei Hamburg 1999.

Moody, Dr. Raymond A., und Perry, Paul: *Leben vor dem Leben.* Rowohlt, Reinbek bei Hamburg 1990.

Pike, James: *The Other Side: An Account of My Experiences With Psychic Phenomena.* Doubledary, Toronto 1968.

Tompkins, Peter und Bird, Christopher: *Das geheime Leben der Pflanzen. Pflanzen als Lebewesen mit Charakter und Seele und ihre Reaktionen in den physischen und emotionalen Beziehungen zum Menschen.* Fischer, Frankfurt/M. 2002.

van Praagh, James: *Jenseitsbotschaften. Und der Himmel tat sich auf. Die geistige Welt und das Leben nach dem Tode.* Goldmann, München 2000.

van Praagh, James: *Jenseitswelten. Erkenntnisse über das Leben nach dem Tode.* Goldmann, München 2002.

Weiss, Dr. Brian L.: *Die Liebe kennt keine Zeit. Eine wahre Geschichte.* Ullstein, München 2001.

Weiss, Dr. Brian L.: *Die zahlreichen Leben der Seele*. Goldmann, München 1994.

Weiss, Dr. Brian L.: *Inkarnation der Liebe*. Econ, München 1997.